開拓社叢書 20

日英対照
すべての英文構造が分かる本

小泉 保 [著]

開拓社

まえがき

　ここに提示する『すべての英文構造が分かる本』は，結合価文法の理論によって英語の構文を取り出す方法を紹介したものである．結合価文法は，フランスの言語学者ルシアン・テニエールが提唱している文法理論であるが，その内容は主著『構造統語論要説』（2007，研究社）の中に詳述されている．その中で彼はすべてのフランス文の構文を取り出し，その図系を取り出す方法を説明している．図系とは文の構造を図示したもので，ドイツ語とロシア語，さらにラテン語やギリシア語の構文にも言及している．

　筆者はすでに『日本語の格と文型』（2007，大修館書店）により，結合価理論の図系を取り出す方法を解説し，日本語や英語に適用してみた．さらに筆者はこの分析理論を全面的に日本語に応用して，『現代日本語文典』（2008，大学書林）を書き上げ，日本語の文構造を明確にした．また，英語にも結合価理論を適用してみて，すべての英文構造，すなわちその図系を取り出すことができるようになったので，その方法を本書にまとめた次第である．かくて，いかなる言語においても結合価文法の図系分析が可能であるという確信をもつにいたった．

　日本では英語教育がもっとも普及しているので，結合価理論を英語と日本語に適用して両言語の図系を取り出し，これを比較対照して相違点を明確にすれば，英語の学習と教育に絶大な効力を発揮できると思い，ここに本書を発表することを決心した．

　本書では，国文法の未然形，連用形，終止形，連体形という用語を，「否定形，副詞形，述語形，形容詞形」と読み替えて，英文法との交流を図った．

　本書は英文法の項目を取り上げているが，決して理論的に英文法を解釈しようとするものではない．本書で紹介している構文を取り出す手法を読者に

会得してもらい，すべての英文と和文から図系を取り出し，両者を比較対照して相互の相違点を明確にするのに役立てていただきたいと願っている．そうすれば，到達した結論は科学的な根拠をもつことになる．

　テニエールは，ある文の図系を取り出すことがその文を完全に理解したことになると述べている．読者には英文と和文の図系を抽出する手順を本書から学びとっていただきたい．

　その意味で本書は実用的な文法マニュアルである．「すべての英文構造」というタイトルに誇張はない．巻末の分析例を参照すれば納得していただけると思う．

　いかに複雑な長文でも構文を取り出すことは可能である．とにかく英文の構造を示す図系を取り出す手法を身につければ，英語の研究でも英語教育においても無限の推進力を手に入れることになるであろう．筆者は読者にこうした形で本書を活用していただくことを切望している．

　いままでに，変形文法を始めとし，認知文法や格文法，モンタギュー文法などさまざまな言語理論が発表されてきた．だが，与えられた文例の構文を明確に図示したものは一つとしてない．だからこそ，すべての文例の構文を明示する結合価文法の分析方法には，その理論に卓越した妥当性があり，それだけに強力な応用力を備えていることが認められるであろう．

　2009 年 3 月

小泉　保

目　次

まえがき

第 I 部　理論編 ……………………………………… 1

1. 主語と述語 ……………………………………… 2
2. 結合価文法と結合 ……………………………… 5
3. 動詞述語と形容詞述語 ………………………… 7
4. 名詞述語と名詞述語 …………………………… 8
5. 節　点 …………………………………………… 9
6. 行為項と状況項 ………………………………… 10
7. 転　用 …………………………………………… 14
   - (A) 名詞＞形容詞 …………………………… 14
   - (B) 動詞＞名詞 ……………………………… 16
   - (C) 動詞＞形容詞 …………………………… 19
   - (D) 動詞＞副詞 ……………………………… 19
   - (E) 接続詞による名詞節，形容詞節，副詞節について ……… 21
   - (F) 転用体 …………………………………… 24
   - (G) 日本語の語形変化と助動詞 …………… 35

第 II 部　応用編 ……………………………………… 39

第 1 章　不定詞 ……………………………………… 40

- 1.1. 不定詞の特色 …………………………………… 40
- 1.2. 不定詞と that 節 ……………………………… 43
- 1.3. 不定詞の種類 …………………………………… 45
  - 1.3.1. 名詞的不定詞 ……………………………… 45
  - 1.3.2. 形容詞的不定詞 …………………………… 46
  - 1.3.3. 副詞的不定詞（目的） …………………… 47
  - 1.3.4. 副詞的不定詞（結果） …………………… 47
  - 1.3.5. 副詞的不定詞（原因） …………………… 48

1.3.6.　副詞的不定詞（条件） ……………………………………… 49
　　1.3.7.　不定詞の慣用的用法 …………………………………………… 49

第 2 章　動名詞 …………………………………………………………… 55
　2.1.　不定詞と動名詞の形式的相違 ………………………………………… 55
　2.2.　動名詞の形式的特徴 …………………………………………………… 58
　2.3.　動名詞の慣用的表現 …………………………………………………… 63

第 3 章　助動詞 …………………………………………………………… 68
　3.1.　英語と日本語の助動詞 ………………………………………………… 68
　　3.1.1.　英語の助動詞 ……………………………………………………… 68
　　3.1.2.　日本語の助動詞 …………………………………………………… 68
　3.2.　助動詞の形式的特徴 …………………………………………………… 69
　3.3.　認識的法表現 …………………………………………………………… 70
　3.4.　義務的法表現 …………………………………………………………… 72
　　3.4.1.　have to について ………………………………………………… 74
　　3.4.2.　can の意味 ………………………………………………………… 74
　　3.4.3.　意志の will ………………………………………………………… 75
　　3.4.4.　推量の will ………………………………………………………… 76
　　3.4.5.　助動詞を用いる慣用的語句（cannot 〜 too） …………………… 77
　　3.4.6.　cannot but V の構文 ……………………………………………… 78
　　3.4.7.　had better V の構文 ……………………………………………… 80
　　3.4.8.　may as well V の構文 …………………………………………… 81
　　3.4.9.　would like to V の構文 ………………………………………… 81
　　3.4.10.　must not V の構文 ……………………………………………… 82

第 4 章　分　詞 …………………………………………………………… 84
　4.1.　現在分詞と過去分詞 …………………………………………………… 85
　4.2.　動詞と分詞 ……………………………………………………………… 87
　4.3.　知覚動詞と分詞形 ……………………………………………………… 88
　4.4.　使役動詞と不定詞もしくは分詞形 …………………………………… 89
　4.5.　分詞構文の機能 ………………………………………………………… 92
　4.6.　独立分詞構文の例 ……………………………………………………… 94
　4.7.　付帯的状況を表す分詞構文 …………………………………………… 96

第 5 章　形容詞 …………………………………………………………… 98
　5.1.　前置詞と結びついた形容詞述語 ……………………………………… 98

- 5.2. 前置詞と結びついた動詞述語 …………………………… 101
- 5.3. 形容詞を要求する動詞について ………………………… 103
- 5.4. 知覚動詞について ………………………………………… 104
- 5.5. 形容詞述語における構文 ………………………………… 106
- 5.6. 比較文 ……………………………………………………… 108
- 5.7. 形容詞に関する慣用的表現 ……………………………… 110

第6章 複文構造 …………………………………………………… 116
- 6.1. 名詞節 ……………………………………………………… 116
- 6.2. 形容詞節 …………………………………………………… 118
- 6.3. 副詞節 ……………………………………………………… 127
  - 6.3.1. 場所の副詞節 ……………………………………… 128
  - 6.3.2. 時間の副詞節 ……………………………………… 128
  - 6.3.3. 条件の副詞節 ……………………………………… 130
  - 6.3.4. 理由の副詞節 ……………………………………… 131
  - 6.3.5. 結果の副詞節 ……………………………………… 133
  - 6.3.6. 譲歩の副詞節 ……………………………………… 135
  - 6.3.7. 目的節 ……………………………………………… 138
  - 6.3.8. 比例節 ……………………………………………… 140
- 6.4. 制限節 ……………………………………………………… 141

第7章 仮定法 ……………………………………………………… 143
- 7.1. 現在の内容についての反事実的表現 …………………… 143

第8章 接続詞 ……………………………………………………… 151
- 8.1. 従位接続詞 ………………………………………………… 151
- 8.2. 等位接続詞 ………………………………………………… 152

第9章 文体について ……………………………………………… 157

第10章 図系を取り出す方法 …………………………………… 159
- 10.1. 述語の決定 ………………………………………………… 159
- 10.2. 動詞述語が要求する名詞項の数 ………………………… 160
- 10.3. 動詞句の構成 ……………………………………………… 161
- 10.4. 2項動詞としての助動詞 ………………………………… 162
- 10.5. 名詞述語 …………………………………………………… 163
- 10.6. 形容詞述語 ………………………………………………… 164

| 10.7. | 分詞の機能 | 165 |
| 10.8. | 転用体としての従位接続詞 | 167 |

第 11 章　図系の分析例 …………………………………… 170

あとがき …………………………………………………… 191
参考文献 …………………………………………………… 195
索　引 ……………………………………………………… 199

第Ⅰ部

理論編

1. 主語と述語

　文 (Sentence) は，文法的には主語 (Subject) と述語 (Predicate) に分かれ，論理的には，主題 (Theme) とその主題についての説明 (Explanation) の部分に分けられる．論理では主題が説明に対応するように，文法では主語が述語に対応する．

　文法的主語であるが，明確に取り出すことのできる場合とそうでない場合とがある．例えば，The book is on the table.「本がテーブルの上にある」という文では，the book「本」が主語であることは明白である．しかし，It is raining.「雨が降っている」という文では，主語を天候の it とすべきかどうか迷いが生じる．

　構造言語学では，文はまず主語と述語に2分されるが，述語のほうはさらに「動詞」と「目的語」に分けられている．

　変形文法 (Transformational grammar) を提唱するチョムスキーは，NP (名詞句)，VP (動詞句)，N (名詞)，V (動詞)，および D (限定詞) という文法的カテゴリーの記号を使って，次のように文の構造を表示し，これを「句構造」と呼んでいる．

　　(1)　John hit the ball.（ジョンはボールを打った.）
　　(2)　John is a student.（ジョンは学生だ.）

　上に示された例文を作り出すためには，次のような句構造規則が用いられる．

　　①　S　→　NP ＋ VP　　（文は名詞句と動詞句に書き換えられる）
　　②　VP　→　V　＋ NP　　（動詞句は動詞と名詞句に書き換えられる）
　　③　NP　→　D　＋ N　　（名詞句は限定詞と名詞に書き換えられる）

　これら三つの規則を順次用いると，次のような文構造が取り出される．

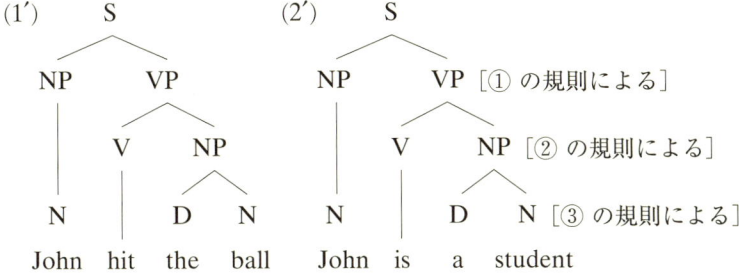

　変形文法では，上に掲げた句構造規則により，(1) と (2) の例文がまったく同じ句構造をなしていることが分かる．

　また，①の書き換え規則により，文頭に必ず NP，すなわち，主語が設定されることになる．このように「主語 (NP) + 述語 (VP)」という文法形式は，アリストテレスの論理的思考に基づく西欧的思考の根底をなしてきた．ここから，すべての文には主語がなければならないという考え方にとりつかれることになった．

　また，チョムスキーは，句構造規則により導きだされる基底文に変形規則を適用すれば，あらゆる種類の派生文が作りだされると述べている．しかし，変形規則については，名詞句と疑問詞の移動にのみ熱中したので，文の構造の解明は上記の句構造規則以上にはほとんど進展していない．

　要するに，変形文法は存在を示す be 動詞「ある」と行為を表す動詞 hit「打つ」をともに動詞 V にまとめたので，(1) John hit the ball.「ジョンはボールを打った」と (2) John is a student.「ジョンは学生だ」という文は同一の構造を組むことになる．

　最近では認知文法 (Cognitive grammar) の研究が進んでいる．認知文法によれば，上記の文の構造は次のように図示される．

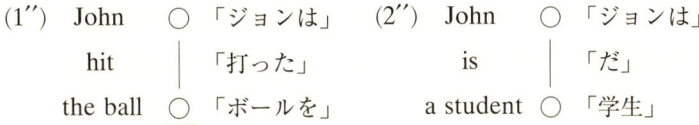

認知文法では視覚の焦点となる主要対象（Trajector）と，これと関係をもつ副次対象（Landmark）とが認知の対象となり，○で表示される．そして，これら主要対象と副次対象との間に成立する関係はタテ線で示される．その関係は，(1) では hit「打った」を，(2) では is「だ」を意味する．(1) のほうは行為動詞であり，(2) のほうは存在動詞である．両者の相違は下の○の下に記された黒線 ━━ にある．この線は時間の流れを示している．(1) の「ジョンはボールを打った」では，「打った」という行為にはある時間の間に動作の変動が見られるが，(2) の「学生だ」では，そうした変化は見られないので，黒線が省かれている．こういう形で行為と状態の違いは意識されると述べている．

だが，認知においては，外界の事象を感覚を通して把握する方法が問題となる．しかし，認知した事象は悟性（Understanding）において判断されることになる．「飲む」と「食べる」という行為は外観から説明できるにしろ，「思う」や「考える」のような思考の過程や「喜ぶ」や「悲しむ」のような喜怒哀楽の感情を外部から認知するのは容易ではない．言語表現は話し手の判断により形成されるので，認知文法による文の構造の解明は容易ではないだろう．

そこで，これから紹介する「結合価文法」（Valence grammar）によれば，上記の (1) と (2) の例文の構造はどのように処理されるか示しておこう．

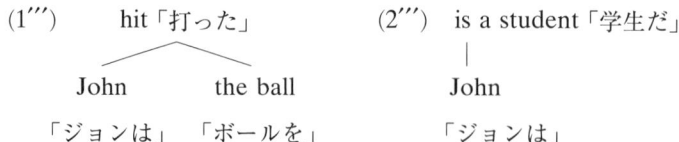

(1‴) では，動詞述語 hit「打った」は「打つ者」ジョンと「打たれる物」ボールを支配している．その支配関係は結合線により結ばれている．(2‴) の文では，「学生だ」という名詞述語が立てられていて，動詞 is が「ジョンは」を支配している．このように，結合価文法では，存在文と行為文が明確に区別され，その相違が構文として明示される．この分析理論を用いれば，どの

ように長く複雑な文でも解明できる．本書は，英文と和文を同一の分析理論に基づいて，両者の構文をそれぞれ表示し，その相違を対比しながら説明していくことを目指している．

2. 結合価文法と結合

「結合価文法」はあまり聞きなれた用語ではないが，フランスの言語学者ルシアン・テニエール (L. Tesnière, 1893-1954) により提唱された言語の構造分析理論である．

「結合価」(Valence) は科学用語で，例えば，化学式 H_2O は「水」の化学式であるが，H の水素原子 2 個と酸素原子 O の 1 個とが結合したものである．例えば，酸素原子を「動詞」とし，水素原子を「名詞」と見なせば，「水」という物質は 2 個の名詞をとる動詞から生成されることになる．

テニエールは，文というものを一つのドラマに見立てている．ドラマの筋立ては動詞によって表される．動詞はそれぞれのドラマを実現するのに必要な人物や事物を決定する．こうした必要な人物や事物が名詞に相当する．そして，ドラマの背景となる場面を構成するのが「副詞」であると述べている．

 (3) 赤ちゃんが笑った．(The baby laughed.)
 (4) ジョンは運動場でボールを打った．(John hit the ball in the playground.)

(3) の例文では，「笑った」という動詞述語は，「笑った」という行為を行った「赤ちゃんが」という 1 個の名詞をとっているが，(4) の例文では，「打った」という動詞述語は，ボールを打った人物の「ジョンは」と打たれた事物である「ボールを」という 2 個の名詞をとっている．

そこで，「笑う」のように 1 個の名詞を必要とする動詞を「1 項動詞」，「打つ」のように 2 個の名詞を必要とする動詞を「2 項動詞」と呼んでいる．なお，(4) の文における副詞の「運動場で」は，「ジョンはボールを打った」場

面を表している.

　さて,「赤ちゃんが笑った」という文であるが, 名詞の「赤ちゃんが」と動詞の「笑った」という語が並んだだけでは「文」にはならない. 両者の間に文法的関係があるということを示す「結合 (connection)」という関係が必要である. すなわち, 文が成立するためには, 名詞的語と動詞的語と, さらにこれらの語を文法的に結びつける「結合」という要素が必要となる. この結合関係は「結合線」によって表示される.

　(3) と (4) の文は次のように動詞と名詞や副詞が結合線により表される.

　このように結合線で結ばれた構造図 (図系) において, 上にある動詞の上位項と下に置かれた名詞や副詞の下位項であるが,「上位項」が「下位項」を「支配する (command)」と言い,「下位項」は「上位項」に「依存する (depend)」と言う. なお, 四角でくくった語はいずれも複合的な語で「名詞+格助詞」の構成をなしている. (3) と (4) の和文を英文に改めると次のようになる.

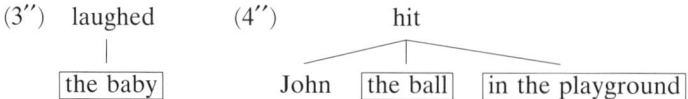

上の図系 (stemma) において, 四角な枠にはめられた語句は複合的語であるが, the baby「赤ちゃん」, the ball「ボール」, the playground「運動場」における the は定冠詞である. なお, in the playground「運動場で」には前置詞の in が含まれている. また,

　(5) Mary sent an e-mail to Jack.
　　　（メアリーはジャックにメールを送った）

(5) の例文が含む動詞述語 sent「送った」は，送る人，送る物，送られる相手を表す三つの名詞を必要とする．したがって，「送る」(send) は3項述語の動詞である．

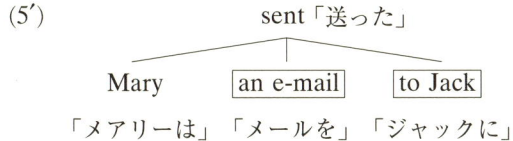

3. 動詞述語と形容詞述語

すでに，3項をとる動詞述語を紹介したが，形容詞述語についても説明しておく必要がある．次は形容詞 blue「青い」を含む語句である．

(6)　the blue sky（青い空）
(7)　The sky is blue.（空は青い．）

これらの語句は次のような図系をなす．

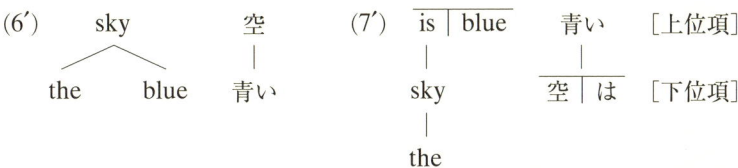

(6′) では，冠詞の the も形容詞の blue も共に上位項の名詞 sky を修飾している（依存している）．(7′) の is｜blue は分離項で，形式的な be 動詞の要素と内容的な形容詞の要素 blue とに分かれていて，be 動詞の要素が述語の資格を表し，名詞の sky を支配している．日本語では，(6′) の形容詞「青い」は上位項の「空」を修飾しているが，(7′) の文の「青い」は形容詞述語で，下位項の「空は」を支配している．「空は」は内容的要素の名詞「空」と形式的格要素の「は」に分離される．

なお，英語には It rains.「雨が降る」や It is cold.「寒い」のように，「天候の it」と呼ばれている代名詞が用いられている．この it には実体は何もない．テニエールはこれを名詞項と認めていない．そこで，rains「雨が降る」という動詞述語や is cold「寒い」のような形容詞述語を無項述語と分類している．

4. 名詞述語と名容詞述語

形容詞述語を紹介したので，名詞述語と名容詞にも触れておこう．日本語の形容詞には，動詞と同じように，過去と非過去に変化するいわゆる形容詞「たかい，たかかった」と名詞と同じように，準動詞「だ」をとる名詞的形容詞，つまり名容詞の「元気だ」「元気だった」がある．これは国文法で「形容動詞」と呼ばれている部類である．英語には動詞述語と形容詞述語のほかに名詞述語があるが，日本語にはさらに名容詞述語が加えられる．

名詞述語：　　(8)　Nancy is a kind nurse.
　　　　　　　　　（ナンシーは親切な看護婦さんだ．）
名容詞述語：　(9)　Nancy is pretty.
　　　　　　　　　（ナンシーは綺麗だ．）

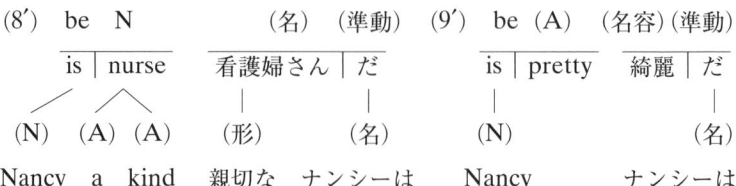

(8) の Nancy is a kind nurse.「ナンシーは親切な看護婦さんだ」は，名詞の nurse が名詞述語で，冠詞の a と形容詞の kind がこの名詞を修飾している．そして，名詞の Nancy は存在動詞の is に支配されている．日本語では，「看護婦さん」に準動詞「だ」が続き，「親切な」という名容詞は名詞

の「看護婦さん」を修飾している．また，名詞の「ナンシーは」は準動詞の「だ」に支配されている．

　この「だ」は，その前に立つ名詞もしくは名容詞を述語化しているのである．述語化とは名詞や名容詞を状態化することで，「看護婦さんだ」は「看護婦の身分・状態にあること」を，「綺麗だ」は「外見が美しい状態にあること」を意味している．

　(9) の例文では，形容詞の pretty が述語となり，be 動詞が名詞の Nancy を支配している．日本語の「綺麗な」は名容詞で述語として機能し，名詞の「ナンシーは」は準動詞の「だ」に支配されている．

　英語には，述語として，動詞述語 (VPred)，形容詞述語 (APred)，名詞述語 (NPred) の 3 種類があるが，日本語には，動詞述語（動述），形容詞述語（形述），名容詞述語（名容述）と名詞述語（名述）の 4 種類がある．

5. 節　点

　(10)　A big cat chased a small rat.
　　　　（大きな猫が小さいねずみを追いかけた．）

　上の文は chased「追いかけた」という動詞述語を中心に組み立てられている．

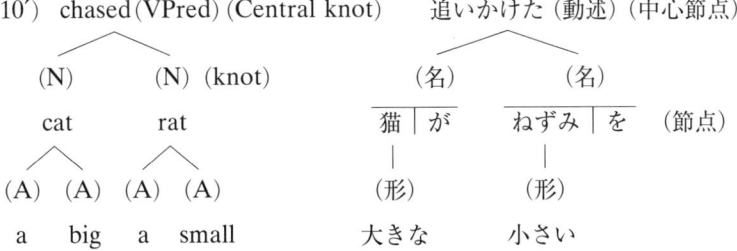

　「追いかける」という動詞は「追いかけるもの」と「追いかけられるもの」という二つの名詞(句)を支配する．英語では，動詞に支配される名詞 (N)

cat「猫」と rat「ねずみ」にはそれぞれ不定冠詞の a と形容詞 big「大きい」と small「小さい」が依存している．これらはいずれも形容詞 (A) と見なされる．そこで 相互に結合線で結ぶと (10′) のような文構造が取り出される．この文構造を結合価理論では 図系 (stemma) と名づけている．

ここで，二つの結合線が交わる所を「節点」(knot) と呼んでいるが，英語では，動詞の chased と名詞の cat と rat が節点を形成しているが，とくに最高位にある動詞の節点 chased「追いかけた」を「中心節点」(Central knot) と呼び，文全体を統括している．

6. 行為項と状況項

文が成立するために述語が必要とする名詞 (Noun = N, Noun phrase = NP) を「行為項」(Actant) と呼び，必要としない語句を「状況項」(Circumstantial) と称する．

(11)　Peter put a book on the desk.
　　　（ピーターは本を机の上に置いた．）

動詞述語の put「置く」は，置く人の Peter「ピーター」と置く物の a book「本」と置かれる場所 on the desk「机の上に」の三つの項が必要である．これらは文を構成するのに必要な行為項に相当する．

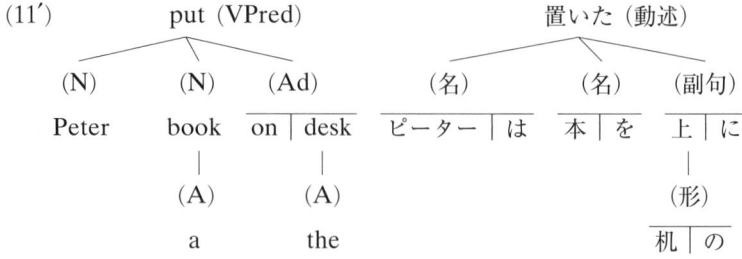

(11)の例文であるが,「ピーターは本を置いた」という表現だけでは,充分な伝達情報を提供しているとはいえない.やはり「置く場所」も必要な要素である. on the desk「机の上に」は一見場所の副詞句の形をしているが,伝達情報では不可欠要素であるから「行為項3」と評価した.なお,日本語の「机の」は名詞の「机」を形容詞に変える表現で,属格の格助詞「の」には前に立つ名詞を形容詞化する(転用する)働きがある.

(12)　Peter met Grace in the park.
　　　(ピーターはグレイスと公園で会った.)

動詞述語 meet「会う」は,会う人とその相手を指す二つの名詞を要求する.「公園で」という会合の場所はこの文が成立するために必要な要素ではないから,「状況項」の副詞として動詞を修飾することになる.

(13)　Suzanne went to Dublin by ship.
　　　(スーザンは船でダブリンへ行った.)

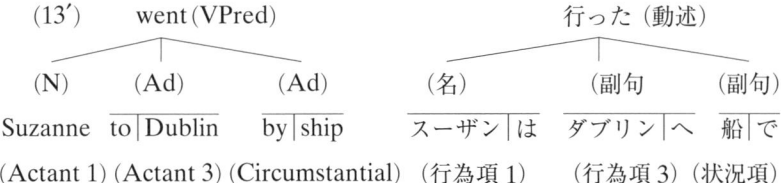

(13)では,「行く」(go)という動詞は移動する人と移動する方向を必要要素としている.そこで移動する人が「行為項1」,移動する方向が「行為項3」となるが,移動する手段は必要要素ではないので,単なる副詞句の「状況項」と見なされる.要するに,ある文が成立するために必要不可欠な語句を「行為項」とし,そうでない語句を「状況項」として区別することになる.

英語では,「前置詞+名詞」が,日本語では,「名詞+格助詞」が,複合した「名詞項」(Noun Argument)を構成している.例えば,(13′)の例文における to│Dublin「ダブリン│へ」も by│ship「船│で」も「名詞項」

11

である．そこで，名詞項の上に横線を引き，転用体として働く前置詞もしくは格助詞の名詞の間に縦線を引いて表示することができる．転用体 (translative) は品詞を変える働きをもつ要素で，英語の $\overline{\text{by} \mid \text{ship}}$ 「船で」における前置詞の by と格助詞「で」は名詞の ship「船」を副詞句に切り換えている．

(14) Byron died in Greece.
（バイロンはギリシアで亡くなった．）

上の「亡くなる，死ぬ」という述語は，亡くなった本人が「行為項1」となるが，亡くなった場所や時が伝達内容の必要要素となることがある．そこで，副詞句の「ギリシアで」を場所にかかわる「行為項3」と見なした．「バイロンは死んだ」という文はまとまりある伝達内容とはいえない．

また，英語の形容詞述語を取り上げてみよう．

(15) Anna is fond of music.
（アンナは音楽が好きだ．）

上の例文における is fond は形容詞述語であるが，of music という副詞句を伴っている．だが，この語句は Anna likes music. という動詞述語による表現では，目的語の music に相当する．だから，やはり (15) の of music は副詞句であるが，行為項に相当することになる．

(15′)　　　$\overline{\text{is} \mid \text{fond}}$ (APred)　　　$\overline{\text{好き} \mid \text{だ}}$（名容詞述語）

　　　　　(N)　　　(Ad)　　　　　(名)　　(名)
　　　　Anna　　$\overline{\text{of} \mid \text{music}}$　　$\overline{\text{音楽} \mid \text{が}}$　$\overline{\text{アンナ} \mid \text{は}}$
　　　(Actant 1)　(Actant 2)　　（行為項2）（行為項1）

英語では，形容詞述語 is fond の is が第1行為項の名詞 Anna を支配し，形容詞の fond のほうが副詞句の第2行為項を支配している．日本語では，

準動詞の「だ」が第 1 行為項の「アンナは」を支配し，名容詞の「好き」は第 2 行為項の「音楽が」を支配している．なお，「好きだ」という名容詞は「～は～が」という文型をとる．

(16) Charles is content with an ordinary life.
　　（チャールズは平凡な生活に満足している．）

(16) の be content は「満足している」という形容詞であるから，次のような図系となる．

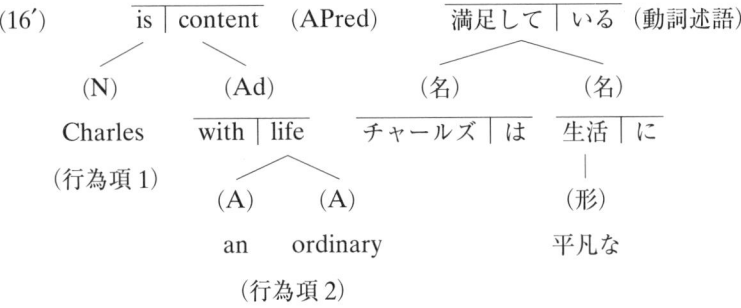

with life「生活に」は「満足している」内容であるから，副詞句であるが，必要要素として行為項 2 とみなした．

(17) Anna is interested in music.
　　（アンナは音楽に興味がある．）

上の文の動詞述語の be interested は受動形をなしているが，形容詞述語と見なすことができる．そうすると，(15) の例文と同じように形容詞述語文として処理することが可能となる．

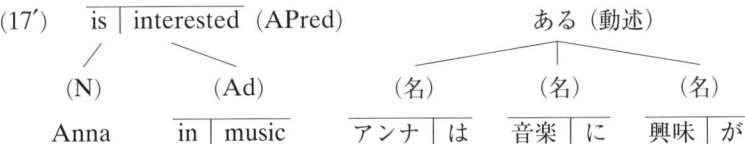

英語では，is が名詞の Anna を支配し，interested が第2行為項の in music を支配していることになる．だが，日本語では，存在動詞「ある」による所有構文をなしている．すなわち，「アンナには音楽に対する興味がある」と解釈される．

日本語の所有構文は，「～の所に～がいる（ある）」という存在構文で表される．

(18) Anna has three cats.
（アンナの所には猫が3匹いる．）

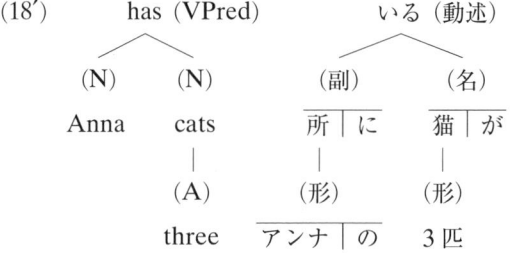

英語の have は「～が～を所有する」という他動詞構文であるが，日本語の所有は所有者の所に所有される事物が存在するという構図で表示される．

7. 転用

転用（translation）とは，動詞，名詞，形容詞，副詞という四つの品詞の間で，その品詞を変更する操作を指している．これは結合価文法における重要な文法的処理方法である．

(A) 名詞＞形容詞

名詞＞形容詞（名詞の形容詞化）については，英語では，前置詞 of を用いる方法と属格の接尾辞 -'s による方法の2種類がある．

(19)　a.　a book of poetry（詩の本）
　　　b.　Peter's book（ピーターの本）

これらの名詞の形容詞化は次のように図系化される．日本語では，名詞に属格の格助詞「の」を付ければ「形容詞句」となる．

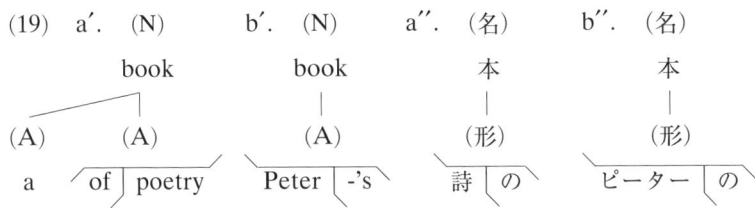

　この転用を表す記号として，T字のマークにおいて，T字の横線の上に「転用結果」を，T字の縦線の左側に「転用体」を，その右側に「転用対象」を書き込むようになっている．そして，転用体が転用対象の前にくれば，爪がこれを囲むように横線から延びている．転用体の前置詞 of が前にくる例が (19a) の of poetry で，転用体の属格語尾 -'s が後になる例が (19b) の Peter's で示されている．こうした転用体の of や -'s がその前後にくる名詞の poetry や Peter という「転用対象」に働きかけて，「転用結果」の「形容詞句」に品詞を切り換えることを表示している．
　以上の転用過程を次のようにまとめることができる．

(20)　転用結果　　　　　Translated（転用後の品詞）
　　　転用体｜転用対象　　Translative（転用体）｜Translating（転用前の品詞）

　いま，転用例：(a) poetry「詩」（名詞）＞of poetry「詩の」（形容詞），(b) Peter「ピーター」（名詞）＞Peter-'s「ピーターの」（形容詞）に，上の転用例を (20) の図式に書き込むと次のようになる．(N) は名詞を，(T) は「転用体」を表す．

(21) 　(A)　　　　(A)　　　（形）　　　　（形）
　　　―――――　　―――――　　―――――　　―――――
　　　of｜poetry　Peter｜-'s　　詩｜の　　　ピーター｜の
　　　(T) (N)　　　(N) (T)　　（名）（転）　　（名）　（転）

なお，T字の末端に延びる爪（＼，／）を転用体に合わせて曲げるのは厄介なので，本書では (21) 表のように爪を省いて表記することにする．もう一つ，動詞を名詞化する転用を取り上げよう．

(B)　動詞＞名詞

(B1)　動詞＞名詞（動詞の名詞化）であるが，英語には不定詞化と動名詞化という方法がある．不定詞化は動詞に前置詞 to を付けて表す．例：see「見る」＞ to see「見ること」．

動名詞化では，動詞に語尾 -ing を付加する．例：believe「信じる」＞ believing「信じること」．

日本語では，「読む」＞「読み」のように，動詞語幹末の母音をイ段に変える方法と，形式名詞の「こと」や「の」を用いる方法とがある．これらの形式名詞の前にくる動詞は形容詞形であることに注意されたい．

(22)　To see is to believe.　Seeing is believing.
　　　（見ることは信じることである．）

(22′)　―――――――――　　　　　―――――――――――
　　　 is｜(NPred)　（名）　こと｜である（名詞述語）
　　　　 ｜　　　　　　　　　　 ｜　　　＼
　　　 ―――――　　　　　　 （形）　　（名）
　　　 to｜believe　　　　　　信じる　　こと｜は
　　　 (Actant 2)　　　　　　　　　　　　　 ｜
　　　　 (N)　　　　　　　　（行為項2）　 （形）
　　　 ―――――　　　　　　　　　　　　　見る（行為項1）
　　　 to｜see
　　　 (Actant 1)

英語における不定詞であるが，前置詞 to が転用体で，次にくる動詞の see と believe を名詞化している．したがって，is to believe は名詞述語となり，

is は名詞 (N) の不定詞 to see を支配している．日本語では，「ことである」は「ことだ」と同じで名詞述語となる．「信じる」や「見る」は動詞の形容詞形（連体形）で名詞の「こと」を修飾しているから注意を要する．「見ること」は準動詞の「だ」に支配されている（準動詞については 38 頁参照）．英語の動名詞では，see-ing のように，語尾 -ing が名詞化の転用体である．

日本語の形式名詞「こと」は長い文でも名詞化できる．

(23) a. 父は毎朝新聞を「読む．」（動詞の述語形）
　　　　→ 父が毎朝新聞を「読む」（形容詞形）こと
　　b. 父は体が丈夫だ．（名容詞の述語形）
　　　　→ 父の体が丈夫な（名容詞の形容詞形）こと
　　c. 象は鼻が長い．（形容詞の述語形）
　　　　→ 象の鼻が長い（形容詞形）こと

(B2) ここで英語の不定詞に対する日本語の表現を対照してみよう．

(24) Nancy ceased to play the piano.
　　（ナンシーはピアノを弾くのをやめた．）

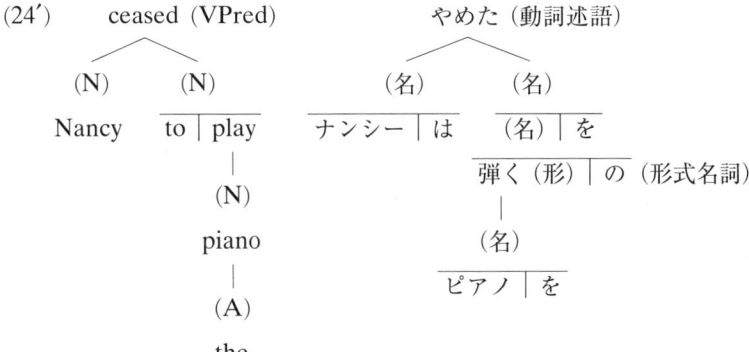

日本語では，「ピアノを弾く」という形容詞句が形式名詞の「の」を修飾して名詞句を形成している．

(25) Mary can play the piano.
　　（メアリーはピアノを弾くことができる．）

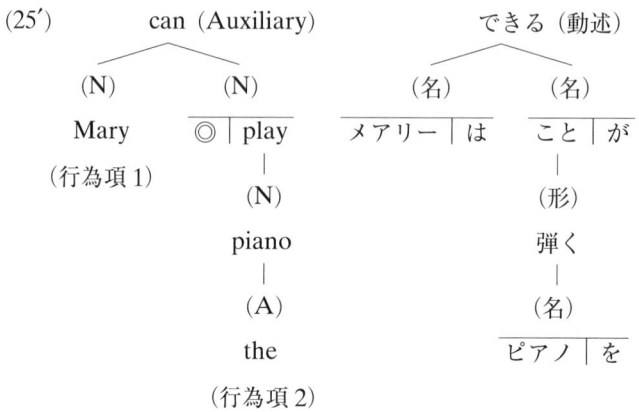

テニエールは助動詞（Auxiliary）を行為項 1 と行為項 2 を支配する 2 項動詞とみなしている．なお，原形不定詞の play であるが，前置詞の to が省略されているので，動詞を名詞化するために無形の「ゼロ転用体」◎を設定した．

なお，日本語の動詞「できる」は「～は～が」の文型をとる．

(26) I want to buy a new car.
　　（私は新しい車が（を）買いたい．）

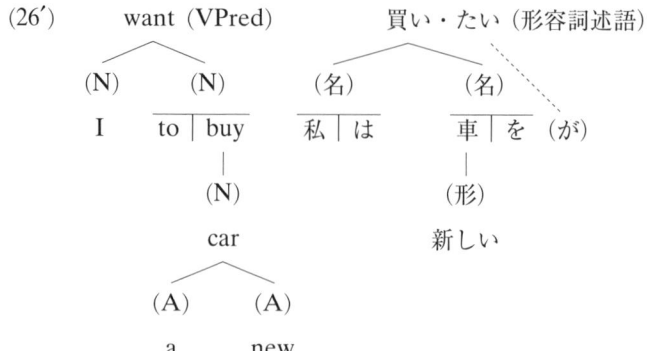

日本語では,「買い・たい」のように動詞語幹「買い」に形容詞語尾「たい」の付いた要望形が用いられる.「飲みたい」のような要望形は「〜は〜が」という文型をとる.

(C) 動詞＞形容詞

動詞を形容詞化したものが分詞である.分詞には現在分詞と過去分詞の2種がある.

(27) a. the teacher scolding the pupil (生徒を叱っている先生)
b. the pupil scolded by the teacher (先生に叱られた生徒)

(27) a′. (N)　　　　　　(名)　　　　b′. (N)　　　　　　(名)
　　　　teacher　　　　先生　　　　　　pupil　　　　　生徒
　　　　　　　　　　　　｜　　　　　　　　　　　　　　｜
(A)　　(A)　　　　(形)　　　　　(A)　　(A)　　　　(形)
the　scold｜-ing　叱って｜いる　the　scold-ed　叱られた
　　　｜　　　　　　｜　　　　　　　｜　　　　　　　｜
　　　(N)　　　　　(名)　　　　　　(Ad)　　　　　(副)
　　　pupil　　　　生徒｜を　　　　by｜teacher　先生｜に
　　　｜　　　　　　　　　　　　　　｜
　　　(A)　　　　　　　　　　　　　(A)
　　　the　　　　　　　　　　　　　the

英語の能動の分詞語尾 -ing と受動の分詞語尾 -ed は,動詞を形容詞化する転用体である.日本語の「叱っている」と「叱られた」は形容詞形で,上位の名詞「先生」や「生徒」を修飾している.また,英語の by the teacher と日本語の「先生に」は副詞語句である.

(D) 動詞＞副詞

動詞の副詞化は「分詞構文」と呼ばれていて,分詞語尾の -ing もしくは -ed の語尾を備えている.

(28) Seeing Alice, the dog wagged its tail.
（アリスを見て，犬はしっぽを振った．）

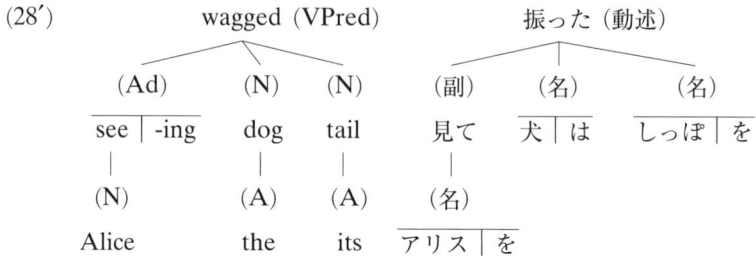

英語の seeing Alice は when the dog saw Alice と副詞節に書き換えられるから，seeing は副詞である．日本語の「見て」は動詞「見る」の副詞形である．

(29) Left to herself, the girl began to weep.
（ひとりになると，女の子は泣き出した．）

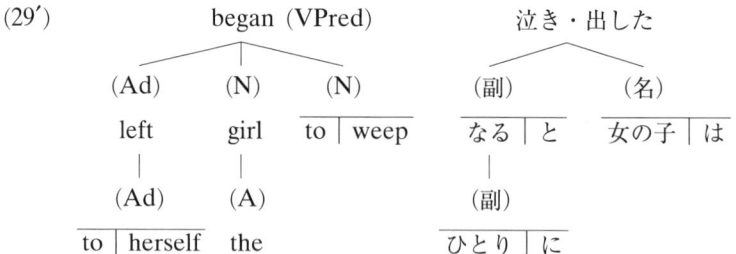

英語の left to herself は when she was left to herself「ひとりになると」のように時間の副詞節に書き換えられる．日本語の「なると」は動詞述語形「なる」に条件の接続助詞「と」が付加されている．英語の to herself も日本語の「ひとりに」もともに副詞句である．

(E) 接続詞による名詞節，形容詞節，副詞節について
　(E1) 名詞節

(30) It is certain that Albert has remarkable ability.
　　　（アルバートにすばらしい能力があることは確かだ．）

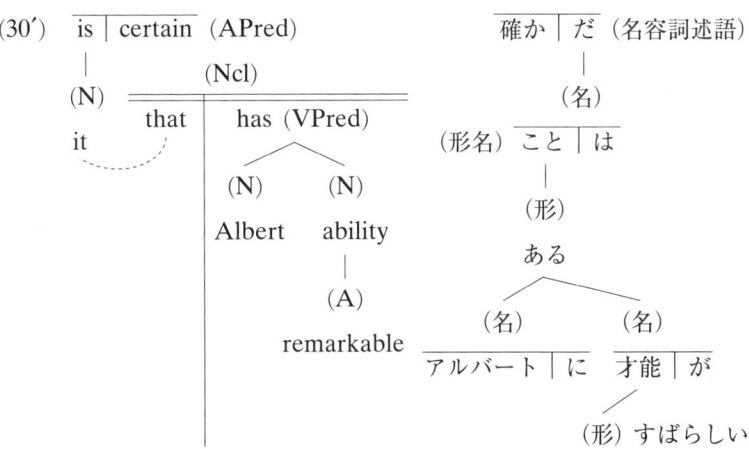

英語の is certain は形容詞述語で，接続詞 that は名詞節 (Ncl) を導くので，これは二重線 ══ で表されている．なお，it と that 節との関係は指示線 ‥‥‥ で結ばれている．なお，名詞節 that の中は，Albert has remarkable ability「アルバートはすばらしい才能がある」という構文で，所有動詞 has が二つの名詞 Albert「アルバート」と ability「才能」を支配している．that の上の二重線と that の右側の 1 本の縦線は that 節が支配する領域を表している．

　日本語の「確かだ」は名容詞述語で，準動詞「だ」が支配する形式名詞「こと」を存在動詞「ある」の形容詞形が修飾している．「～に～がある」は所有構文である．

　(E2) 形容詞節を含む文

(31) There are many young people who go to a university without

any clear idea.（なにもはっきりした考えもなく大学へ行く若者がたくさんいる．）

(31′)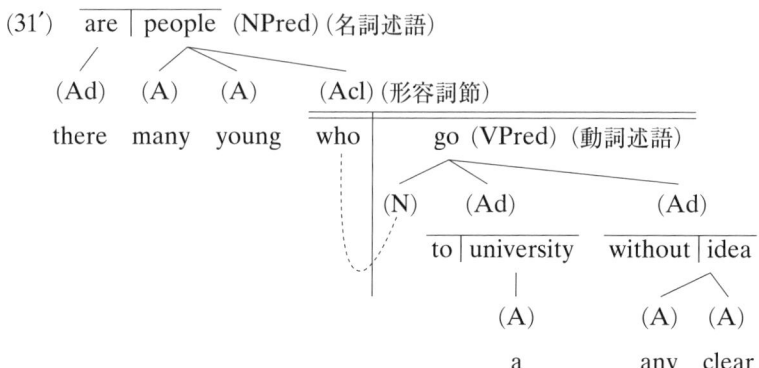

関係代名詞 who の支配する領域は横の二重線と縦線に囲まれた範囲に相当する．関係代名詞に導かれる形容詞節は先行詞の people に支配されている．

(31″)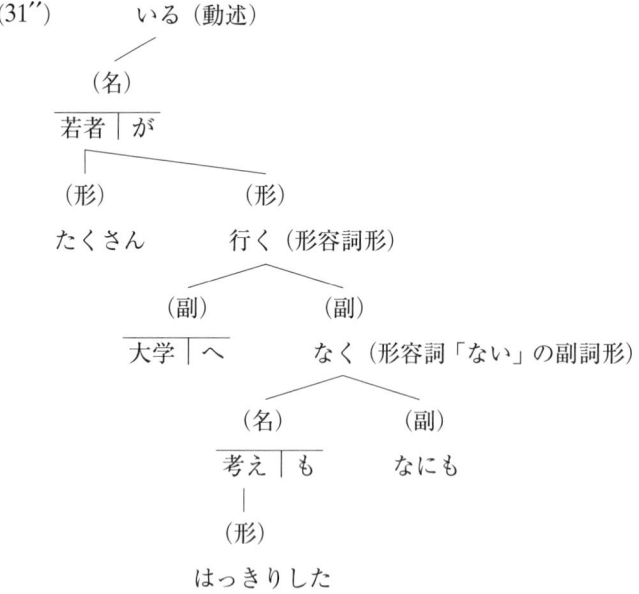

日本語では，「〜がいる」という存在文が中心で，「大学へ行く」という形容詞句が名詞の「若者」に依存しているので，英語のような形容詞節は存在しない．

(E3) 副詞節を含む文

(32) When Teresa regained consciousness, she found herself in a hospital.
（テレサが意識を回復したときには，彼女は病院にいた．）

(32′)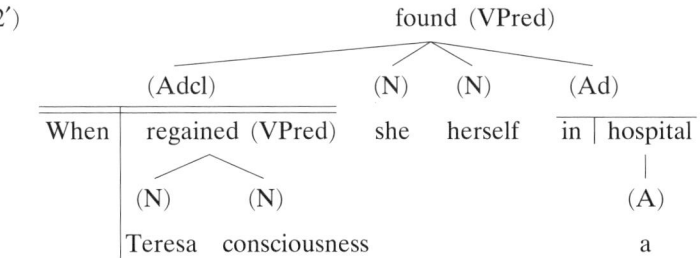

時間の副詞節 When Teresa regained consciousness「テレサが意識を回復したとき」の中では，regained「回復した」という動詞が Teresa「テレサ」と consciousness「意識」という二つの名詞を支配している．

(32″)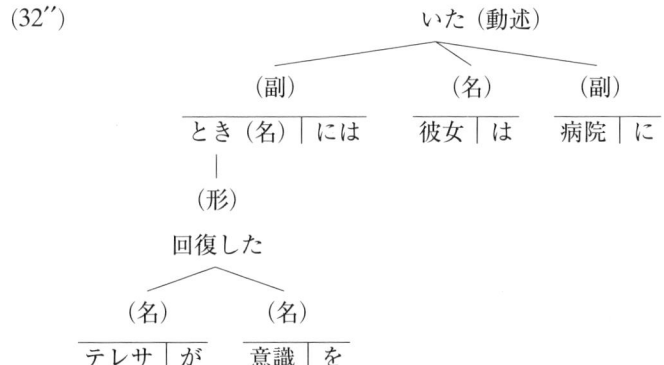

「テレサが意識を回復した」は形容詞句で，これが名詞の「とき」を修飾す

るので，英語の when のように時間の副詞節を形成することはない．

(F) 転用体

(F1) 日本語の転用体：日本語で転用体としての機能を果たす語には，格助詞と接続助詞がある．日本語の格助詞は，主格「が」，属格「の」，対格「を」，位置格「に」，起点格「から」，着点格「へ」，具格「で」，主題格「は」，共格「と」，比格「より」，到格「まで」の11個の格助詞から成る．

格助詞は文を形成するのに必要な名詞に付加される．「春子は音楽が好きだ」という文では「春子は」と「音楽が」という語句が必要な成分である．「夏子はピアノを弾いている」という文から「ピアノを」という必要成分が取り出される．「秋子は東京に住んでいる」という文から「東京に」の必要成分が付加される．「東京から京都へ向かう」という文から「東京から」と「京都へ」の必要成分が見いだせるし，「冬子は大阪で働いている」の文から「大阪で」が，「春子は夏男と会った」から「夏男と」の必要成分が取り出される．また，「犬は猫より賢い」から「猫より」と「会議は5時まで続いた」という文から「5時まで」という必要成分を認めることができる．

これらの格助詞は文法系列，場所系列，付帯系列と有界系列の4系列に分類できる．こうした系列の中で格体系の中心をなすのは場所系列である．場所系列は事物を空間において認知する方式を示している．まず認知する事物は「静止している場合」と「移動する場合」に分けられる．「静止する事物」は空間において占める位置により認知される．「移動する事物」は移動する方向，すなわち出発の「起点」と到着の「着点」により認知される．そこで，場所系列は次のような三つの格から成るトリオの三角体系を組むと考えられる．

(33) 場所系列の格体系

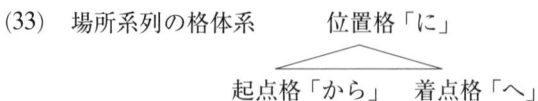

次は文法系列であるが，ある影響力を発動する起点となるのが，主格であり，その影響力を受ける対象は対格となる．なお，属格であるが，これは二つの対象物の間にある静的な関係が成立することを意味している．「ラファエルの絵」と言えば，ラファエルがその絵の製作者であることを意味している．「ラファエルのマドンナ」と言えば「マドンナ」は描かれた対象を指し，「ピーターの本」と言えば，ピーターはその本の所有者を意味している．下に示された格体系はいずれも場所系列の「格トリオ」の型により増幅されている．

(34)　　文法的系列　　　　付帯的系列　　　　有界的系列

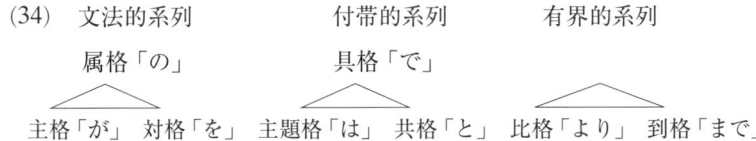

また，付帯系列であるが，ある事物が備わっている状態を「具格」，ある事物が加わる場合を共格とする．主題格であるが，さまざまな特徴の中からある特徴をテーマとして選びだす場合を主題とし，起点格に位置づけた．

有界系列とはある限界を備えた起点と着点を指す場合で，「犬は猫より賢い」という例文における比較の基準を示す「より」と限界点をもつ到着点としての「まで」がここに入る．この系列には位置格に相当する格が存在しない．

日本語の名詞はこれらの格と結びついて用いられるが，「本の」は形容詞句となる．「本が」，「本を」は名詞語句と見なされる．「送る」のような3項動詞では，「相手に」は名詞語句とされるが，「場所に」の場合は副詞語句と見なされる．その他の格語尾は副詞語句を形成する．

(35)　名詞項が名詞句となるもの：「本が」，「本は」，「本を」，「相手に」，「相手と」
　　　名詞項が形容詞句となるもの：「本の」
　　　名詞項が副詞句となるもの：「本に」，「本から」，「本へ」，「本で」，「本と」，「本より」，「本まで」

日本語の他の転用体としては，接続助詞（151頁）がある．「雨が降ると」の条件を表す「と」，「雨がふるけれど」における譲歩の接続助詞「けれど」などは副詞語句を形成する．

(F2) 英語の転用体

(F2-1) 英語の転用体としては前置詞がある．英語の前置詞の格体系は，やはり場所系列が基本をなしている．英語の場所系列は次のように表示される．

(36) 場所系列

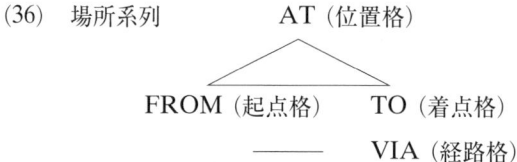

これら大文字で表示されたのは，意味的要素であって，これが具体化すると次のような前置詞となる．

(37)　AT = at, in, on　　FROM = from, out of
　　　TO = to, till　　　VIA = through, across, over

経路格は日本語では，「～を通って」，「～を横切って」のように動詞の副詞形で訳される．英語の場所格系列は「格の4点セット」と呼ぶことにする．

次に文法系列であるが，英語には格を示す要素はないけれど，代名詞の複数形と男性の単数は，he「主格形」, his「属格形」, him「対格形」を備えていて，明らかに文法系列で格トリオの体系を組んでいることが分かる．

(38)

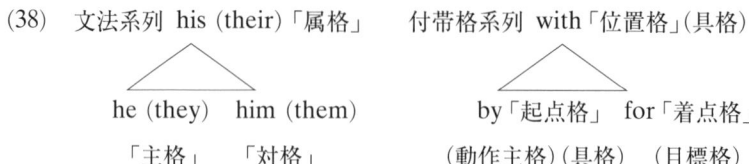

前置詞 with は具格として用いられる：a doll with blue eyes「青い目をした人形」．by も具格の意味をもつ：by bus「バスで」．だが受動文の動作

主をも表す：The law of gravity was discovered by Newton.「重力の法則はニュートンによって発見された」．前置詞 for は「～にたいして」「～のために」を意味し着点格の位置を占める．「たいして」は動詞「たいする」の副詞形である．「研究のために」では，「ため」は名詞で，「ために」は副詞句となる．「研究の」は形容詞句で「ため」を修飾している．

　これら前置詞において，of school「学校の」は形容詞句であるが，at school, from school, to school などは副詞句を形成する．ただし，a hard school with rough teachers「手荒い先生のいる厳しい学校」の場合は，具格の前置詞 with は形容詞句を導く．

　(F2-2)　語尾による転用体

(39)　名詞（N）＞形容詞（A）-'s:
　　　Peter's book（ピーターの本）

所有語尾 -'s は後にくる名詞を形容詞化する：Peter's「ピーターの」．

(40)　現在分詞語尾 -ing と過去分詞語尾 -ed:
　　　a.　the girl reading a book
　　　　　（本を読んでいる少女）
　　　b.　the letter written by the girl
　　　　　（少女が書いた手紙［少女によって書かれた手紙］）

日本語の「本を読んでいる」も「少女が書いた」もともに形容詞語句で，次にくる名詞の「少女」と「手紙」を修飾している．

(39′)　(N)
　　　　book
　　　　　|
　　　　　(A)
　　　　Peter-｜'s

(40)　a′.　(N)
　　　　　　girl
　　　　　　╱╲
　　　　　(A)　(A)
　　　　　the　read｜-ing
　　　　　　　　　|
　　　　　　　　(N)
　　　　　　　　book
　　　　　　　　　|
　　　　　　　　(A)
　　　　　　　　the

　　　b′.　(N)
　　　　　　letter
　　　　　　╱╲
　　　　　(A)　(A)
　　　　　the　writt｜-en
　　　　　　　　　|
　　　　　　　　(Ad)
　　　　　　　by｜girl
　　　　　　　　　|
　　　　　　　　(A)
　　　　　　　　the

(39″)　(名)
　　　　本
　　　　　|
　　　　　(形)
　　　　ピーター｜の

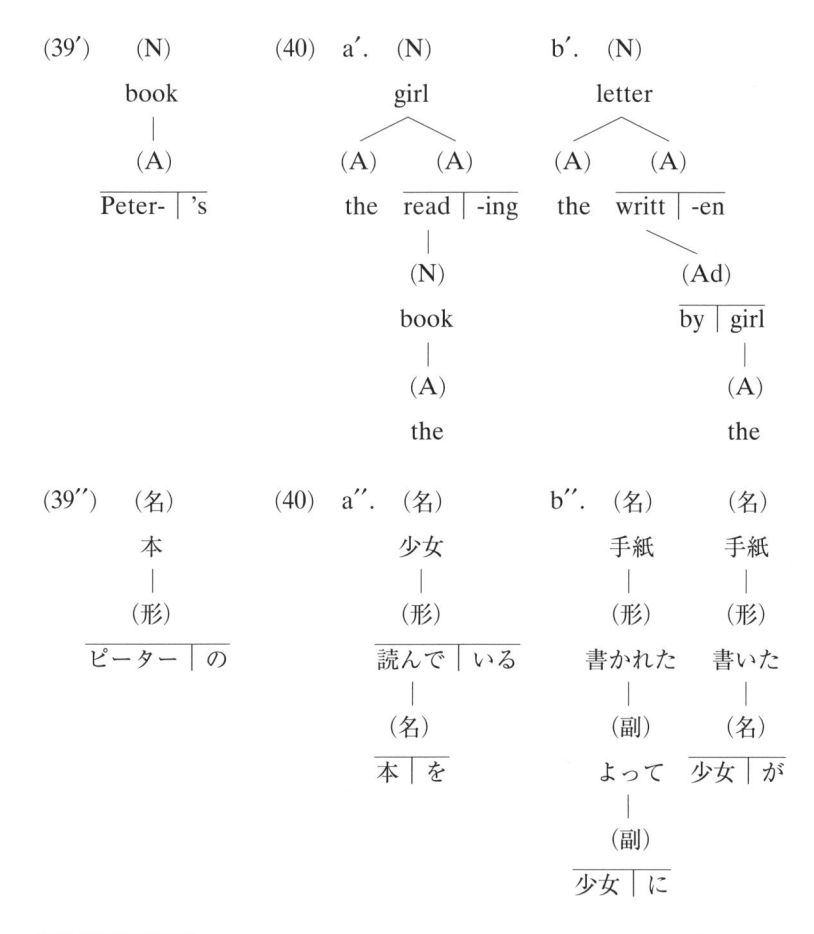

(40)　a″.　(名)
　　　　　　少女
　　　　　　　|
　　　　　　(形)
　　　　　読んで｜いる
　　　　　　　|
　　　　　　(名)
　　　　　　本｜を

　　　b″.　(名)　　　(名)
　　　　　　手紙　　　手紙
　　　　　　　|　　　　|
　　　　　　(形)　　　(形)
　　　　　書かれた　　書いた
　　　　　　　|　　　　|
　　　　　　(副)　　　(名)
　　　　　よって　少女｜が
　　　　　　　|
　　　　　　(副)
　　　　　少女｜に

「読んで｜いる」の「いる」は相の助動詞で，継続を表し上位の名詞を修飾する．「書かれた」は受動形の過去で形容詞として上位の名詞「手紙」に支配される．また，「よって」は動詞「よる」の過去形「よった」の「た」を「て」に変えると副詞形となり，「書かれた」を修飾し，副詞句「少女に」に従属している．日本語の「読んでいる」「書かれた」「書いた」はいずれも形容詞形で上位の名詞を修飾している．

(F2-3)　動詞 (V) ＞名詞 (N)：動詞を名詞化するのには，前置詞 to をとる不定詞とする方法と語尾 -ing をとる動名詞による方法とがある．動詞

によりどちらか一方をとる場合と両方の形式をとる場合とがある．両方とるにしても，意味に多少違いのあるケースと意味に相違のないケースがあるが，意味に多少の相違のある事例を取り上げておく．

(41) a. Please remember to wake me up at six. [to wake [不定詞]]
   （どうぞ忘れないで私を6時に起こしてください．）
   b. I remember seeing him at the office. [seeing [動名詞]]
   （私は彼に事務所で会ったのを覚えている．）

(41) a′. remember (VPred)　　　起こして｜ください（命令法）

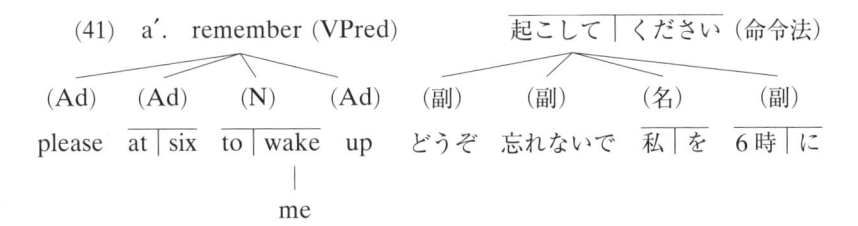

(Ad)　(Ad)　(N)　(Ad)　　（副）　（副）　（名）　（副）
please　at｜six　to｜wake　up　　どうぞ　忘れないで　私｜を　6時｜に
　　　　　　　　　　｜
　　　　　　　　　　me

remember は動詞述語である．「起こしてください」の「ください」は授受の助動詞で，「忘れないで」は「忘れない」という動詞の否定形の副詞形である．

(41) b′. remember (VPred)　　　覚えて｜いる

　　　　(N)　(N)　　　　　　　（名）　　（名）
　　　　I　see-ing　　　　　　私｜は　（形名）の｜を
　　　　　　　｜
　　　(N)　(Ad)　　　　　　　　　　　　　（形）
　　　him　at｜office　　　　　　　　　　会った
　　　　　　　｜
　　　　　　(A)　　　　　　　　　（名）　　　（副）
　　　　　　the　　　　　　　　　彼｜に　　事務所｜で

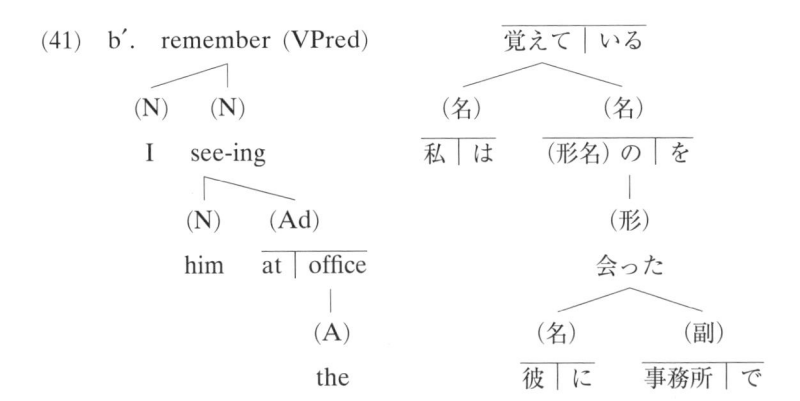

(F2-4)　動詞（V）＞副詞

動詞の副詞化は「分詞構文」と呼ばれているが，動詞述語文を副詞化する

ので,「動副詞」と呼ぶほうが適切であろう．ここでは，動詞が -ing 語尾をとるが，完了語尾の -ed をとる場合もある．ここに分詞構文を用いた例題を三つ与えておく．

(42) Arriving at the station, he took the express train for Tokyo.
(駅へ着くと，彼は東京行きの急行に乗った．)

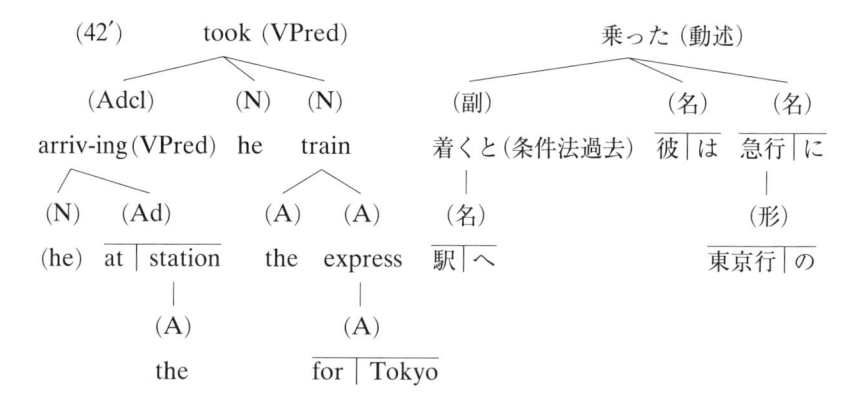

(42′)

```
              took (VPred)                        乗った (動述)
        ┌────────┬──────┐              ┌──────┬──────┬──────┐
      (Adcl)   (N)    (N)            (副)   (名)   (名)
     arriv-ing he     train        着くと(条件法過去) 彼│は 急行│に
     (VPred)                          │              │
     ┌───┐          ┌───┐           (名)           (形)
    (N) (Ad)       (A) (A)          駅│へ         東京行│の
    (he) at│station the express
         │              │
        (A)            (A)
        the          for│Tokyo
```

分詞構文の arriving at the station = when he arrived は，副詞節として took に従属している．「駅に着くと」の「と」は着く行為の直後を表す．また，「東京行」は名詞で，これに属格の「の」が付き形容詞化している．

(43) Not knowing what to do, Emily asked me for help.
(どうしたらいいか分からなかったので，エミリーは私に助けを求めた．)

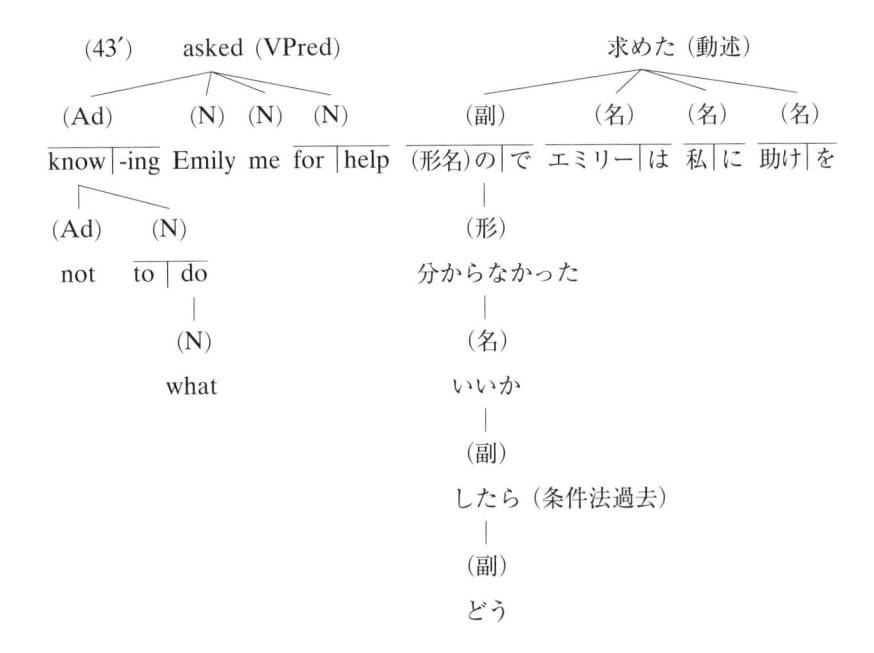

```
(43′)         asked (VPred)                       求めた (動述)
       ┌───────┬────┬────┐              ┌──────┬────┬────┬────┐
      (Ad)   (N)  (N)  (N)             (副)   (名)  (名)  (名)
    ┌──┴──┐                          ┌──┴──┐
   know  -ing Emily  me  for  help  (形名)の で エミリー は 私 に 助け を
    │                                   │
  ┌─┴─┐                                (形)
 (Ad)  (N)                               │
       ┌┴┐                         分からなかった
  not  to do                             │
          │                             (名)
         (N)                             │
          │                            いいか
        what                             │
                                        (副)
                                         │
                                  したら (条件法過去)
                                         │
                                        (副)
                                         │
                                        どう
```

　否定の副詞 not は動詞 know に従属し，know は名詞句 to do を支配する．分詞構文の Not knowing = As she did not know「彼女は分からなかったので」と理由の副詞節を導くが，日本語では，形式名詞の「の」に「分からなかった」という過去否定の形容詞句が付加されて，「ので」という理由の接続助詞となる．「したら」は「する」の条件法過去形である．

(44)　Being unable to bear miseries, Jane ran away from her husband.
　　　(みじめな生活に耐えられなくて，ジェインは夫のもとを去った．)

(44′)

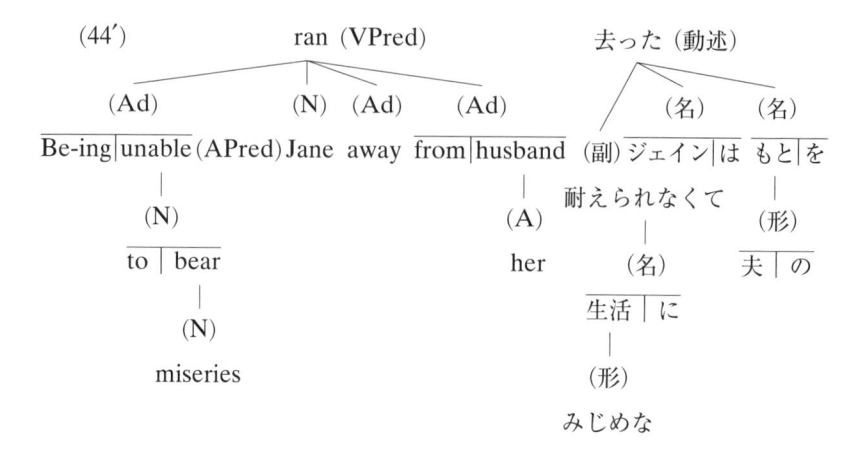

```
                ran (VPred)                          去った (動述)
        ┌────────┬──────┬──────┐                ┌───────┬───────┐
       (Ad)     (N)   (Ad)    (Ad)            (名)               (名)
    Be-ing|unable(APred)Jane  away from|husband (副) ジェイン|は  もと|を
           │                    │             耐えられなくて        │
          (N)                  (A)                │               (形)
        to|bear                her              (名)              夫|の
           │                                   生活|に
          (N)                                    │
        miseries                                (形)
                                              みじめな
```

 否定の形容詞 unable「できない」は，be 動詞と組んで形容詞述語を形成する．日本語の「耐えられなく」は動詞「耐える」の否定の副詞形で，これに接続助詞「て」がついて理由を示す副詞句となる．As Jane was unable to bear miseries「ジェインはみじめな生活に耐えられなくて」．

 (F2-5)　さらに，従位接続詞は転用体として機能し，次に続く節の品詞を決定する．

 (F2-5a)　名詞節を導く従位接続詞：that, whether, if

 (45)　Paul admitted that he was wrong.
　　　　（ポールは間違っていたことを認めた．）

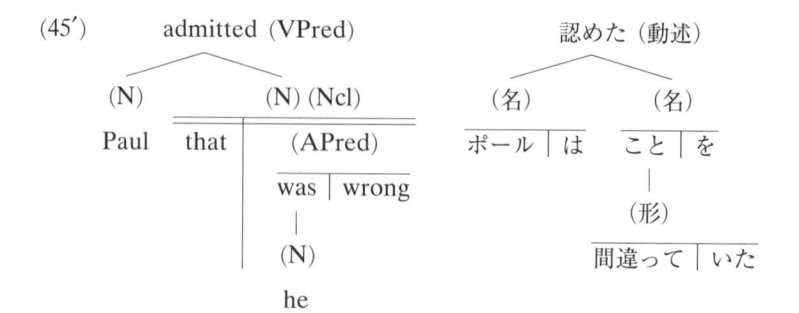

(45′)

```
           admitted (VPred)                   認めた (動述)
        ┌─────────┬─────────┐              ┌──────────┬──────────┐
       (N)       (N) (Ncl)                (名)                   (名)
       Paul      that                    ポール|は              こと|を
                  │(APred)                                        │
                 was|wrong                                       (形)
                  │                                          間違って|いた
                 (N)
                  he
```

英語の名詞節 that he was wrong「彼は間違っていた」の中の was wrong は形容詞述語である．述語の was は主語の Paul を支配している．接続詞 that は名詞節を導いているので，二重線で表されている．

日本語では，「こと」が名詞で，これを形容詞句「間違っていた」が修飾している．

(F2-5b) 形容詞節を導く従位接続詞：who, which, that．

(F2-5c) 副詞節を導く従位接続詞：(時間) when, while, as, since, till, after, before．

(46) One who makes efforts will succeed.
（努力する者は成功する．）

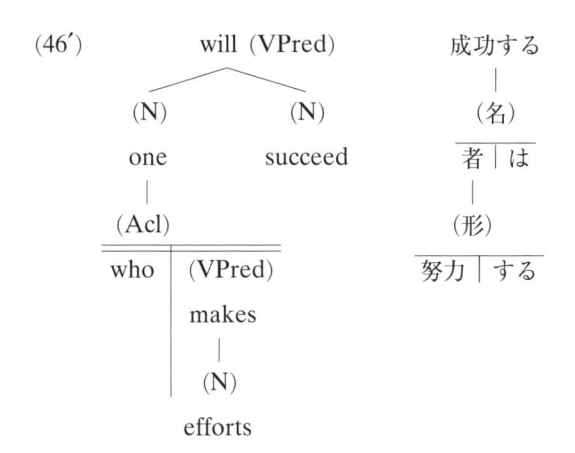

(46′)
```
        will (VPred)              成功する
       /        \                    |
     (N)        (N)                 (名)
     one     succeed              者 ｜ は
      |                              |
    (Acl)                          (形)
    who     (VPred)              努力 ｜ する
              |
            makes
              |
             (N)
           efforts
```

なお，節の内部は次のように表記される．

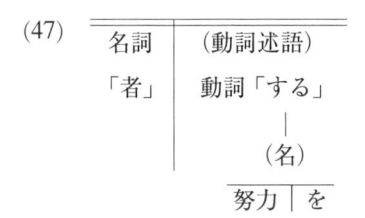

(47)
```
   名詞  ｜ (動詞述語)
   「者」｜ 動詞「する」
          |
         (名)
       努力 ｜ を
```

形容詞節の支配する範囲は二重線 ══ と単一の縦線で示された領域を指す.

英語では，関係代名詞 who が makes efforts「努力する」という動詞述語を導いて形容詞節を形成している．助動詞の will は主語 one と目的語の不定詞 succeed をとる 2 項動詞として分析される．

日本語では「努力する」という形容詞語句が名詞の「者」を修飾している．

(48) ［理由］because, as, since, that
　　　［目的］so that, in order that, that, lest, for fear
　　　［条件］if, in case
　　　［譲歩］though, as, even if, even though
　　　［比較］than, as
　　　［様態］as, as if, as 〜 as
　　　［比例］as 〜 as

接続詞を用いた事例を挙げておく．

(49)　While he was staying in London, he visited British Museum.
　　　（彼はロンドンにいる間に大英博物館を訪れた．）

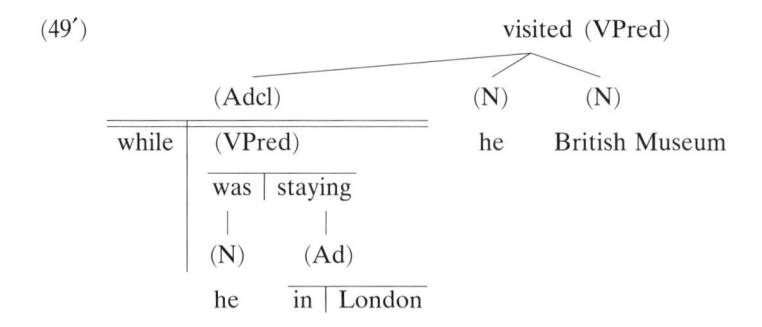

(49′)
```
                              visited (VPred)
         ┌──────────────────┬─────────┐
       (Adcl)              (N)       (N)
═══════╤══════════════      he   British Museum
 while │ (VPred)
       │ ┌──────┬────────┐
       │ was   │ staying
       │  │       │
       │ (N)    (Ad)
       │  he   ───────────
       │        in │ London
```

時間の接続詞 while が he was staying という動詞述語を時間の副詞節 (Adcl) として導いている．上の二重線と縦線は副詞節の領域を示している．

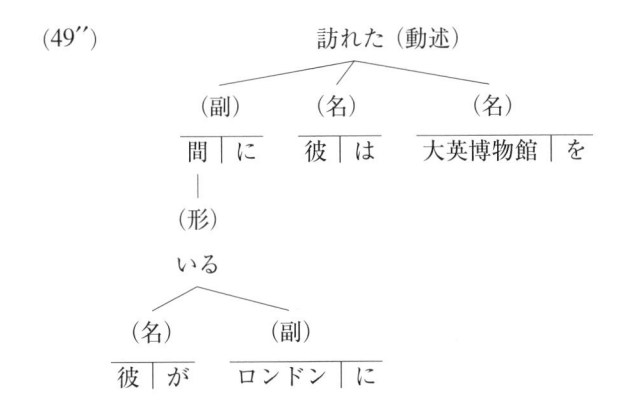

```
(49″)                訪れた（動述）
         ┌─────────┬─────────┬─────────┐
        （副）     （名）    （名）
        間│に     彼│は    大英博物館│を
        │
       （形）
        いる
     ┌────────┬────────┐
    （名）    （副）
    彼│が    ロンドン│に
```

「間」という名詞に格助詞「に」がついて副詞句となり，動詞「訪れた」を修飾している．動詞「いる」は形容詞形で，上位の「間」に支配されている．「間に」は副詞句であって節を導くことはない．

　(F2-6)　（形）(A)＞（名）(N)という形容詞の名詞化であるが，形容詞に冠詞を付加すると名詞になる．冠詞は形容詞として用いられている．young「若い」＞ the young「若者」

(G)　日本語の語形変化と助動詞

　英語の図系と日本語の図系を比較対照するためには，日本語の動詞，形容詞と準動詞の語形変化と助動詞を心得ておく必要があるので，これらを略述しておく．詳しくは拙著『現代日本語文典』(2008, 大学書林)を参照されたい．

　(G1)　日本語の動詞述語の語形変化：英語の動詞が時制と人称で変化するのに対し，日本語の動詞は，時制（非過去形と過去形）および対極性の文法カテゴリー肯定形と否定形が組み合わさった形で変化する．

　叙法としては，伝達内容を真実として伝える「直説法」，伝達内容をある事柄の条件として伝える「条件法」，ある行為を相手に行うように伝える「命令法」，それに話し手の意向を伝える「意向法」と話し手の推測内容を伝える「推量法」とがある．なお，括弧内の語形は丁寧形を表す．

(50)　［直説法］　　　　非過去形　　　　　　　過去形

　　　（肯定形）　　　カク（カキマス）　　　カイタ（カキマシタ）

　　　（否定形）　　　カカナイ（カキマセン）　カカナカッタ（カキマセンデシタ）

　　［条件法］

　　　（肯定形）　　　カケバ（オカキニナレバ）　カイタラ（オカキニナッタラ）

　　　（否定形）　　　カカナケバ　　　　　　　カカナカッタラ

　　　　　　　　　（オカキニナラナケレバ）　（オカキニナラナカッタラ）

　　［命令法］（肯定形）カケ（カキナサイ）

　　　　　　（否定形）カクナ（カイテハイケナイ）

　　［意向法］（肯定形）カコー（カキマショー）

　　　　　　（否定形）カクマイ（カキマスマイ）

　　［推量法］（肯定形）カクダロー（カクデショー）　カイタ（ダ）ロー（カイタデショー）

　　　　　　（否定形）　カカナイダロー　　　　　カカナカッタ（ダ）ロー

　　　　　　　　　　　（カカナイデショー）　　（カカナカッタデショー）

(G2)　形容詞述語の語形変化：形容詞の語形変化には，直説法，条件法，推量法の3種がある．

(51)　［直説法］　　　　非過去形　　　　　　　過去形

　　　（肯定形）　　　タカイ（タカイデス）　　　タカカッタ（タカカッタデス）

　　　（否定形）　　　タカクナイ（タカクナイデス）タカクナカッタ

　　　　　　　　　　　　　　　　　　　　　　　（タカクナカッタデス）

　　［条件法］（肯定形）タカケレバ　　　　　　　タカカッタラ

　　　　　　（否定形）タカクナケレバ　　　　　タカクナカッタラ

　　［推量法］（肯定形）タカイダロー　　　　　　タカカッタ（ダ）ロー

　　　　　　　　　　　（タカイデショー）　　　（タカカッタデショー）

　　　　　　（否定形）タカクナイダロー　　　　タカクナカッタ（ダ）ロー

　　　　　　　　　　　（タカクナイデショー）　（タカクナカッタデショー）

(G3) 名容詞と名詞述語の語形変化：名容詞「元気ダ」と名詞「子供ダ」の変化には，直説法，条件法と推量法の3種がある．「ダ」は準動詞として働く．

(52) 　　[直説法] (肯定形)　非過去形　　　　　　過去形
　　　　　　　　　　　　元気ダ(元気デス)　　　元気ダッタ(元気デシタ)
　　　　　　　　　　　　子供ダ(子供デス)　　　子供ダッタ(子供デシタ)
　　　　　　　　(否定形)元気デハナイ　　　　　元気デハナカッタ
　　　　　　　　　　　　(元気デハナイデス)　　(元気デハナカッタデス)
　　　　　　　　　　　　子供デハナイ　　　　　子供デハナカッタ
　　　　　　　　　　　　(子供デハナイデス)　　(子供デハナカッタデス)
　　　　[条件法] (肯定形)元気ナラ　　　　　　　元気デナケレバ
　　　　　　　　　　　　子供ナラ　　　　　　　子供デナケレバ
　　　　　　　　(否定形)元気デナケレバ　　　　元気デナカッタッラ
　　　　　　　　　　　　子供デナケレバ　　　　子供デナカッタラ
　　　　[推量法] (肯定形)元気ダロー(デショー)　元気デハナイダロー(デショー)
　　　　　　　　　　　　子供ダロー(デショー)　子供デハナイダロー(デショー)
　　　　　　　　(否定形)元気デハナイダロー　　元気デハナカッタ(ダ)ロー
　　　　　　　　　　　　(デショー)　　　　　　(デショー)
　　　　　　　　　　　　子供デハナイダロー　　子供デハナカッタ(ダ)ロー
　　　　　　　　　　　　(デショー)　　　　　　(デショー)

なお，否定の「デハ」は「ジャー」と発音される．

(G4)　助動詞：助動詞はそれ自体動詞でありながら，他の動詞を補助する動詞である．日本語では，助動詞として，(53a) 相的助動詞，(53b) 直示的助動詞，(53c) 恩恵的助動詞の3種がある．

(53)　a.　相的助動詞 (行為のあり方を示す)
　　　　　書いて・いる (ある行為の継続を表す)

　　　　止まって・いる（ある行為の結果を示す）
　　　　書いて・しまう（ある行為の完了を示す）（「カイチャウ」と発音される）
　　　　書いて・ある（ある行為が処置されていることを意味する）
　　　　書いて・おく（ある行為が準備されていることを表す）
　　　　書いて・みる（ある行為を試みることを意味する）
　　b. 直示的助動詞（ある行為と話し手との関係を表す）
　　　　犬が走って・いった（話し手から離れる）
　　　　猫が走って・きた（話し手に接近する）
　　c. 恩恵的助動詞（授受動詞「やる，くれる，もらう」により行為の恩恵的方向を示す）
　　　　書いて・やる（さしあげる）（話し手側から相手側への恩恵的行為を示す）
　　　　書いて・くれる（くださる）（相手側から話し手側への恩恵的行為を示す）
　　　　書いて・もらう（いただく）（話し手側が相手側から受ける恩恵的行為を示す）

　助動詞は以上の3種に限定される．したがって，国文法で言う「助動詞」なるものは，すべて解体され，他の語形と組んで別種のグループを編成する．なお，名詞や名容詞を述語化する要素「ダ」（デス）は準動詞と呼ばれ，非過去と過去の時制と肯定と否定の対極性を表す要素として働く．

第II部

応用編

第 1 章

不 定 詞

1.1. 不定詞の特色

不定詞は動詞を名詞化したものであるが，それ自体動詞の特徴を含んでいる．不定詞に含まれる前置詞 to は名詞化の転用体であるから $\overline{\text{to}\mid\text{do}}$ と表記する．

(1) I don't know what to do.
　　（私はどうしたらよいか分からない．）

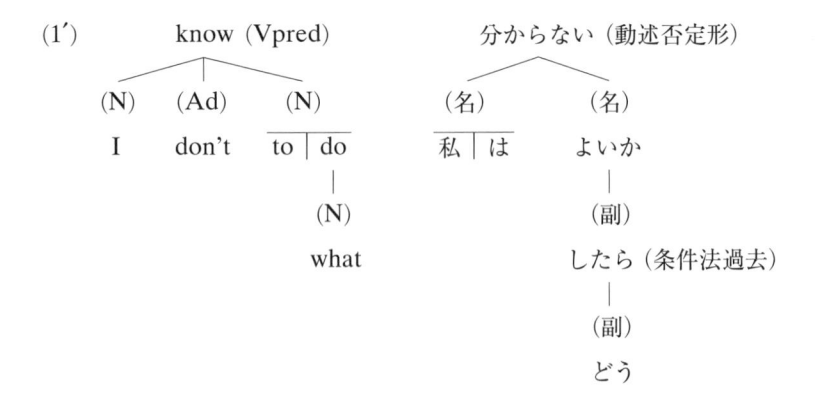

(1′)　　　know (Vpred)　　　　　分からない（動述否定形）

　　(N)　(Ad)　(N)　　　　（名）　　　（名）
　　 I　 don't　$\overline{\text{to}\mid\text{do}}$　　私　は　　よいか
　　　　　　　　│　　　　　　　　　　│
　　　　　　　　(N)　　　　　　　　　（副）
　　　　　　　what　　　　　　　したら（条件法過去）
　　　　　　　　　　　　　　　　　　│
　　　　　　　　　　　　　　　　　　（副）
　　　　　　　　　　　　　　　　　　どう

英語では，不定詞の to do が動詞 know の目的語となり，動詞の do 自体が目的語の what をとっている．また，否定の don't は副詞として上位の

動詞 know を修飾する．日本語における「よいか」は形容詞「よい」に疑問の助詞「か」が付加されている．「よいかが分からない」とも言えるので，「よいか」を名詞と見なした．さらに，不定詞が日本語の訳においてどのように処理されるか見ていこう．

(2) Henry tried to save a drowning child.
 (ヘンリーは溺れかかった子供を助けようとした．)

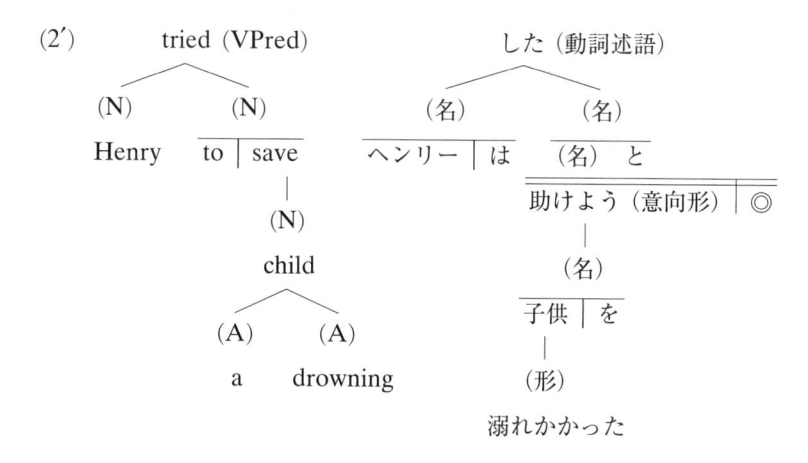

(2′)
```
        tried (VPred)              した (動詞述語)
       /      \                   /           \
     (N)      (N)              (名)           (名)
    Henry   to│save          ヘンリー│は    (名)  │と
                │                          ════════════
              (N)                        助けよう(意向形)│◎
             child                             │
            /    \                            (名)
          (A)    (A)                         子供│を
           a   drowning                       │
                                             (形)
                                          溺れかかった
```

日本語での「〜しようとする」は動詞の意向形「助けよう」に「とする」が付き「決意を行動に移す」すなわち「試みる」の意味となる．「助けよう」は意向形の述語であるから節を構成していると見なし，これが名詞化して格助詞「と」と結びついたものと解釈した．節は二重線 ══ で表される．英語の不定詞構文は単純であるが，日本語の対応は複雑である．意向形を名詞化するためにゼロの転用体 ◎ を設定した．

(3) I intended to travel all over Japan.
 (私は日本全国を旅行するつもりだった．)

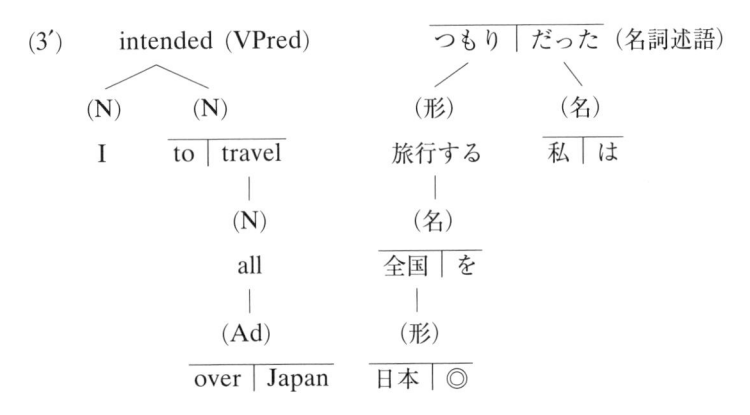

```
(3′)    intended (VPred)           つもり│だった (名詞述語)
         ╱        ╲                  ╱        ╲
        (N)      (N)               (形)      (名)
         I    to│travel            旅行する    私│は
                  │                   │
                 (N)                 (名)
                 all                 全国│を
                  │                   │
                 (Ad)                (形)
                over│Japan          日本│◎
```

　intend to V は「〜するつもりだ」と訳されるが,「つもり」は名詞で「予定」を意味する.したがって,「つもりだ」は名詞述語である.「全国を旅行する」という形容詞語句が上位の名詞を修飾している.「日本」は転用体なしで (◎) 形容詞化し「全国」に依存する.

(4)　I want to play golf.
　　（私はゴルフをやりたい.）

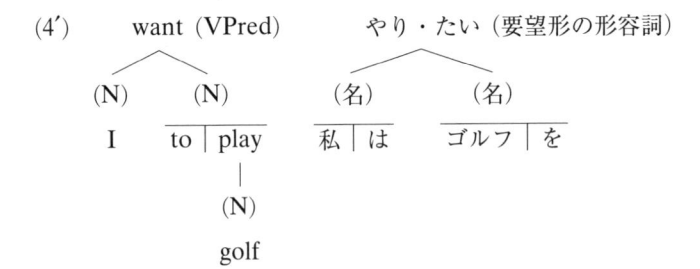

```
(4′)    want (VPred)          やり・たい (要望形の形容詞)
         ╱    ╲                ╱        ╲
        (N)   (N)             (名)      (名)
         I  to│play           私│は    ゴルフ│を
              │
             (N)
             golf
```

　英語の動詞 want は主語と目的語の二つの名詞をとる.不定詞 to play は名詞として目的語の位置をしめる.同時に動詞 play は golf という目的語をとる.日本語では,動詞「やる」の語幹「やり」に要望の形容詞語尾「たい」を付加させる.

(5) I want you to go on an errand.
(私は君に使いに行ってもらいたい.)

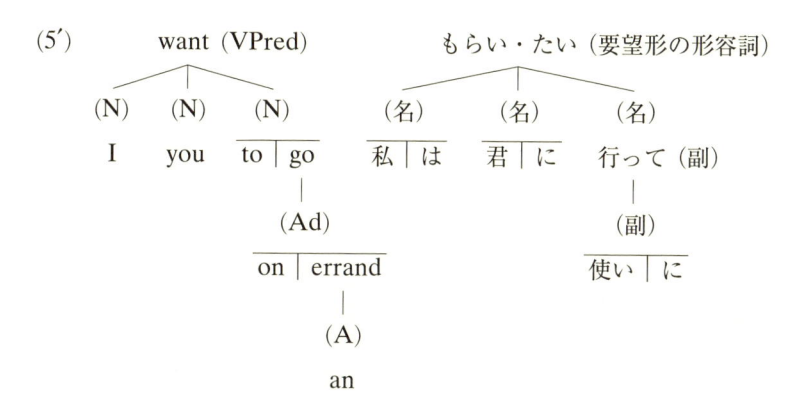

(5′)
```
        want (VPred)              もらい・たい (要望形の形容詞)
       ┌────┼────┐               ┌──────┼──────┐
      (N)  (N)  (N)              (名)   (名)   (名)
       I   you  to│go             私│は  君│に  行って (副)
                  │                              │
                 (Ad)                           (副)
                 on│errand                     使い│に
                    │
                   (A)
                   an
```

動詞 want は「～は～に～を願う」という 3 項動詞と考えた.「行って・もらう」の「もらう」は恩恵的助動詞で, 相手から話し手への恩恵的行為を表す.「もらう」は「～は～に～をもらう」という 3 項動詞の文型をとる.「行って」は副詞形であるが, 名詞化したと解釈した.

1.2. 不定詞と that 節

(6) a. Bess seems to know nothing.
   b. It seems that Bess knows nothing.
   c. 「ベスは何も知らないようだ.」

上記の 2 文は訳文は同じでも構造は異なる.

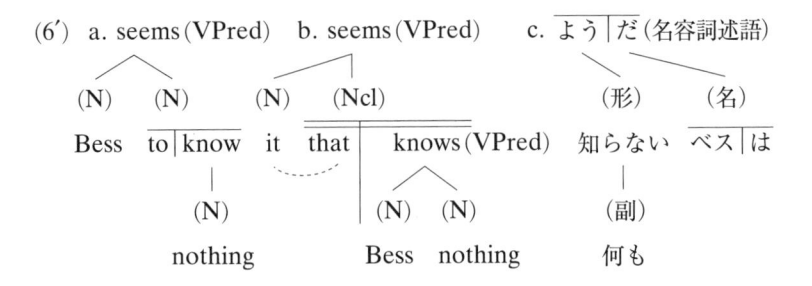

(6') a. seems(VPred)　b. seems(VPred)　c. よう｜だ(名容詞述語)

　　　(N)　(N)　　(N)　(Ncl)　　　　　(形)　　(名)
　　　Bess　to｜know　it　that　knows(VPred)　知らない　ベス｜は
　　　　　　　　　　　　　　　　(N)　(N)　　　　(副)
　　　　　　　　nothing　　　　Bess　nothing　　　何も

　動詞 seem は (a) 不定詞もしくは (b) that 節をとるが，that 節では，動詞述語 knows が二つの名詞 Bess と nothing を支配する．この名詞節は指示線 …… で文頭の it と結ばれる．日本語における「ようだ」は名容詞述語で，「よう」は様子を表す「よう」として，「何も知らない」という形容詞語句を支配している．

　　(7)　a.　We consider James to be honest.
　　　　b.　We consider that James is honest.
　　　　c.　「私たちはジェイムズは正直だと思っている．」

上の例文にも不定詞と that 節によるものとの両方がある．

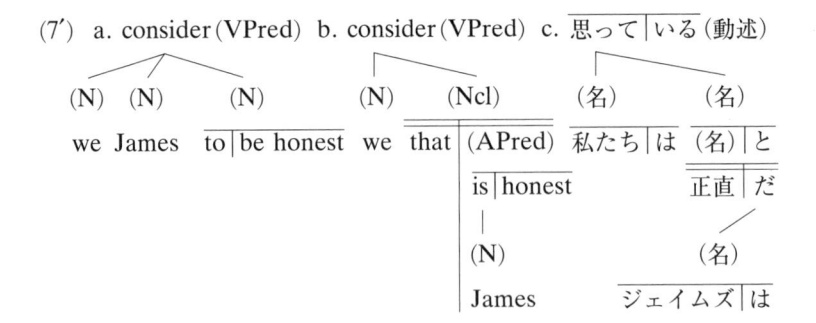

　　(7') a. consider(VPred)　b. consider(VPred)　c. 思って｜いる(動述)

　　　(N)　(N)　　(N)　　(N)　(Ncl)　　　(名)　　(名)
　　　we　James　to｜be honest　we　that　(APred)　私たち｜は　(名)｜と
　　　　　　　　　　　　　　　　　　is｜honest　　　　　　正直｜だ
　　　　　　　　　　　　　　　　　　(N)　　　　　　　　　(名)
　　　　　　　　　　　　　　　　　　James　　　　　　ジェイムズ｜は

英語では，to be honest が不定詞で，be honest「正直だ」は形容詞述語となる．なお，that 節の中では，James is honest という文が含まれているから当然名詞節になる．

日本語では,「正直だ」は名容詞の述語形であるから名詞化して,名詞節になったと考えられる.そこで,「正直だ」には二重線が引かれている.これが名詞として格助詞の「と」をとり,「～は～が(は)～と思う」の文型をとっている.

1.3. 不定詞の種類

述語および名詞と不定詞の間に名詞的,形容詞的,副詞的な関係が成立する.

1.3.1. 名詞的不定詞

(8) It is wrong to tell a lie.
(うそをつくのはよくない.)

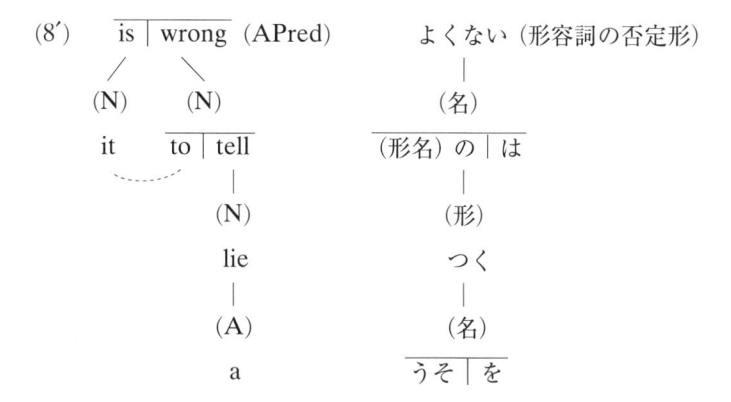

(8′)
```
      is│wrong (APred)       よくない(形容詞の否定形)
      ╱    ╲                      │
    (N)   (N)                    (名)
     it   to│tell              (形名)の│は
           │                      │
          (N)                    (形)
          lie                    つく
           │                      │
          (A)                    (名)
           a                    うそ│を
```

不定詞の to tell は主語の位置に移動が可能であるから,名詞句である.日本語の「うそをつく」という形容詞語句は上位の形式名詞「の」を修飾している.この「の」は主題格の「は」をとるから名詞として機能している.なお,代名詞の it は不定詞の to tell と置き換え可能であるから,点線で示された指示線で結ばれる.

(9) Nancy decided to be a nurse.
（ナンシーは看護婦になることに決めた．）

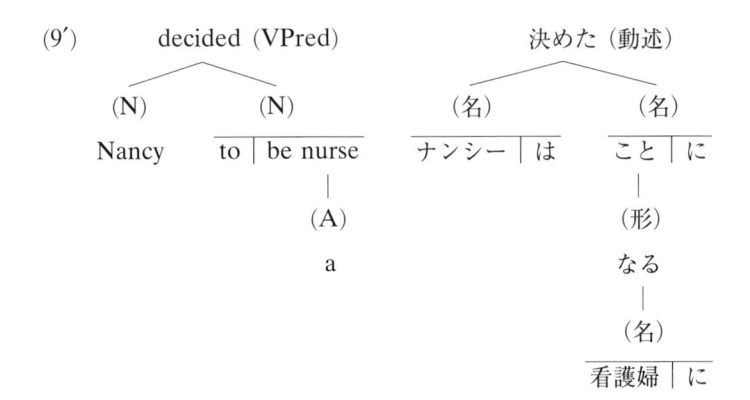

(9′)　　　decided (VPred)　　　　　決めた（動述）

　　　(N)　　　(N)　　　　　　（名）　　　　（名）
　　　Nancy　to｜be nurse　　　ナンシー｜は　こと｜に
　　　　　　　　　｜　　　　　　　　　　　　　｜
　　　　　　　　　(A)　　　　　　　　　　　　（形）
　　　　　　　　　a　　　　　　　　　　　　　なる
　　　　　　　　　　　　　　　　　　　　　　　｜
　　　　　　　　　　　　　　　　　　　　　　　（名）
　　　　　　　　　　　　　　　　　　　　　　看護婦｜に

不定詞 to be a nurse は動詞 decided の目的語であるから名詞句である．なお，be a nurse は名詞述語をなしている．日本語では，「看護婦になる」という形容詞語句が名詞の「こと」を修飾している．動詞「決める」は「〜は〜に決める」という文型をとっている．

1.3.2. 形容詞的不定詞

(10)　There are a lot of places to see in Rome.
　　（ローマには見る所がたくさんある．）

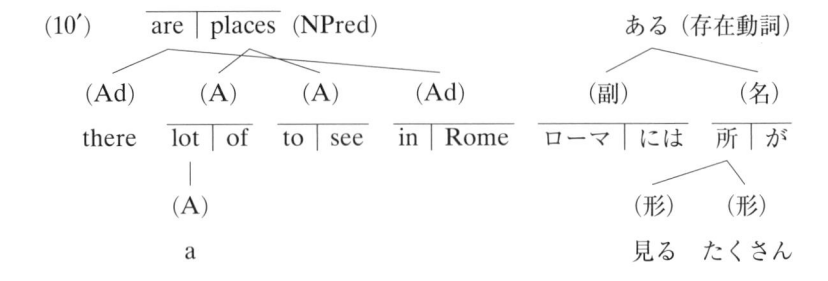

(10′)　　are｜places (NPred)　　　　　ある（存在動詞）

　　(Ad)　(A)　(A)　　(Ad)　　（副）　　（名）
　　there　lot｜of　to｜see　in｜Rome　ローマ｜には　所｜が
　　　　　｜
　　　　　(A)　　　　　　　　　　　　　（形）　（形）
　　　　　a　　　　　　　　　　　　　　見る　たくさん

英語の a lot of は「たくさんの」を意味し，are places は名詞述語をなし

ている．不定詞の to see は名詞の places を形容詞句として修飾する．日本語では，動詞「見る」は形容詞形として「所」を修飾し，名容詞の「たくさん」は浮動型の数量詞で被修飾語の「所」の前後に位置することができる．また，副詞の there は動詞の are に依存する．

1.3.3. 副詞的不定詞（目的）

(11)　The people stood up to see the parade better.

（人々はパレードをよく見ようと（見るために）立ち上がった．）

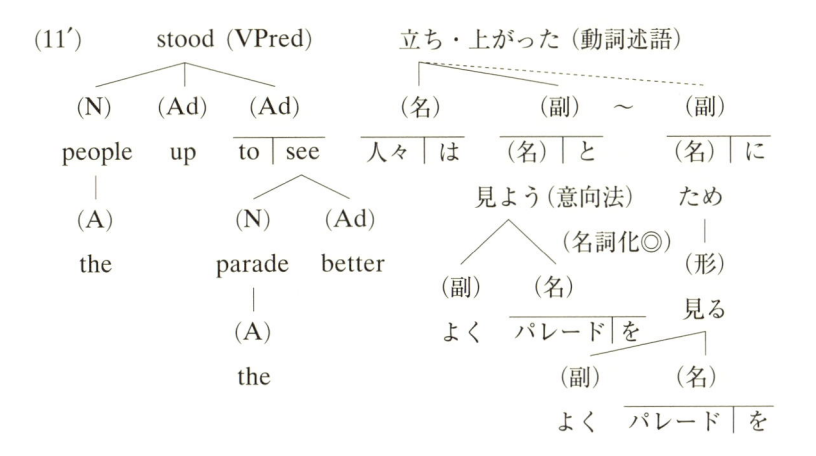

(11′)　　　stood (VPred)　　　立ち・上がった（動詞述語）

```
         (N)    (Ad)   (Ad)        (名)        (副) 〜 (副)
        people   up   to│see       人々│は    (名)│と   (名)│に
                        │                      見よう（意向法）    ため
                       (N)   (Ad)              （名詞化◎）         │
                      the   parade  better    (副)   (名)         (形)
                             │                よく   パレード│を   見る
                            (A)                     (副)   (名)
                            the                     よく   パレード│を
```

英語の不定詞 to see は副詞として動詞 stood にかかっている．日本語の「見よう」は動詞「見る」の意向形であるから，これを名詞化（◎）して名詞節に改めた．ただし，名詞の「ため」を用いると，これは「よくパレードを見る」という形容詞句を支配することになる．「見ようと」も「見るために」も目的を意味する．

1.3.4. 副詞的不定詞（結果）

(12)　Emily will grow up to be a fine woman.

(エミリーは大きくなって，りっぱな女性になるだろう.)

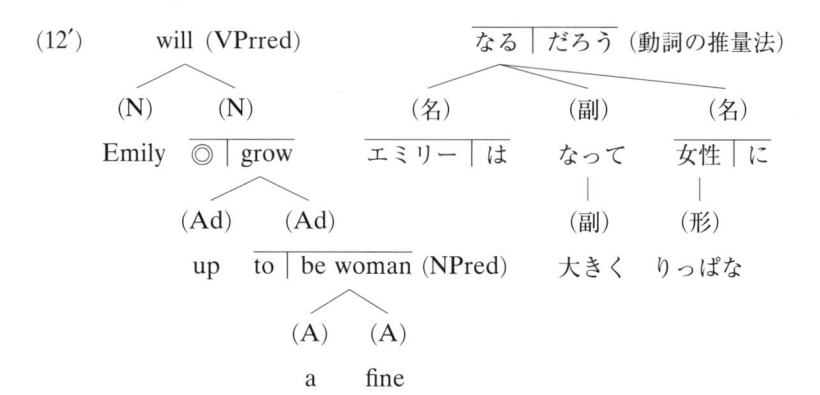

(12′)

```
         will (VPrred)           なる｜だろう (動詞の推量法)
        /    \                    /              \
      (N)    (N)                (名)    (副)    (名)
      Emily  ◎｜grow          エミリー｜は    なって    女性｜に
             /     \                              |
           (Ad)    (Ad)                         (副)   (形)
           up     to｜be woman (NPred)         大きく りっぱな
                     /      \
                   (A)      (A)
                    a       fine
```

英語の grow は原形 (to のない不定詞) であるから，名詞化のために◎ゼロ転用体を設定した．なお，to be a fine woman は名詞述語である．日本語の動詞「なる」は「～は～になる」の文型をとる．「大きくなって」が結果を表す．

1.3.5. 副詞的不定詞（原因）

(13) I was surprised to meet Linda at the wedding.
(私は結婚式でリンダに会って驚いた.)

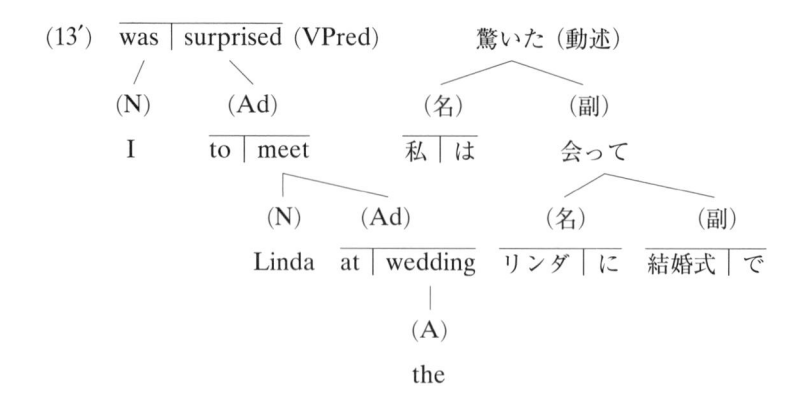

```
(13′)  was｜surprised (VPred)          驚いた (動述)
       /         \                      /        \
     (N)        (Ad)                  (名)       (副)
      I        to｜meet               私｜は      会って
                 /    \                          /    \
              (N)    (Ad)                    (名)     (副)
              Linda  at｜wedding           リンダ｜に  結婚式｜で
                         |
                        (A)
                        the
```

日英同じような図系をなしている．不定詞 to meet は「驚く」原因を表している．なお,「会って」は動詞「会う」の副詞形である．

1.3.6. 副詞的不定詞 (条件)

(14) To look at her you would never guess that she was a university teacher.
(君が彼女を見たら大学の先生とは思わないだろう．)

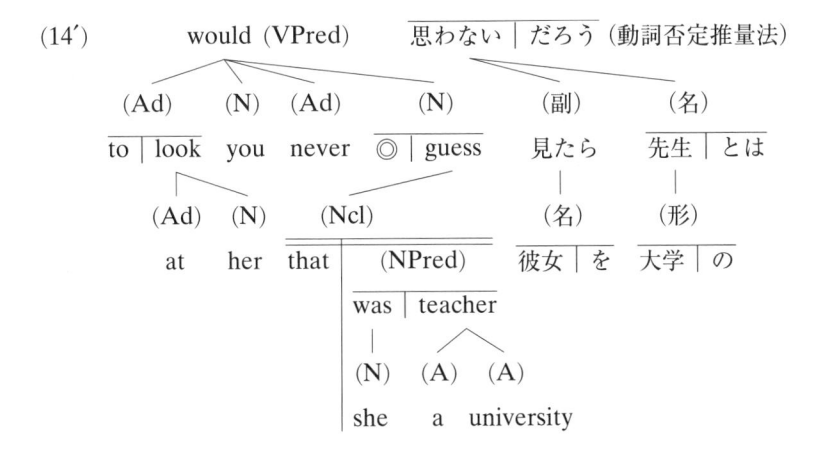

(14′)　　　would (VPred)　　　思わない｜だろう (動詞否定推量法)

　　　(Ad)　(N)　(Ad)　(N)　　(副)　　(名)
　　to｜look　you　never　◎｜guess　見たら　先生｜とは

　　　(Ad)　(N)　(Ncl)　　　(名)　　(形)
　　　at　her　that　(NPred)　彼女｜を　大学｜の
　　　　　　　　　was｜teacher

　　　　　　　　　(N)　(A)　(A)
　　　　　　　　　she　a　university

不定詞 to look at her は「彼女を見たら」と条件法で訳されている．that she was a university teacher は名詞述語を含む名詞節である．助動詞の would は you と to guess という二つの名詞をとる．

　なお，否定の副詞 never は助動詞の would に依存する．日本語では,「〜を〜とは思わない」という否定の文型が用いられている．

1.3.7. 不定詞の慣用的用法

(15) Peter hurried so as to be in time for class.　[so as to V の構文]
(ピーターは授業に間に合うように急いだ．)

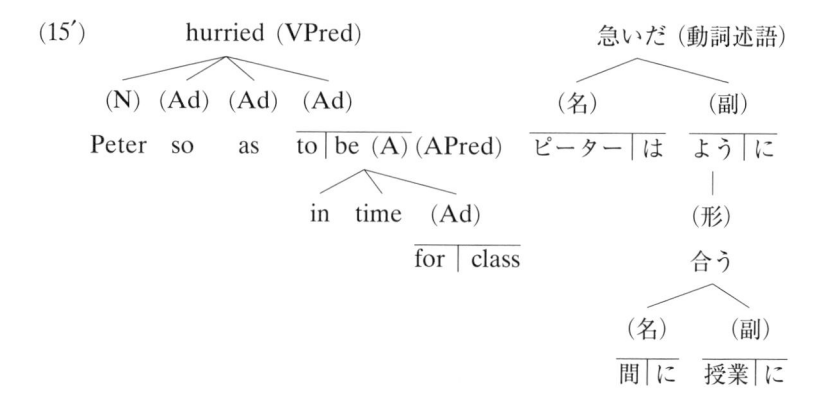

(15′)
```
                    hurried (VPred)                     急いだ (動詞述語)
            ┌──────────┴────────┐
        (N) (Ad) (Ad)   (Ad)                      (名)              (副)
        Peter so   as  to be (A) (APred)          ピーター は        よう に
                          └──┬──┘                                     │
                          in time (Ad)                               (形)
                          for │ class                                合う
                                                                ┌────┴────┐
                                                              (名)       (副)
                                                              間 に    授業 に
```

英語の in time は「時間内に」を意味する形容詞と見なした．そこで，be in time は形容詞述語（APred）として扱った．日本語の「ように」は目的を表し，「間に合う」は形容語句として上位の名容詞「よう」を修飾している．この形容詞形は「ような」となる．例えば，

(16) This problem is too difficult for me to solve.［too 〜 to V の構文］
（この問題はあまりにもむずかしくてぼくには解けない．）

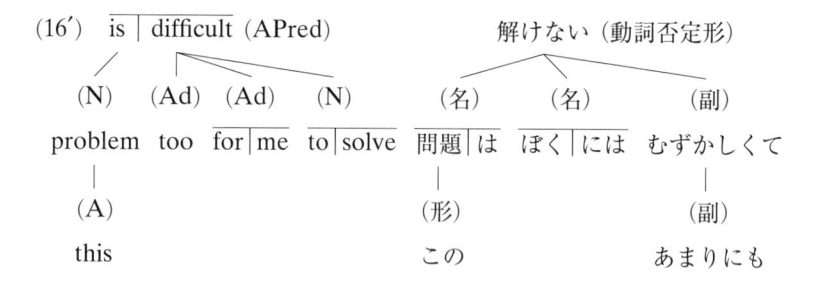

(16′)
```
        is │ difficult (APred)                解けない (動詞否定形)
       ╱    └─────┐
     (N)  (Ad) (Ad)  (N)                   (名)      (名)         (副)
    problem too for│me to│solve            問題 は   ぼく には   むずかしくて
       │
      (A)                                   (形)                   (副)
      this                                  この                  あまりにも
```

英語では，「この問題を解くのはぼくにとってあまりにもむずかしい」を意味すると考えて，「前置詞＋名詞」の for │ me「ぼくにとって」を副詞句と捉えた．この場合の前置詞 for は転用体である．なお，形容詞の「むずかしい」の副詞形は「むずかしくて」であるが，これに程度の高いことを示す副助詞の「て」が付いている．副詞の「あまりに」に副助詞「も」が付加されている．

第1章　不定詞

(17)　Grace was kind enough to see me off at the station.

[enough to V の構文]

(グレイスは親切にも私を駅まで送ってくれた．)

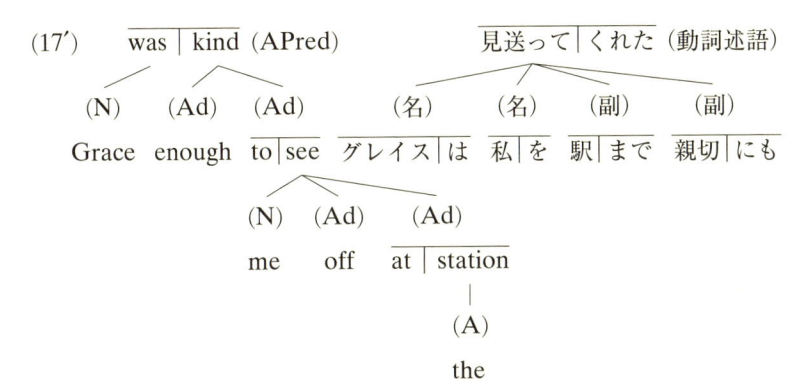

(17′)

```
        was│kind (APred)            見送って│くれた (動詞述語)
        (N)  (Ad)  (Ad)      (名)   (名)  (副)  (副)
        Grace enough to│see  グレイス│は 私を 駅│まで 親切│にも
                      (N)  (Ad)  (Ad)
                      me   off   at│station
                                     │
                                    (A)
                                    the
```

日本語の「見送ってくれた」であるが，「くれた」は授受の助動詞で，話し手 me に対する他者「グレイス」の恩恵的行為を表す．「親切にも」の「も」は程度の高いことを示す副助詞．また，副詞の enough と不定詞の to see は形容詞の kind に依存する．

(18)　Jane used to stay up late at night in her school days.

[used to V の構文]

(ジェインは学生時代夜おそくまで起きていたものだ．)

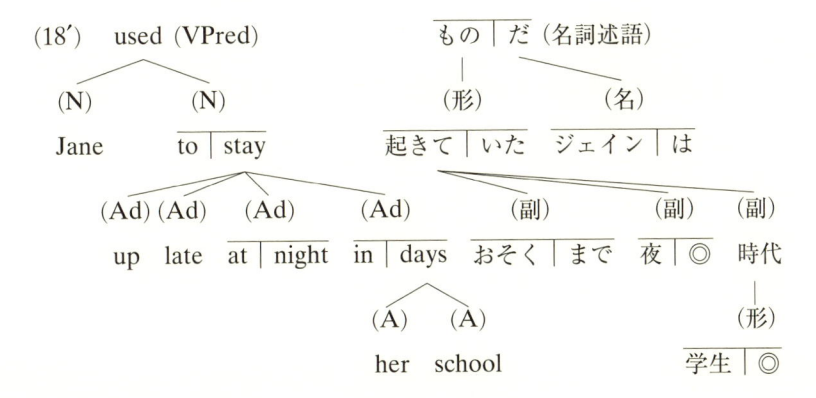

(18′)
```
        used (VPred)              もの│だ (名詞述語)
        (N)     (N)                  │
        Jane    to│stay          (形)      (名)
                                 起きて│いた ジェイン│は
            (Ad)(Ad) (Ad)  (Ad)   (副)    (副)    (副)
            up  late at│night in│days おそく│まで 夜│◎ 時代
                                                      │
                        (A)    (A)                   (形)
                        her    school                学生│◎
```

used to V は過去の習慣を表すとされているが，日本語では「～したものだ」という慣用句が用いられる．「起きていたものだ」では，過去形の形容詞句が名詞の「もの」を修飾する．

次は be to 不定詞の構文である．

(19) The congress is to be held in Tokyo next year. [be to V の構文]
（大会は来年東京で催されることになっている（はずだ）．）

(19′) is (VPred)　（はず｜だ（名詞述語））　なって｜いる（動詞述語）

　　　（N）　（N）　　　　　　　（形）　　　（名）　（名）
　　congress to｜be held (VPred)　催される　大会｜は　こと｜に
　　　｜　　　｜
　　（A）　（Ad）　（Ad）　　　　　（副）　（副）　　　　（形）
　　the　in｜Tokyo　year　　　　東京｜で　来年　　　催される
　　　　　　　　　　｜
　　　　　　　　　（A）　　　　　　　　　　　　（副）　（副）
　　　　　　　　　next　　　　　　　　　　　東京｜で　来年

日本語の「はず」は予定を表す名詞．「来年東京で催される」は形容詞語句で上位の名詞を修飾する．不定詞 to be held は名詞であるから，is to be held は名詞述語となる．また，「ことになっている」という慣用句で予定を表すことができる．この場合は「こと」という名詞が形容詞語句を支配している．

また，be to 不定詞の構文が義務を表すことがある．

(20) You are to pay your debt as soon as you can.
（君はできるだけ早く借金を返すべきだ．）

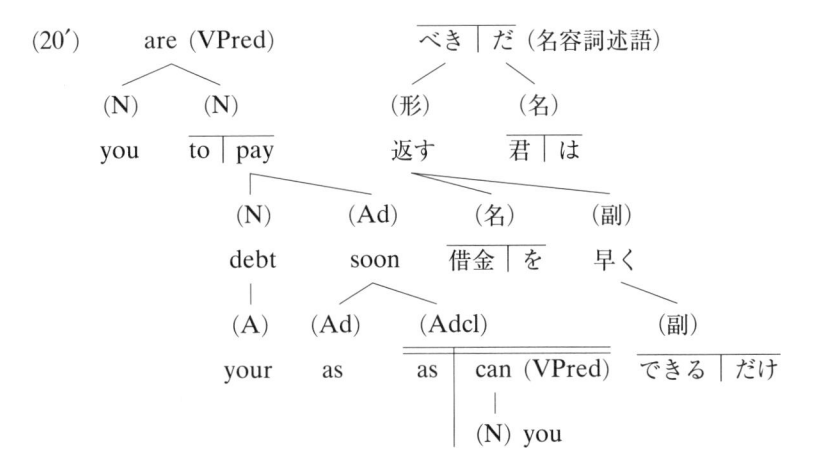

(20′)　　are (VPred)　　　　　べき｜だ（名容詞述語）
　　　(N)　　(N)　　　　　（形）　　（名）
　　　you　to｜pay　　　　　返す　　君｜は
　　　　　　　　　(N)　　(Ad)　　（名）　　（副）
　　　　　　　　　debt　 soon　借金｜を　　早く
　　　　　　　(A)　　(Ad)　　(Adcl)　　　　　（副）
　　　　　　　your　　as　　as｜can (VPred)　できる｜だけ
　　　　　　　　　　　　　　　(N) you

　動詞 are は二つの名詞 you と to pay を支配していると見なした．as soon as における 2 番目の as は接続詞で転用体として，(you can) という副詞節を導く．日本語の「べきだ」であるが，古語の「べし」の「べきこと」のように義務を表す形容詞形（連体形）であるから名容詞述語とした．動詞の「返す」は「べき」に支配されている．「できるだけ」の「だけ」は限定の副助詞である．

　(21)　I was about to leave when you telephoned.
　　　　　　　　　　　　　　　　　　　　[be about to V の構文]
　　　（私が出かけようとしたとき，君から電話があった．）

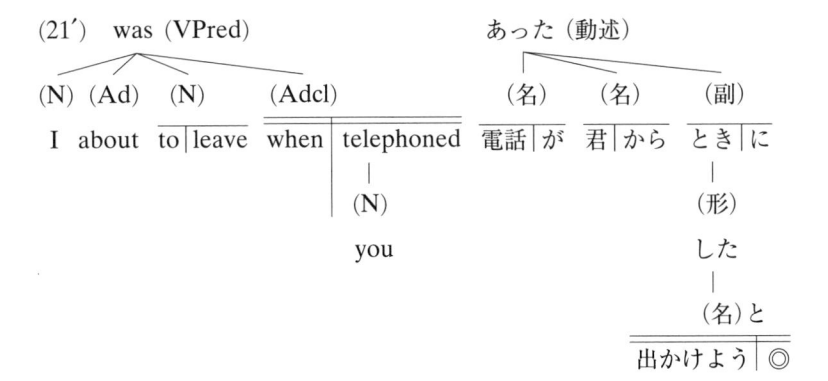

(21′)　was (VPred)　　　　　　　　　あった（動述）
(N) (Ad)　(N)　　(Adcl)　　　　（名）　　（名）　　（副）
 I　about　to｜leave　when｜telephoned　電話｜が　君｜から　とき｜に
　　　　　　　　　　　　　　(N)　　　　　　　　　　　　　（形）
　　　　　　　　　　　　　　you　　　　　　　　　　　　　した
　　　　　　　　　　　　　　　　　　　　　　　　　　　　　（名）と
　　　　　　　　　　　　　　　　　　　　　　　　　　　出かけよう｜◎

about は前置詞か副詞かはっきりしないが,「～に従事する」の意味で副詞とした. 日本語の「とき」は名詞で,「～とした」という形容詞語句をとる.「出かけよう」は意向法の語形であるが, 名詞化し, これに格助詞「と」が付加されて動詞の「する」に支配される.

(22) Parents ought to teach their children to behave well.

[ought to の構文]

(両親は子供たちが行儀よくするように教えるべきだ(教えなければならない).)

(22′)　ought (VPred)　　べき　だ ＝ならない (動詞述語)
　　　　(N)　(N)　　　　　　　(副)
　　　parents　to｜teach　　教えなければ (動詞否定形の条件法)
　　　　　　(N)　(N)　　　(名)　　(名)　　(名)
　　　　children　to｜behave　両親｜は　子供たち｜に　よう｜に
　　　　　(A)　　　(Ad)　　　　　　　　　　(形)
　　　　their　　　well　　　　　　　　　行儀よくする

英語の ought to は should と置き換えてもよい. 文語の「べきだ」についてはすでに説明したが, 口語では「教えない場合は」「許されない」を意味する.「よう」は目的を表す名詞の「よう」で,「行儀よくする」という動詞の形容詞形を支配している.

第 2 章

動 名 詞

2.1. 不定詞と動名詞の形式的相違

　動名詞は不定詞同様動詞を名詞化したものである．動名詞は動詞に -ing 語尾を付加したもので，これが動詞を名詞化する転用体であり，talk -ing のように表記される．

　動詞により，不定詞と動名詞の両方の使用が可能なものと，一方のみに限定されるものとがある．

(1)　a.　The baby began to cry.
　　　b.　The baby began crying.
　　　c.　「赤ちゃんが泣き出した．」

(1′)　a. began(VPred)　b. began(VPred)　c. 泣き・出した(動述)
　　　　(N)　(N)　　　　(N)　(N)　　　　　　(名)
　　　　baby　to｜cry　　baby　cry｜-ing　　赤ちゃん｜が
　　　　　(A) the　　　　　(A) the

動詞 begin「始める」は不定詞も動名詞も両方の使用が可能である．

(2)　Anna refused to take the money.

55

（アンナはそのお金を受け取ろうとしなかった．）

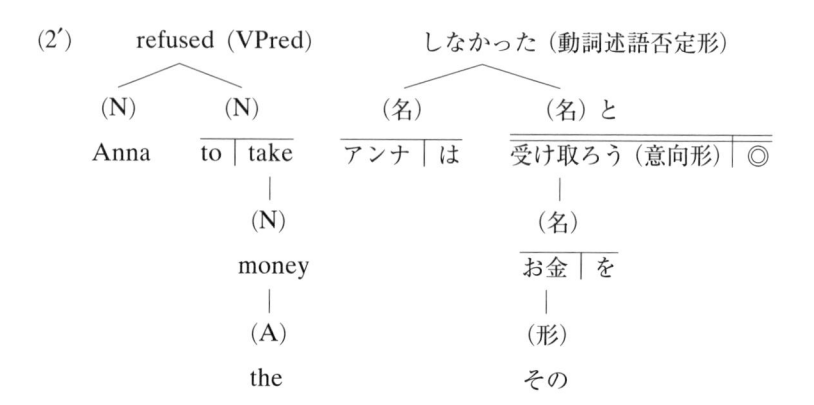

```
(2′)      refused (VPred)              しなかった（動詞述語否定形）
         ／       ＼                    ／            ＼
       (N)       (N)                  (名)          (名)と
       Anna    to｜take              アンナ｜は    受け取ろう（意向形）｜◎
                   ｜                               ｜
                  (N)                              (名)
                 money                            お金｜を
                   ｜                               ｜
                  (A)                              (形)
                  the                              その
```

　上の例文は不定詞をとるが，日本語では「受け取ろう」が意向形であるため，これをゼロ転用体により名詞化した．「〜は〜しようとする」という構文の否定形を用いた．

　(3)　Tom insisted on paying the bill.
　　　（トムは勘定を払うと言い張った．）

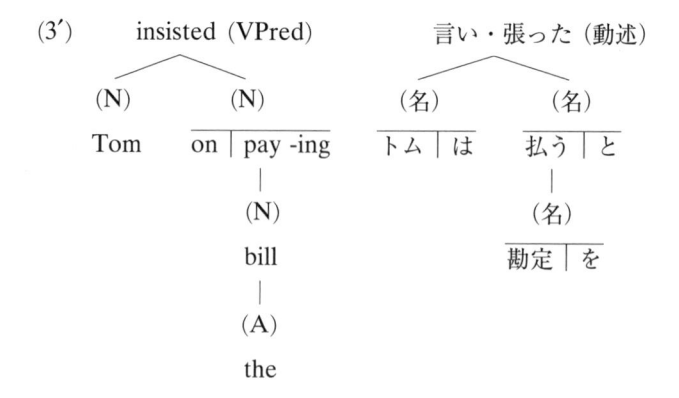

```
(3′)      insisted (VPred)              言い・張った（動述）
         ／       ＼                    ／            ＼
       (N)       (N)                  (名)          (名)
       Tom    on｜pay -ing            トム｜は      払う｜と
                   ｜                               ｜
                  (N)                              (名)
                  bill                            勘定｜を
                   ｜
                  (A)
                  the
```

　動名詞の paying は動詞として目的語の the bill をとるが，名詞として前置詞の on をとっている．すなわち，on paying は「前置詞＋名詞」という

構造をなしている．なお，前置詞は転用体であるから，ここでは，名詞句をなしていると解釈した．on paying は動詞 insist「主張する」の第 2 行為項に相当する．日本語の「払う」は述語形で，伝達内容を示す格助詞「と」の前で名詞化していると見なした．

不定詞も動名詞もともに動詞を名詞化したものであるが，意味的な相違をもつことがある．

 (4) a. Anna stopped talking. ［動名詞］
    （アンナは話すのをやめた．）
  b. Anna stopped to talk. ［不定詞］
    （アンナは止まって話した．）

 (4′) a. stopped (VPred)   やめた（動述）

```
         (N)      (N)              （名）         （名）
         Anna   talk│-ing         アンナ│は   （形名）の│を
                                                    │
                                                  （形）
                                                   話す
```

  b. stopped (VPred)   話した（動述）

```
         (N)      (Ad)             （名）         （副）
         Anna    to│talk          アンナ│は      止まって
```

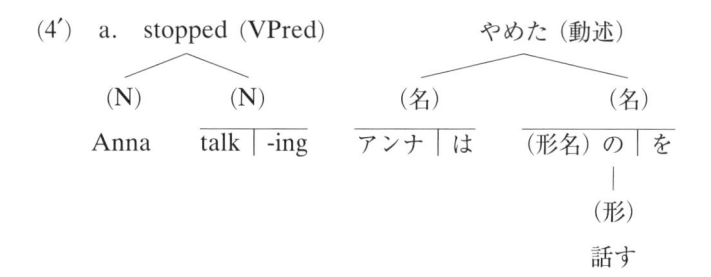

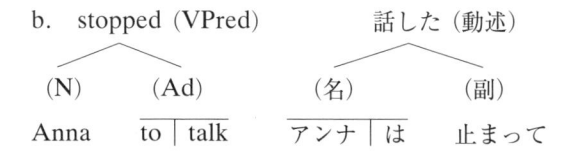

(4a) の動名詞の talking は名詞として機能しているが，不定詞の to talk は副詞として用いられている．不定詞は依存する語句により，名詞句にも形容詞句にも副詞句にもなる．その点，動名詞は前にくる前置詞により，of teaching なら形容詞句，in teaching なら副詞句になる．日本語の「のを」であるが，「の」は形式名詞で動詞「話す」の形容形を支配している．

2.2. 動名詞の形式的特徴

(5) Cathy apologized to me for her dog barking at night.
　　(キャシーは自分の犬が夜ほえたことを私に詫びた.)

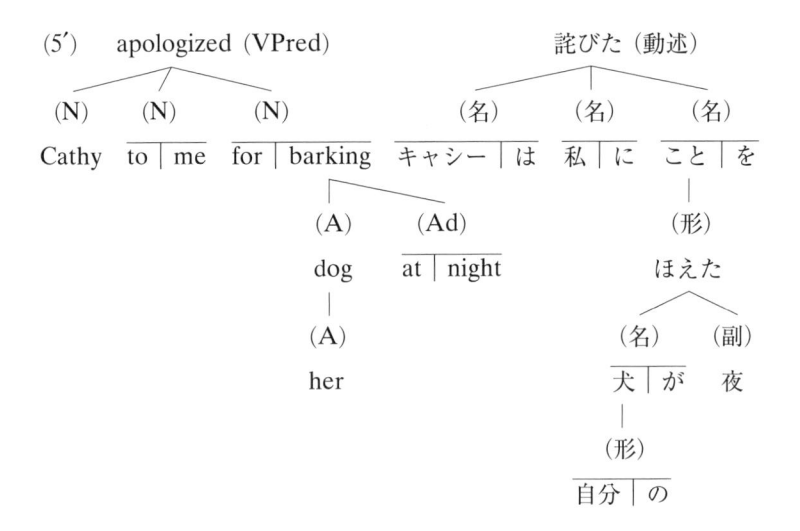

(5′)　apologized (VPred)　　　　　　詫びた (動述)

```
  (N)    (N)    (N)         (名)   (名)   (名)
 Cathy  to|me  for|barking  キャシー|は  私|に  こと|を
                (A)   (Ad)                    (形)
                dog   at|night                ほえた
                 |                       (名)   (副)
                (A)                      犬|が  夜
                her                       |
                                         (形)
                                        自分|の
```

apologized「詫びた」は「〜は〜に〜を」の文型をとる3項動詞ととらえた．her dog barking「自分の犬のほえたこと」と，dog は本来 dog's と属格の名詞であった．日本語では，形式名詞「こと」が「自分の犬が夜ほえた」という形容詞語句を支配している．

(6) Constant eating of confectionary is bad for the teeth.
　　(いつもお菓子を食べるのは歯によくない.)

第 2 章　動名詞

(6′)

```
        is | bad (APred)                 よくない (形容詞の否定形)
       /  \                              /       \
     (N)   (Ad)                        (名)      (副)
    eat|-ing  for|teeth            (形式名詞)の|は  歯|に
    /       /                          |
  (A)     (A)                         (形)
constant  of|confectionary  the      食べる
                                      /   \
                                    (形)  (名)
                                   いつも  お菓子|を
```

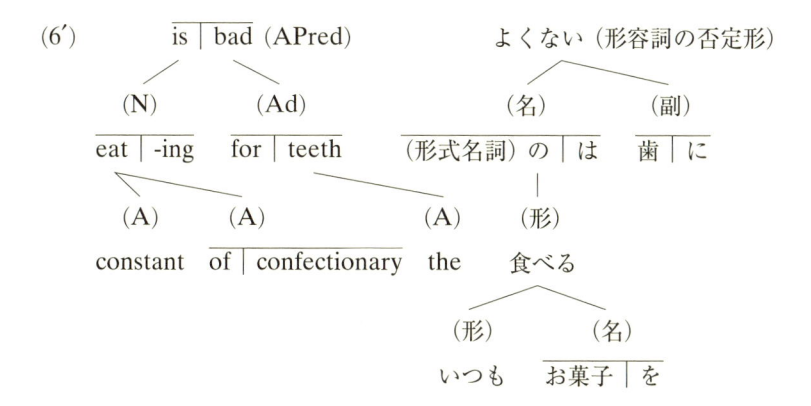

上の例文の eating はほとんど名詞である．だから，形容詞の constant「変わりない」と形容詞句の of confectionary「お菓子の」を支配している．日本語では，形式名詞「の」を形容詞語句「いつもお菓子を食べる」が修飾している．

(7) Peter's sayings do not agree with his doings.
　　（ピーターは言うこととやっていることが一致しない．）

(7′)

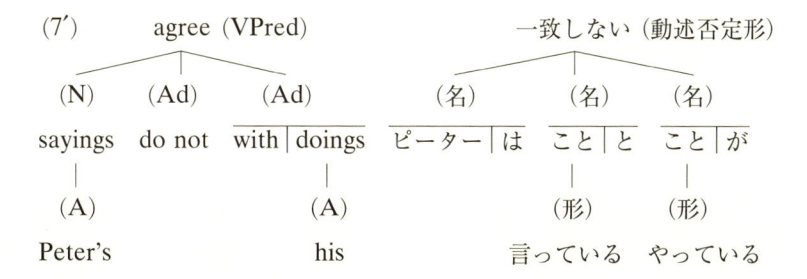

```
         agree (VPred)                   一致しない (動述否定形)
        /    |    \                     /    |    \
      (N)  (Ad)  (Ad)                 (名) (名)  (名)
    sayings do not with|doings     ピーター|は こと|と こと|が
      |            |                      |     |
     (A)          (A)                    (形)  (形)
    Peter's       his                  言っている やっている
```

英語では動名詞が sayings や doings のように複数語尾をとっているし，Peter's のように属格形の名詞を支配している．なお，否定文では否定の要素 do not を副詞として動詞に依存させる．動詞の agree with「～と一致する」では，前置詞 with は動名詞と組み意味的に第 2 行為項となる．日本語の「こと」はもちろん形式名詞である．

不定詞の動詞は前置詞 to に従うが，動名詞では動詞の要求する前置詞に従う．

(8)　I want to take a rest.　［名詞的用法］
　　　(私はひと休みしたい．)

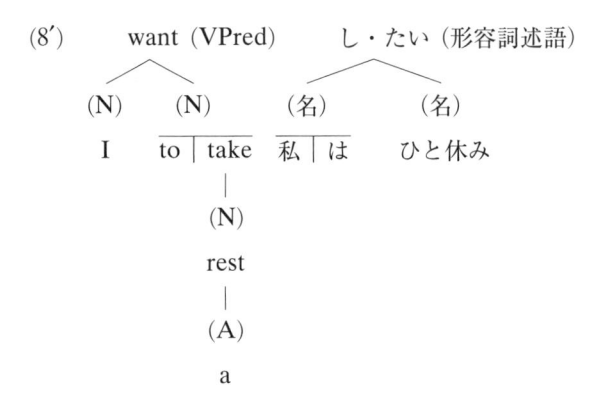

(8′)　　　　want (VPred)　　　し・たい（形容詞述語）
　　　　　┌─────┐　　　　┌─────┐
　　　　(N)　　(N)　　　　（名）　　　（名）
　　　　 I 　　to｜take 　　私｜は　　ひと休み
　　　　　　　　　　│
　　　　　　　　　 (N)
　　　　　　　　　 rest
　　　　　　　　　　│
　　　　　　　　　 (A)
　　　　　　　　　　a

「したい」は動詞「する」の語幹に要望形の形容詞語尾「たい」が付加されたものである．

(9)　I heard a knock at the door.
　　　(戸口でノックする音が聞こえた．)

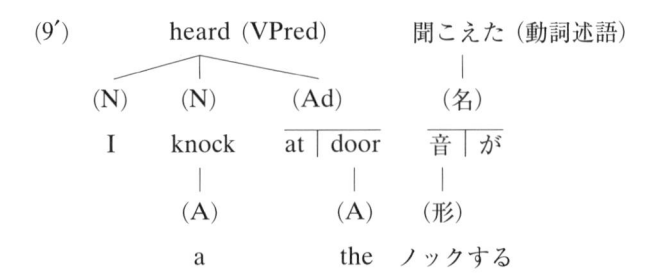

(9′)　　　　heard (VPred)　　　聞こえた（動詞述語）
　　　　┌──────┐　　　　　　│
　　　(N)　(N)　　(Ad)　　　　（名）
　　　 I 　knock　at｜door　　音｜が
　　　　　　│　　　　│　　　　│
　　　　　 (A)　　　(A)　　　（形）
　　　　　　a　　　　the　　ノックする

(10)　a.　a place to see（見る場所）
　　　b.　a way of thinking（考え方）［形容詞的用法］

第 2 章 動名詞

(10′)　a.　place　　　場所　　b.　way　　　　方法
　　　　　⌒　　　　　│　　　　　⌒　　　　　│
　　　　(A)　(A)　　(形)　　　(A)　(A)　　(形)
　　　　a　to│see　見る　　　a　of│thinking　考える

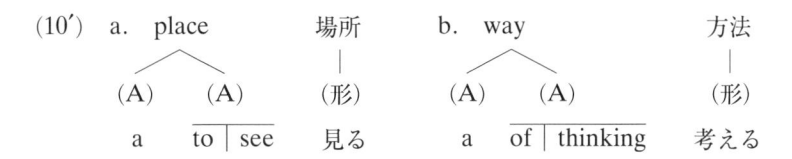

不定詞では to see が，動名詞では of thinking が上位の名詞に支配されている．

(11)　I am glad to see you.
　　　（私はあなたにお会いして，うれしく思います．）

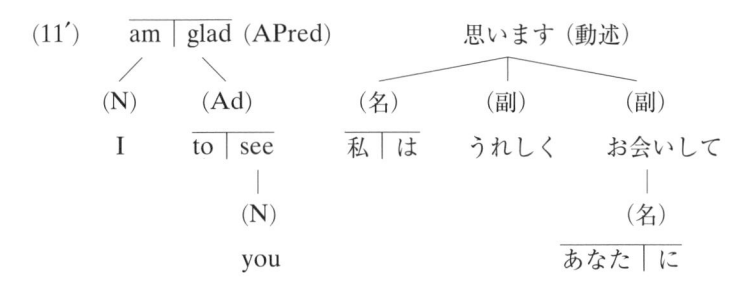

(11′)　　am│glad (APred)　　　　　思います (動述)
　　　／　　　　　　　　　　　　　　　　
　　(N)　(Ad)　　　　　　(名)　　(副)　　　(副)
　　 I　to│see　　　　　私│は　うれしく　お会いして
　　　　　│　　　　　　　　　　　　　　　　　│
　　　　(N)　　　　　　　　　　　　　　　　(名)
　　　　you　　　　　　　　　　　　　　あなた│に

不定詞 to see は形容詞の glad に支配されるので，副詞的となる．日本語の「うれしく」は副詞形であるが，「思う」の内容であるから，文に不可欠な要素として第 2 行為項と見なされる．「お会いして」も副詞形であるが，動詞「会う」を「お～する」という敬語の枠にはめた表現である．

(12)　On entering the room Alice turned on the light.
　　　（部屋に入ると，アリスは明かりをつけた．）

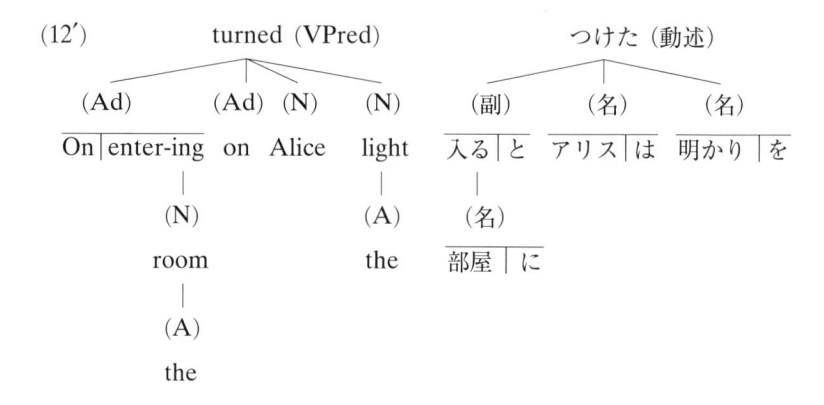

(12′)　　　　turned (VPred)　　　　　つけた（動述）

```
      (Ad)     (Ad) (N)   (N)         (副)    (名)    (名)
      On   enter-ing  on  Alice  light   入る と  アリス は  明かり を
                │              │      │
               (N)            (A)    (名)
              room           the   部屋 に
                │
               (A)
               the
```

英語での on｜entering は「前置詞＋動名詞」の構成をなしていて副詞句となる．日本語の「入ると」の「と」は接続助詞で「同時」を意味する．

(13)　Do you mind my smoking here?
　　　（ここで私はたばこを吸っても構いませんか．）

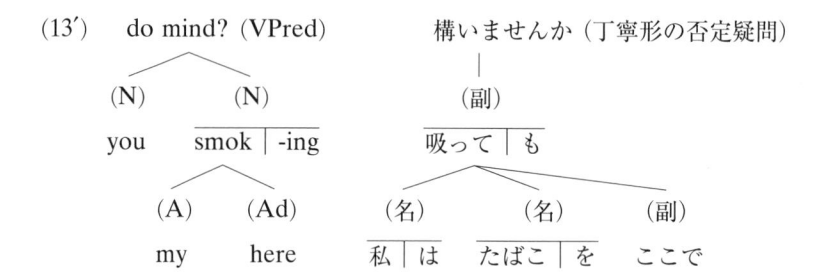

(13′)　　do mind? (VPred)　　　　構いませんか（丁寧形の否定疑問）
```
        (N)     (N)                   (副)
        you   smok  -ing            吸って も
              │     │
             (A)   (Ad)           (名)    (名)    (副)
             my    here           私 は  たばこ を  ここで
```

疑問文は，英語では動詞の do を主語の前に置き，イントネーションを上げるので，述語の前後に do? を書き込んで疑問文であることを表せばよい．日本語では述語末に疑問詞の「か」を付加して疑問文であることを示せばよい．なお，「吸って」という副詞形に助詞「も」がつくと譲歩を意味する．「吸っても」は副詞形でも，「構いませんか」と相手が「気にするかどうか」とその内容を提示しているのであるから，第2行為項に相当する．

2.3. 動名詞の慣用的表現

(14) It is of no use translating every single word.

[It is of no use ～ing]

（単語をひとつずつ訳しても役に立たない．）

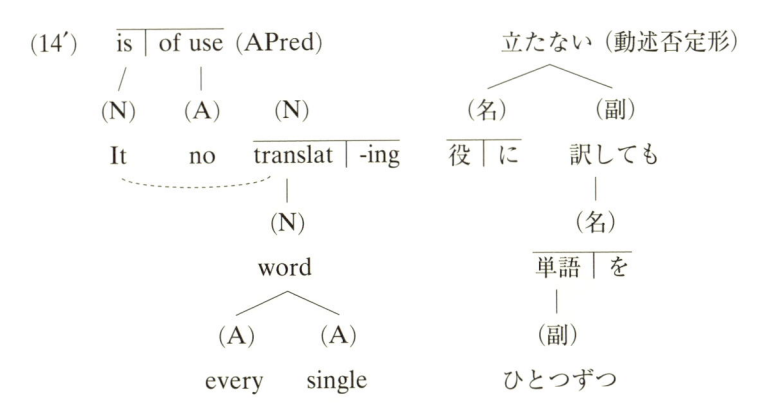

(14′)
```
     is │ of use (APred)                立たない（動述否定形）
    ╱     │                                ╱      ╲
   (N)   (A)   (N)                       (名)    (副)
   It    no   translat │ -ing            役 │ に  訳しても
                        │                    │
                       (N)                  (名)
                      word                 単語 │ を
                     ╱    ╲                    │
                   (A)    (A)                 (副)
                  every  single             ひとつずつ
```

of use = useful「役に立つ」と形容詞として扱えば，is of use は形容詞述語と見なされる．また，否定の形容詞 no を上位の名詞 use に修飾させることにより否定文とすることができる．動名詞の translating は文法の it と指示線で結ばれている．「訳しても」は副詞形に助詞「も」が付加されて譲歩を表すが，「～が役に立たない」という文の～の部分に相当するから第1行為項と見なすことになる．「ひとつずつ」は副詞として上位の名詞「単語」を限定している．

(15) There is no telling when the history of the human being began.

[there is no ～ing]

（人類の歴史がいつ始まったか分からない．）

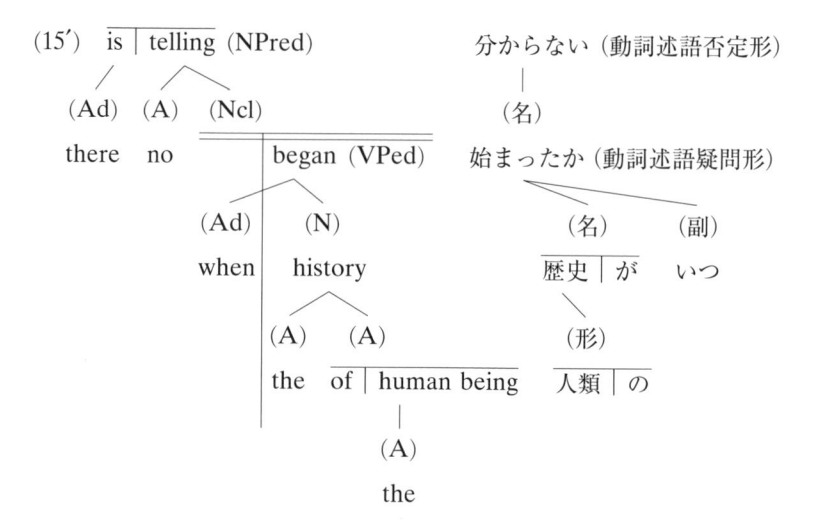

(15′)　is｜telling (NPred)　　　　分からない（動詞述語否定形）
　　／｜　　　　　　　　　　　　　｜
　(Ad) (A) (Ncl)　　　　　　　　　（名）
　there no　began (VPed)　始まったか（動詞述語疑問形）
　　　　　／｜　　　　　　　／
　　　　(Ad) (N)　　　　（名）　　（副）
　　　　when history　　　歴史｜が　　いつ
　　　　　　　／｜　　　　　＼
　　　　　　(A) (A)　　　　　　（形）
　　　　　　the of｜human being　人類｜の
　　　　　　　　　｜
　　　　　　　　（A）
　　　　　　　　the

telling が動名詞であるから，is no telling「分からない」は名詞述語 (NPred) である．また，疑問詞の when「いつ」が転用体として名詞節を tell の目的語として導いている．

(16)　This book is worth reading. ［worth 〜ing］
　　　（この本は読む価値がある．）

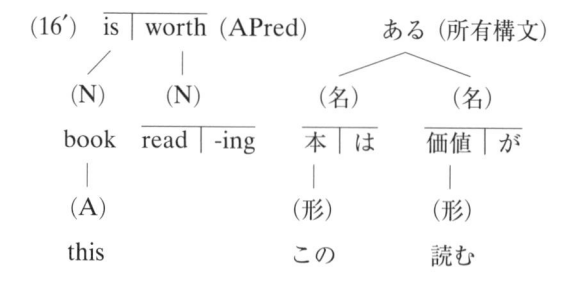

(16′)　is｜worth (APred)　　　ある（所有構文）
　　／｜　　　　　　　　　　／
　(N) (N)　　　　　　（名）　（名）
　book read｜-ing　　本｜は　価値｜が
　　｜　　　　　　　　｜　　　｜
　（A）　　　　　　　（形）　（形）
　this　　　　　　　　この　　読む

worth は「価値がある」という形容詞であるから，is worth は形容詞述語である．「読む」は形容詞形で「価値」に支配される．「この本は読む価値がある」となる．

　上の文は次のように書き換え可能である．

(17) It is worth while to read this book.　[It is worth while to ~]

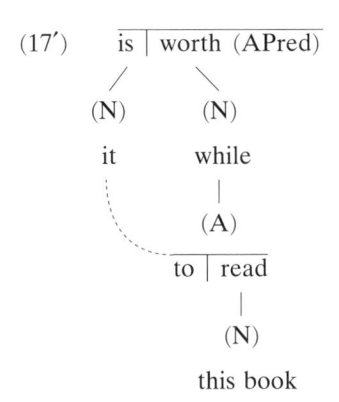

(17′)
```
         is | worth (APred)
        ╱         ╲
      (N)         (N)
       it         while
        ⋮          |
        ⋮         (A)
        ⋯⋯⋯⋯ to | read
                   |
                  (N)
                 this book
```

　この文における worth は「価値がある」という形容詞であるから, is worth は形容詞述語となる. しかし, while は「~する時間」を意味する名詞である. そこで, worth が名詞の while を支配すると解釈した. すなわち, while to read「読む時間」となる. 次の文を参照されたい. It is worth (your) while to try it.「それは君がやってみるだけの価値がある.」だが, 形式的には文頭の it は to read を指示していると思われる.

(18)　My friend never comes up to Tokyo without dropping in on me.　[never ... without ~ing]
　　　(ぼくの友達は東京にくれば必ずぼくの所に立ち寄ってくれる.)

```
(18')    comes (VPred)                    立ち寄って くれる (動述)
       ┌────┬────┬────┐              ┌─────┐
      (N) (Ad) (Ad)(Ad)   (Ad)      (名)  (副) (副)
     friend never up to Tokyo without dropping  友達 は 必ず  所 に
       │                         ┌──┐
      (A)                       (Ad)(Ad)       (形)      (形)
      my                         in on me     ぼく の    ぼく の
                                                              (副)
                                                             くれば
                                                             ／
                                                            (名)
                                                           東京 へ
```

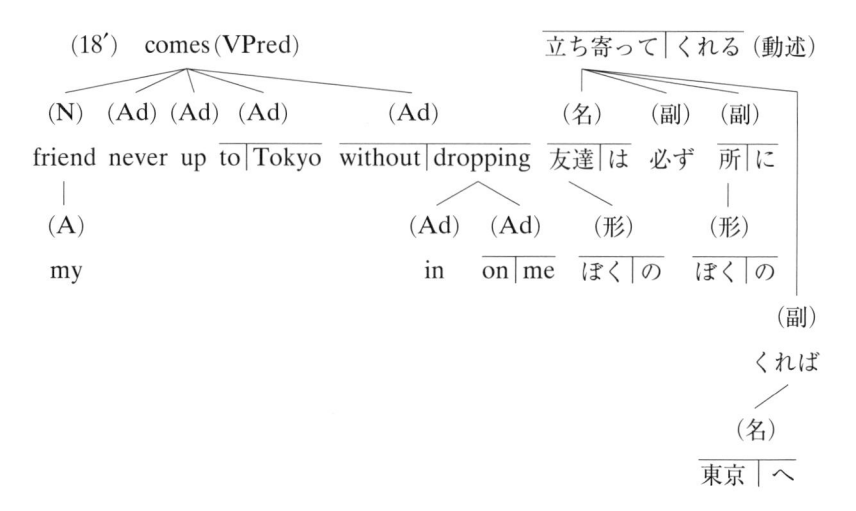

これは「～すれば，必ず～する」という訳文になるが，without ～ing「～しないで」という「前置詞＋動名詞」の語句に，否定辞 never「けっしてない」が結びついた構文である．

(19)　It goes without saying that health is important than wealth.

[It goes without ～ing]

（健康が富よりも重要であることは言うまでもない．）

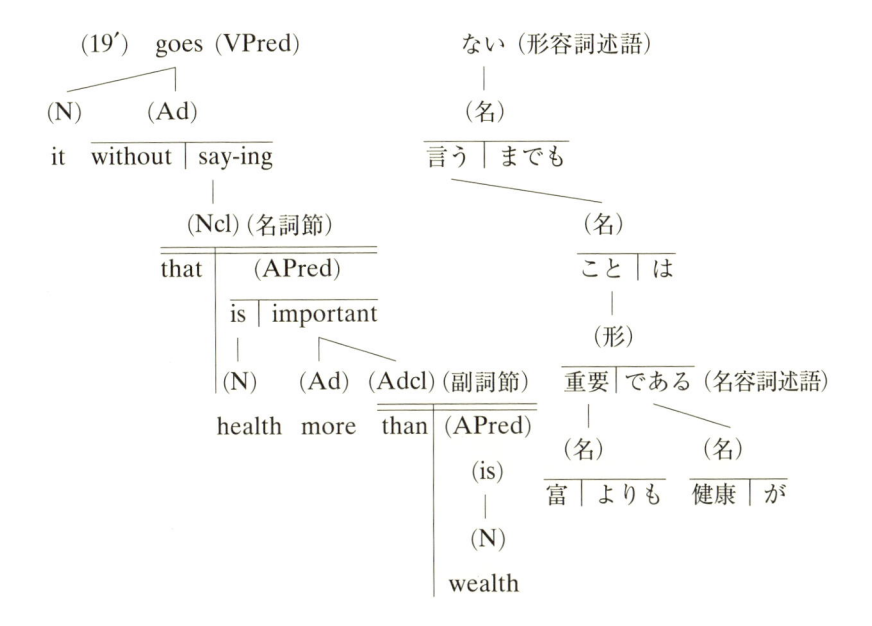

```
(19')      goes (VPred)              ない（形容詞述語）
       ┌─────┴─────┐                      │
      (N)        (Ad)                    (名)
      it    without │ say-ing          言う │ までも
                    │
                   (Ncl)(名詞節)          (名)
              ┌─────┴──────┐          ───────
             that        (APred)      こと │ は
                       ┌────┴────┐           │
                       is │ important       (形)
                          │
      ┌────┬────┬────────┴──────┐     重要 │ である（名容詞述語）
     (N)  (Ad)  (Adcl)(副詞節)             │
    health more  than │ (APred)     (名)      (名)
                      │            ─────    ─────
                     (is)          富 │ よりも  健康 │ が
                      │
                     (N)
                      │
                     wealth
```

without saying「前置詞＋動名詞」は「言うまでもなく」を意味する．goes は「ことが進行する」の意．この表現はフランス語の il va sans dire que ～ という慣用的表現を借用したものである．なお，動名詞の saying の内容は接続詞 that の導く名詞節と，さらに is important「重要だ」という形容詞述語が含む比較文 than wealth「富より」を導く副詞節が含まれていて図系が複雑になっている．

　日本文では，「言うまでも」の動詞「言う」が格助詞「まで」をとるので，名詞化していると思われる．これに並立の副助詞「も」が付加されている．「富よりも」も同じような構成をなしている．「重要である」は「重要だ」と言い換えられるので，名容詞述語である．

第 3 章

助 動 詞

3.1. 英語と日本語の助動詞

3.1.1. 英語の助動詞
英語では「法の助動詞」(modal auxiliary) と呼ばれている部類であるが，様相論理学では，認識的法 (epistemic mood) と義務的法 (deontic mood) に分けて分析されている．

認識的法は，話し手が自己の伝達内容についてどの程度の確実性があるかを表明する表現手段であり，義務的法は伝達内容についてどの程度の必要性があるかを表明する表現手段である．こうした法表現はいかなる言語にも備わっているので，言語間の法表現を比較対照して考察する必要がある．また，助動詞は話題となる人物の意志や可能性をも表示している．

英語では，1) can (could), 2) must, 3) may (might), 4) will (would), 5) shall (should), 6) ought to, 7) used to, 8) dare (dared), 9) need の 9 種が助動詞として用いられている．こうした法の助動詞のほかに，相の助動詞として働く be 動詞と have 動詞がある．

3.1.2. 日本語の助動詞
日本語には次の 3 種の助動詞が認められている．

(1) 相的助動詞
　　a. 「書いて・いる」(行為の継続),「止まって・いる」(結果の状態)
　　b. 「書いて・しまう」(完了)
　　c. 「書いて・ある」(処置)
　　d. 「書いて・おく」(準備)
　　e. 「書いて・見る」(試行)
(2) 直示的助動詞
　　a. 「走って・いく」(話し手から離れる)
　　b. 「走って・くる」(話し手に近づく)
(3) 恩恵的助動詞
　　a. 「書いて・やる」(話し手側から相手側への恩恵的行為)
　　b. 「書いて・くれる」(相手側から話し手側への恩恵的行為)
　　c. 「書いて・もらう」(話し手が相手側から受ける恩恵的行為)

3.2. 助動詞の形式的特徴

「助動詞」は動詞でありながら，他の動詞を補助する働きをもっている．英語では，動詞の特徴である現在形と過去形を備えていて，他の動詞に先行して，これを補助する．ただし，to 不定詞形，分詞形，動名詞形をもたない．

　法の助動詞の can, must, may, will, shall は to をとらない不定詞（原形不定詞）を従えることがある．これらはテニエールの言うように，2項動詞として取り扱われる．例えば，Jack can swim「ジャックは泳ぐことができる」は次のような図系をもつ．

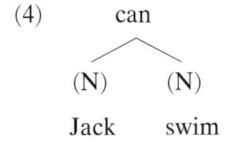

(4)　　　　can
　　　　 ／　＼
　　　　(N)　 (N)
　　　　Jack　swim

すなわち，動詞述語 can は二つの名詞を支配する．一方は名詞の Jack，他方は不定詞の swim である．不定詞は動詞が名詞化したものであるから，名詞として扱うことができる．

相の助動詞であるが，be は動詞の現在分詞形と，have は過去分詞形と結びつく．

(5) a. Jill is writing a report. ［進行形］
（ジルはレポートを書いている．）
b. Jill has written a report. ［完了形］
（ジルはレポートを書いてしまった．）
c. Jill has been writing a report for three hours. ［完了進行形］
（ジルは3時間もレポートを書きつづけている．）

$\overline{\text{is}\,|\,\text{writing}}$ も $\overline{\text{has}\,|\,\text{written}}$ も縦線の前半をなす be もしくは have が形式的要素で，後半の現在分詞形もしくは過去分詞形が実質的要素である．

同じような区分が日本語の助動詞にも当てはまる．「$\overline{\text{書いて}\,|\,\text{いる}}$，$\overline{\text{走って}\,|\,\text{くる}}$，$\overline{\text{書いて}\,|\,\text{やる}}$」でも縦線の後半が形式的要素で，その前半は実質的要素で，副詞形をなしている．

3.3. 認識的法表現

(6) The rumor must be true.
（そのうわさは本当にちがいない．）

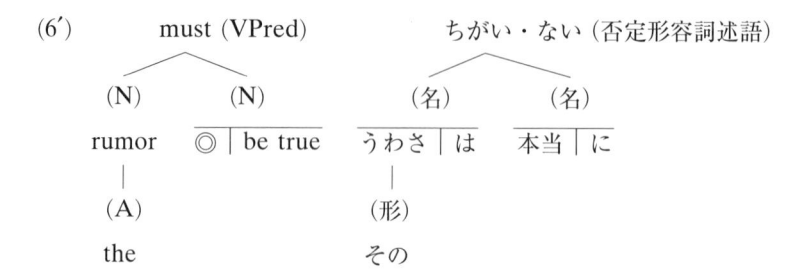

(6′)　　　must (VPred)　　　　　ちがい・ない（否定形容詞述語）

　　　(N)　　(N)　　　　　　　（名）　　（名）
　　　rumor　◎ | be true　　うわさ | は　本当 | に
　　　 |　　　　　　　　　　　 |
　　　(A)　　　　　　　　　　　（形）
　　　the　　　　　　　　　　　その

be true は原形不定詞と呼ばれているが，ゼロ転用体◎により名詞化したと見なされる．「ちがいない」は名詞の「ちがい」に否定の形容詞語尾「ない」が付加されたもので，「わけない」「仕方ない」「情けない」などがある．

(7) The rumor may be true.
   (そのうわさは本当かもしれない．)

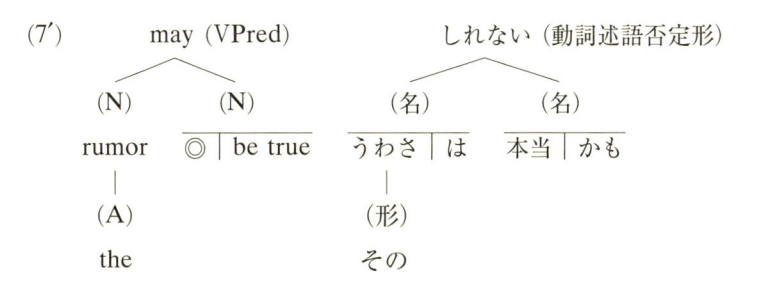

(7′)
```
         may (VPred)              しれない (動詞述語否定形)
         ╱    ╲                    ╱      ╲
       (N)    (N)                (名)     (名)
      rumor  ◎│be true        うわさ│は   本当│かも
       │                           │
       (A)                        (形)
       the                         その
```

日本語の「かも」は疑問の「か」に同類のものを示す副助詞の「も」が結合して「不確実」を示すと考えた．「しれない」は「分からない」の意．

(8) The rumor cannot be true.
   (そのうわさは本当のはずがない．)

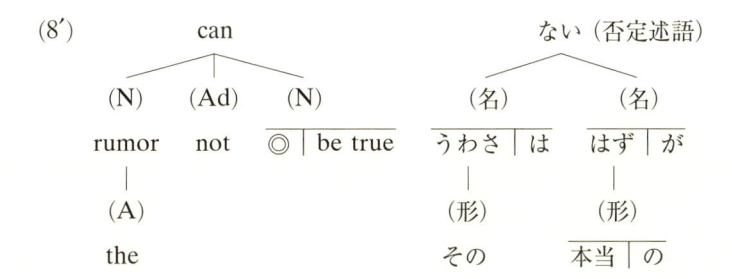

(8′)
```
              can                       ない (否定述語)
         ╱    │    ╲                    ╱         ╲
       (N)   (Ad)  (N)                (名)        (名)
      rumor  not  ◎│be true        うわさ│は   はず│が
       │                                 │          │
       (A)                              (形)       (形)
       the                              その       本当│の
```

英語の cannot「できない」では，否定の副詞 not「ない」が上位の助動詞 can「できる」を修飾していると解釈される．

日本語の「はず」は名詞で「当然」を意味する．「はずがない」は「可能性がない」ことを指す．

3.4. 義務的法表現

(9)　You must leave the room.
　　（君は部屋を出ていかなければならない．）

(9′)
```
         must (VPred)              ならない（動詞否定形）
        ┌──────┴──────┐          ┌──────────┴──────────┐
       (N)    (N)                （名）                （副）
       you    ◎│leave            君│は    出ていかなければ（条件法否定形）
                │                        │
               (N)                      （名）
               room                     部屋│を
                │
               (A)
               the
```

英文の構造は単純だが，和文では「出ていかなければ」という条件法非過去否定形が用いられている．日本語の条件法は次のように変化する．

(10)　（条件法）　（非過去形）　（過去形）
　　　［肯定形］　かけば　　　　かいたら
　　　［否定形］　かかなければ　かかなかったら

動詞「なる」の否定形「ならない」は「許されない」を意味する．すなわち，「部屋を出ていかないようなことがあれが，それは許されない」と解釈される．このような条件法否定形は，副詞形ではあるが，文の構成からすれば，不可欠要素であるから，第2行為項と見なされる．この条件法否定表現は会話の中で頻発される．「かかなけれが」は「カカナクッチャ」，「いかなければ」は「イカナクッチャ」となる．

(11)　You may leave the room.　［許可］
　　　（君は部屋を出ていってもいい．）

第 3 章　助　動　詞　　　　　　　　　　　　　　　　73

(11′)　　　　may (VPred)　　　　　　　いい（形容詞述語）
　　　　　　┌──┴──┐　　　　　　　┌──┴──┐
　　　　　(N)　　　(N)　　　　　　　（名）　　（副）
　　　　　you　◎│leave　　　　　君│は　　出ていっても
　　　　　　　　　　│　　　　　　　　　　　　　│
　　　　　　　　　(N)　　　　　　　　　　　　（名）
　　　　　　　　　room　　　　　　　　　　部屋│を
　　　　　　　　　　│
　　　　　　　　　(A)
　　　　　　　　　the

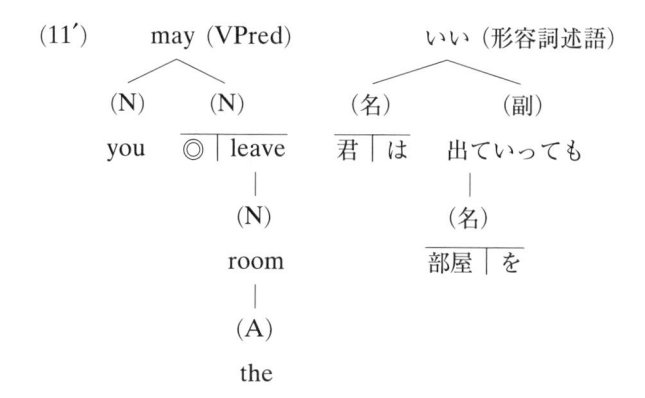

　日本語の「出ていって」は副詞形で，これに助詞「も」が付くと譲歩を意味する．この「出ていってもいい」は「出ていく」という事柄を許可することになるから，この副詞語句は文の構成上不可欠要素となる．だから，第 2 行為項と見なされる．

　(12)　You need not leave the room.
　　　　（君は部屋を出ていく必要がない．）

(12′)　　　　need (VPred)　　　　　　　ない（形容詞述語）
　　　┌────┼────┐　　　　　　　┌──┴──┐
　　(N)　(Ad)　　(N)　　　　　　　（名）　　（名）
　　you　not　◎│leave　　　　　君│は　　必要│が
　　　　　　　　　│　　　　　　　　　　　　　│
　　　　　　　　(N)　　　　　　　　　　　　（形）
　　　　　　　　room　　　　　　　　　　出ていく
　　　　　　　　　│　　　　　　　　　　　　　│
　　　　　　　　(A)　　　　　　　　　　　　（名）
　　　　　　　　the　　　　　　　　　　　部屋│を

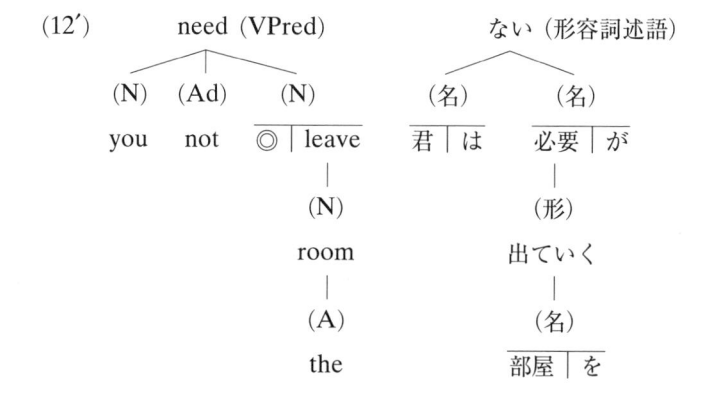

　米語では，need not の代わりに，don't have to を用いる．この場合は，have が最上位の支配核となり，次に to 不定詞がつづくことになる．さらに，have が否定の副詞 don't を支配することになる．

日本語のほうの「君の所には必要がない」という所有構文を組んでいる．

3.4.1. have to について

(13)　Alice had to run to catch up with the rabbit.
　　　（アリスはうさぎに追いつくために走らなければならなかった．）

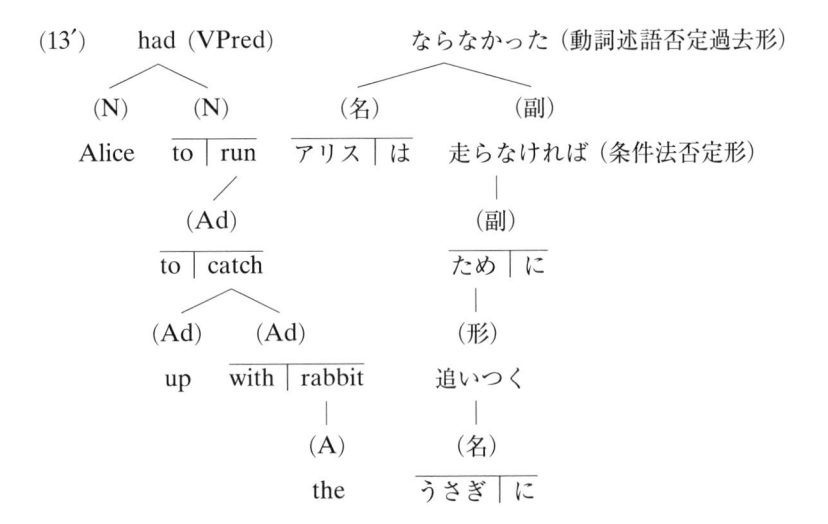

(13′)
```
        had (VPred)                    ならなかった（動詞述語否定過去形）
       ／＼                             ／＼
     (N)   (N)                       (名)   (副)
    Alice  to│run                    アリス│は   走らなければ（条件法否定形）
              ／                                   │
            (Ad)                                  (副)
            to│catch                              ため│に
              ／＼                                   │
            (Ad) (Ad)                              (形)
            up   with│rabbit                      追いつく
                      │                              │
                     (A)                            (名)
                     the                          うさぎ│に
```

　英語の to catch up with the rabbit は「うさぎに追いつくために」と目的を表す副詞句，これに対し，日本語の「ため」は目的を表す名詞で，これを「うさぎに追いつく」という形容詞語句句が修飾している．「走らなければ」という動詞「走る」の非過去否定の条件形で条件が示されている．つまり，「走らないことは」アリスには許されていないと伝えている．口語では，「ハシラナクッチャ」と表現される．動詞「ならない」は「許されない」の意味．

3.4.2. can の意味

(14)　Can you stand on your hands?
　　　（君は逆立ちができますか．）

(14′)
```
       can?                    できますか
      ╱    ╲                  ╱         ╲
   (N)     (N)              (名)        (名)
    you   ◎│stand           君│は      逆立ち│が
              │
            (Ad)
           on│hands
              │
            (A)
            your
```

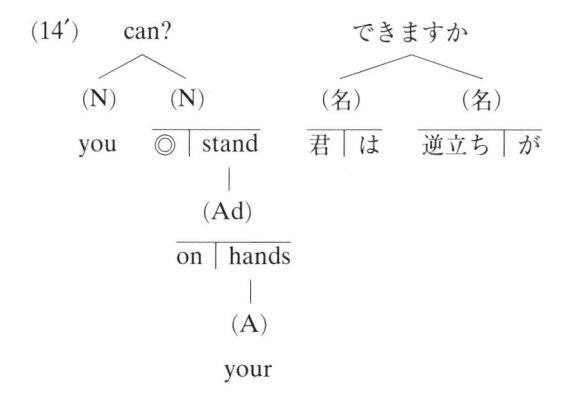

　助動詞を二つの名詞項をとる述語と解釈することにより，不定詞の構造は明解に分析できる．なお，疑問文は，you can が can you? のように述語の前に第1行為項がくることと，語末のイントネーションが上がるという音声的特徴を？で表し，述語の後ろに付加して表しておけばよい．

　なお，日本語の「できる」は「〜は〜ができる」という文型に収まる．

3.4.3.　意志の will

(15)　I will take care of this dog.　（私がこの犬の面倒をみます．）

(15′)
```
       will (VPred)              みます（動述）
      ╱         ╲               ╱           ╲
   (N)         (N)             (名)         (名)
    I        ◎│take           私│が       面倒│を
               │                              │
             (N)                            (形)
             care                          犬│の
               │                              │
             (A)                            (形)
           of│dog                           この
               │
             (A) this
```

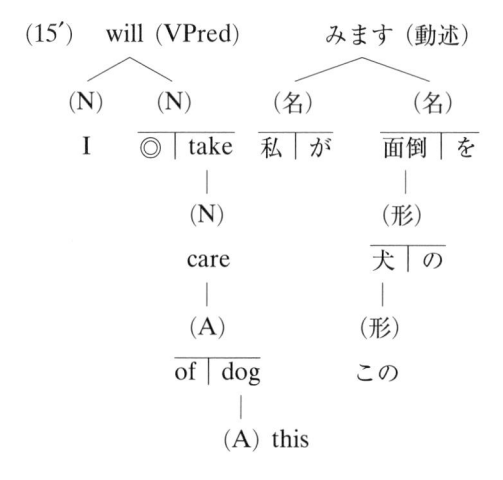

care of this dog は「この犬の（形）世話」となる．

意志の will と呼ばれているが，日本語の非過去形は肯定形と否定形ともに意志の要素を含んでいる．

(16) 　肯定形： 書く（書きます）（括弧内は丁寧形）
　　　否定形： 書かない（書きません）

3.4.4. 推量の will

(17) 　Some day you will be able to see what I mean.
　　　（いつか君はぼくの言っていることが分かるだろう．）

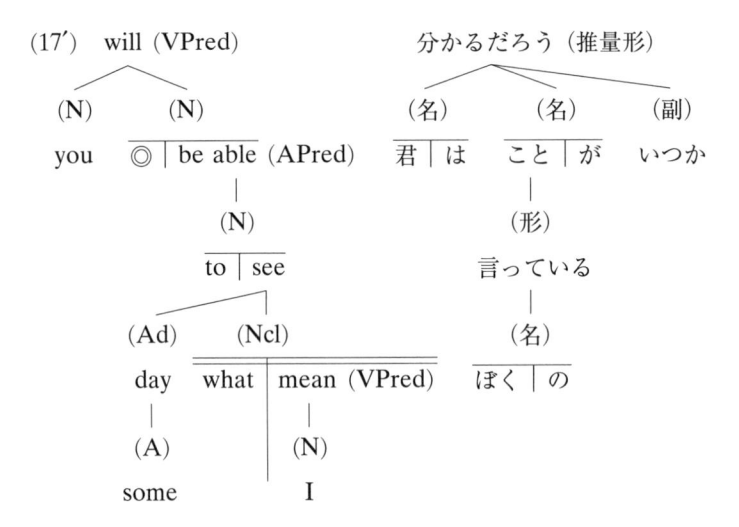

```
(17')   will (VPred)              分かるだろう（推量形）
        ┌────┴────┐             ┌──────┼──────┐
       (N)      (N)             (名)   (名)    (副)
       you    ◎│be able (APred) 君│は こと│が  いつか
                   │                    │
                  (N)                  (形)
                to│see              言っている
              ┌───┴───┐                 │
             (Ad)   (Ncl)              (名)
             day  what│mean (VPred)   ぼく│の
              │         │
             (A)       (N)
            some        I
```

不定詞 to be able の to が省略されているので，名詞化のゼロ転用体 ◎ を設定した．be able は形容詞述語となる．what I mean「ぼくの言っていること」は名詞節であるから，これを二重線で示した．

日本語では，動詞の推量法により表現される．

(18) 　　　　　　　（非過去形）　　　　（過去形）
　　　［肯定形］　　書くだろう　　　　書いた（だ）ろう
　　　［否定形］　　書かないだろう　　書かなかった（だ）ろう

3.4.5. 助動詞を用いる慣用的語句 (cannot ～ too)

(19)　We cannot praise his heroic deed too much.
　　　（彼の英雄的行為をどんなに誉めても誉めすぎることはない．）

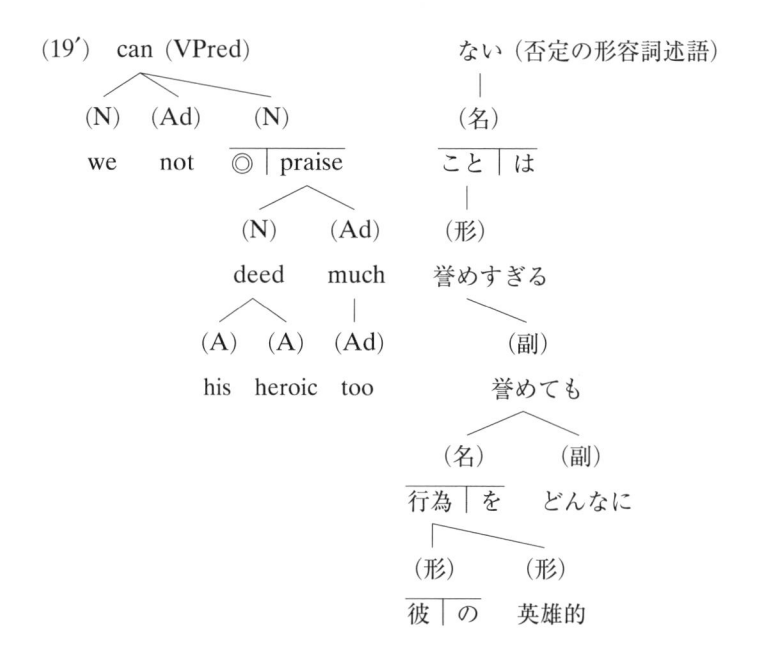

(19′)　　can (VPred)　　　　　　　　ない（否定の形容詞述語）
　　　　　／│＼　　　　　　　　　　　│
　　　　(N) (Ad) (N)　　　　　　　　（名）
　　　　we not ◎│praise　　　　　こと│は
　　　　　　　　　／＼　　　　　　　　│
　　　　　　　　(N) (Ad)　　　　　　（形）
　　　　　　　　deed much　　　　　誉めすぎる
　　　　　　　／＼　│　　　　　　　　│
　　　　　　(A) (A) (Ad)　　　　　　（副）
　　　　　　his heroic too　　　　　誉めても
　　　　　　　　　　　　　　　　　　／＼
　　　　　　　　　　　　　　　　　（名） （副）
　　　　　　　　　　　　　　　　　行為│を　どんなに
　　　　　　　　　　　　　　　　　／＼
　　　　　　　　　　　　　　　　（形） （形）
　　　　　　　　　　　　　　　　彼│の　英雄的

　英語の cannot praise too much は「誉めすぎることはない」を意味する．日本語の名詞「こと」は「行為を誉めすぎる」という形容詞語句を支配している．「誉めて」は副詞形で，これに助詞「も」がつくと譲歩を意味する．否定の副詞 not が助動詞 can を修飾する．

3.4.6. cannot but V の構文

(20) I cannot but feel sorry for Anna.
(私はアンナが気の毒でたまらない.)

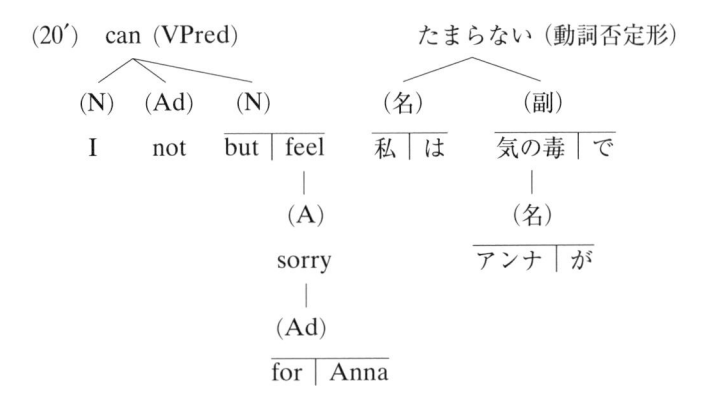

(20′)
```
    can (VPred)              たまらない (動詞否定形)
    ┌───┴───┬───┐             ┌────┴────┐
   (N)   (Ad)  (N)           (名)      (副)
    I    not   but│feel       私 │は    気の毒│で
                   │                        │
                  (A)                      (名)
                  sorry                    アンナ│が
                   │
                  (Ad)
                  for│Anna
```

英語の but│feel の but は except「～以外に」を意味する前置詞と見なした. 前置詞は転用体で,「前置詞＋名詞」の構成をなす. すると, feel は動詞「感じる」が名詞化したものと考えられる. しかし, 動詞の性格をもつ feel は形容詞の sorry を支配できる. そこで feel sorry for「～を気の毒に思う」となる. 哀れむ対象となるから for Anna は (Ad) とした.

日本語の「たまらない」は「我慢できない」を意味する.「アンナは気の毒だ」は名容詞述語文で,「気の毒で」は副詞形となる.

上の例文は次のようにも言える.

(21) I cannot help feeling sorry for Anna.
(私はアンナに同情しないではいられない.)

(21′)

```
         can                        いられない（動詞否定形）
       ┌──┴──┐                    ┌──────┴──────┐
      (N) (Ad) (N)                (名)         (副)
       I   not  ◎│help           私│は   同情しないで│は
                   │                              │
                  (N)                            (名)
                feel│-ing                       アンナ│に
                   │
                  (A)
                  sorry
                   │
                  (N)
                for│Anna
```

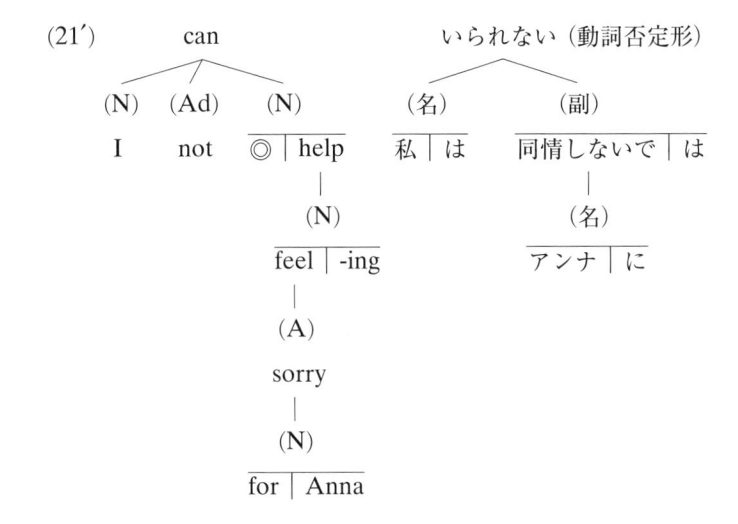

cannot help 〜ing という構文であるが，help は「避ける」の意味で「〜することは避けられない」と解釈される．日本語の「同情しないで」は否定形「同情しない」の副詞形で，これに格助詞「は」が付いて強められている．「いられない」は，動詞「いられる」という話し手の存在の可能形が否定されたものである．

(22) Tom does nothing but play baseball.
    （トムは野球ばかりやっている．）

```
(22')        does (VPred)              やって  いる (動述)
           ┌──────┴──────┐           ┌────┴────┐
          (N)          (N)           (名)      (名)
          Tom         nothing        トム は   野球 ばかり
                       │
                      (A)
                     but  play
                            │
                           (N)
                         baseball
```

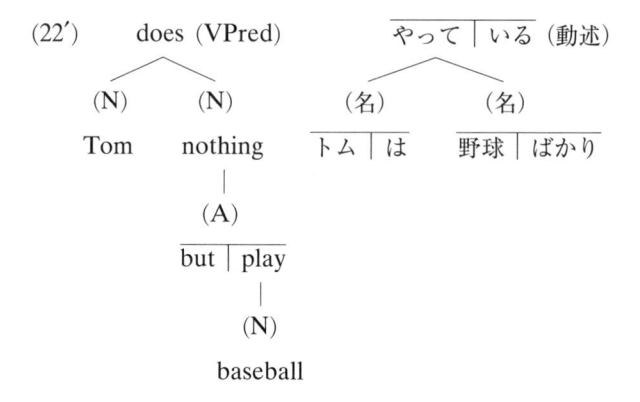

英語の but play は「前置詞＋名詞」の構成をなしている．play は転用体 but により名詞化されていると思われる，「〜やる以外の (A) ことは何もしない」の意味で，but play「やる以外の」は形容詞句として上の名詞 nothing に依存している．(20) の文を参照されたい．日本語の「野球ばかり」の「ばかり」は限定の副助詞．

3.4.7. had better V の構文

(23) You had better stay in bed.
　　 （君は寝ているほうがよい．）

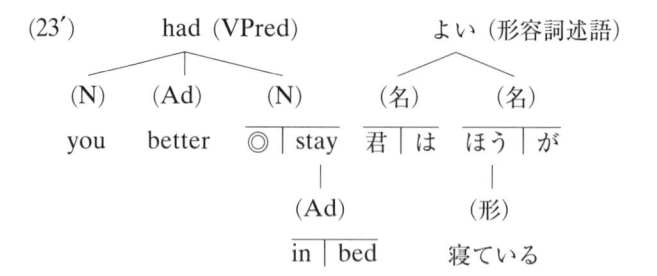

```
(23')        had (VPred)                よい (形容詞述語)
         ┌────┬────┐                 ┌────┴────┐
        (N) (Ad) (N)                 (名)     (名)
        you better ◎ stay            君 は    ほう が
                       │                       │
                      (Ad)                    (形)
                     in  bed                  寝ている
```

英語では，副詞の better が上位の助動詞 had を修飾している．日本語の名詞「ほう」は形容詞形の「寝ている」を支配している．

3.4.8. may as well V の構文

(24)　You may as well begin at once.
　　　（君はすぐ始めるほうがよい．）

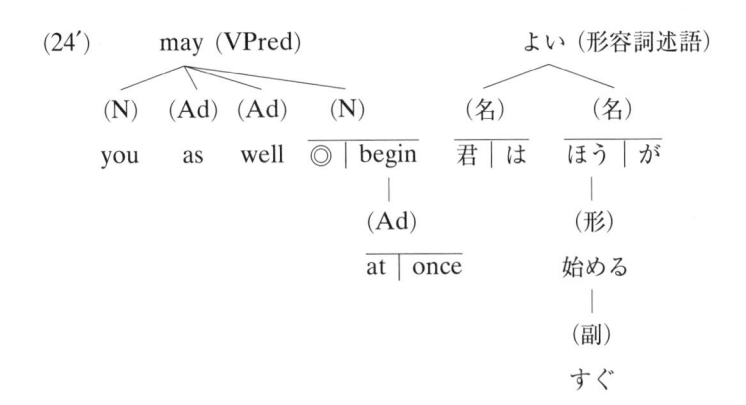

(24′)
```
        may (VPred)                よい（形容詞述語）
       ┌─────┴─────┐              ┌──────┴──────┐
      (N) (Ad) (Ad) (N)          (名)         (名)
      you  as  well ◎│begin      君│は       ほう│が
                         │                        │
                        (Ad)                     (形)
                       at│once                   始める
                                                  │
                                                 (副)
                                                  すぐ
```

助動詞 may を二つの副詞 as と well が修飾している．

3.4.9. would like to V の構文

(25)　I'd like to send this packet to Japan.
　　　（私はこの小包を日本へ送りたいのですが．）

(25′)　would (VPred)　　　　　の｜ですが（名詞述語）
　　　　(N)　　(N)　　　　　　　　（形）
　　　　 I　◎｜like　　　　　送り・たい
　　　　　　　　(N)　　　　（名）　（名）　　（名）
　　　　　　　to｜send　　私｜は　小包｜を　日本｜へ
　　　　　　　　(N)　(Ad)　　　（形）
　　　　　　　packet　to｜Japan　この
　　　　　　　　(A)　　　(Actant 3)
　　　　　　　this

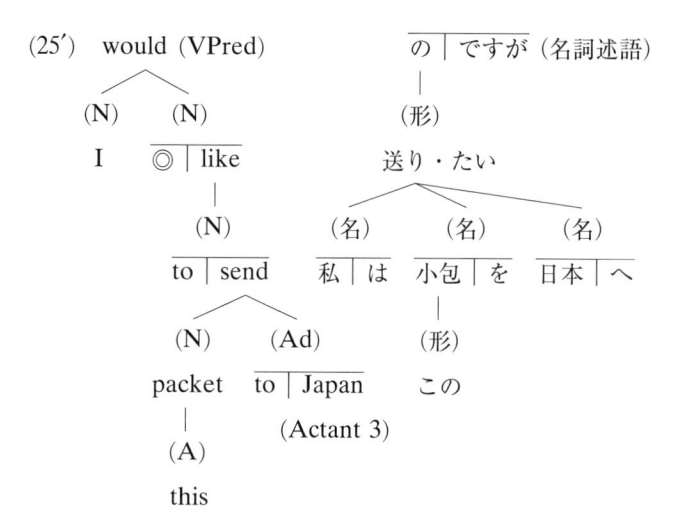

　日本語の「送りたいのですが」は「送りたいのだが」の丁寧形で,「送りたい」は動詞「送る」に要望形の形容詞語尾「たい」が付加されている.「の」は形式名詞で,「のだ」は名詞述語となる. これは相手に対する話し手の要求を示すもので,終助詞の「が」は表現を和らげ相手の出方を待つ態度を表している. to Japan「日本へ」は形式的には副詞句であるが,意味的には行為項3に相当する.

3.4.10.　must not V の構文

(26)　You must not drink if you are to drive.
　　　　（君は運転するなら,飲んではいけない.）

第 3 章　助 動 詞

```
(26′)     must (VPred)            いけない (動詞述語否定形)
       ┌───┼───┐            ┌─────┼─────┐
      (N) (Ad) (N)          (名)   (名)   (副)
      you  not ◎│drink      君│は 飲んで│は 運転するなら
                 │
              (Adcl)
              ──────
              if │  are (NPred)
                    ┌──┼──┐
                   (N)  (N)
                   you │to│drive
```

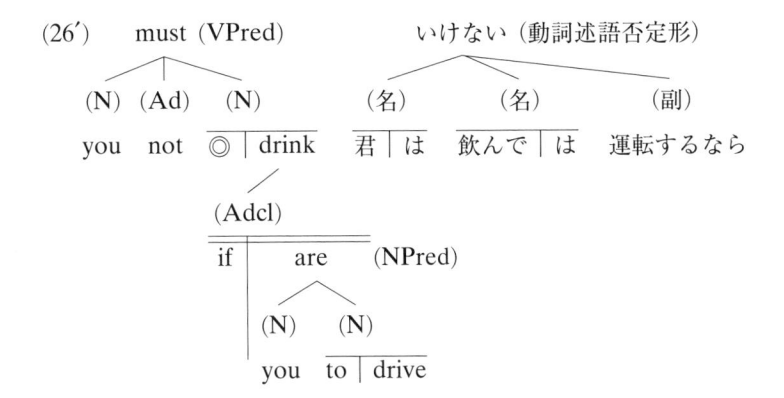

　英語では，否定の副詞 not が助動詞 must を修飾する．you are to drive では不定詞 to drive が be 動詞につづくので，名詞述語 (NPred) とした．日本語の「飲んでは」は「飲むのは」とも言えるので，名詞句とした．「運転するなら」は第 2 条件形で，「運転すれば」が第 1 条件形である．「運転するなら」は「もし運転したいという気持ちがあれば」という強い仮定で，「いけない」は「不可である」を意味する．

第 4 章

分　　詞

　分詞 (participle) は動詞が形容詞化されたもので，現在分詞 writ-ing「書いている」と過去分詞 writt-en「書かれた」の 2 種に分かれる．

(1) 　a.　Alice is writing a report.
　　　　（アリスはレポートを書いている．）
　　b.　Alice has written a report.
　　　　（アリスはレポートを書いてしまった．）
　　c.　The report is written by Alice.
　　　　（レポートはアリスによって書かれている．）

　こうした表現に用いられている be 動詞や have 動詞も相の助動詞である．そこで，進行形の is｜writing や受動形の is｜written，それに完了形の has｜written において，形式的部分の is や has と内容的部分の writing や written とは縦線で区切られる．

(2) 　The baby is sleeping.
　　　（赤ちゃんは眠っている．）
(3) 　Grace is loved by her classmates.
　　　（グレイスは級友に愛されている．）

(2')　　is | sleeping　(VPred)　　　眠って | いる　(動述)
　　　　　|　　　　　　　　　　　　　　|
　　　　 (N)　　　　　　　　　　　　 (名)
　　　　baby　　　　　　　　　　　　赤ちゃん | は
　　　　　|
　　　　 (A)
　　　　the

(3')　　is | loved　(VPred)　　　愛されて | いる　(動述)
　　　　／　　　　　　　　　　　　　／＼
　　　 (N)　　　 (Ad)　　　　　　(名)　　(名)
　　　Grace　by | classmates　　グレイス | は　級友 | に
　　　　　　　　　|
　　　　　　　　(A)
　　　　　　　　her

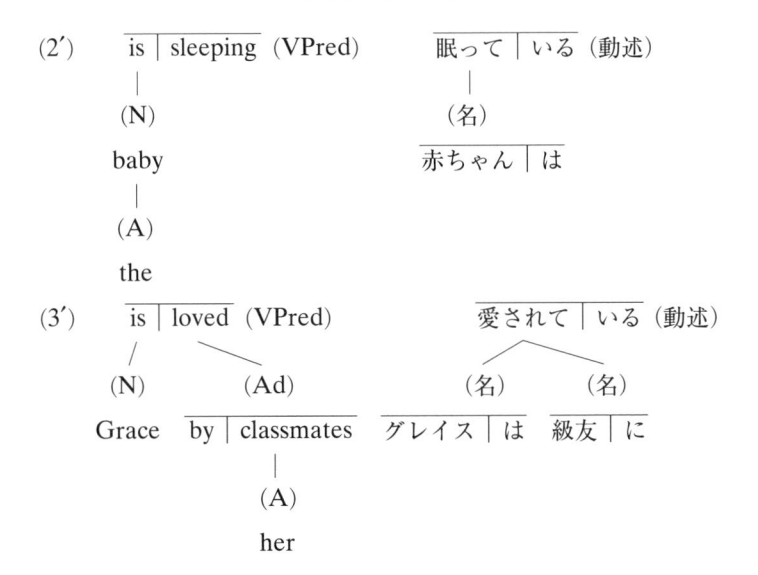

英語では,「級友に」by her classmates は副詞句であるが, 意味的には第2行為項に相当する. そこで日本語では, 名詞句とした.

4.1. 現在分詞と過去分詞

現在分詞は writ-ing, 過去分詞は writt-en のように, -ing や -en のような語尾が形容詞化の転用体として働いている.

(4)　The old man sitting by the table is my uncle.
　　　（テーブルの側に座っている老人は私のおじです.）

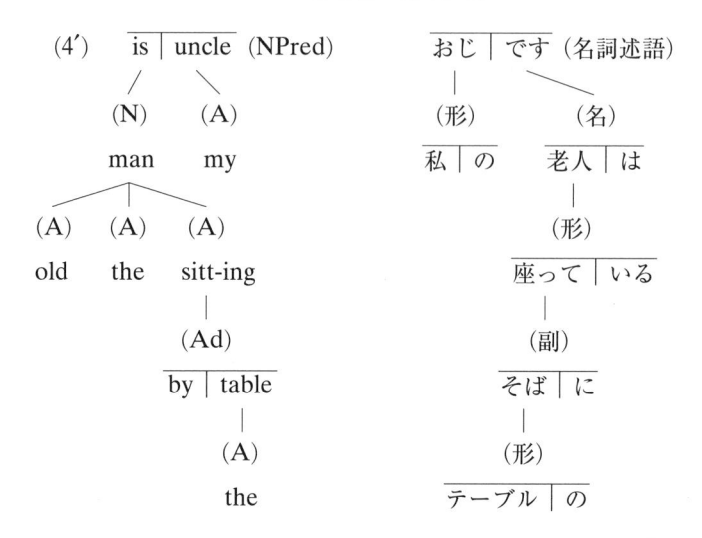

(4′)　　　is | uncle　(NPred)　　　おじ | です　(名詞述語)
　　　　／　　＼　　　　　　　　　　　｜
　　　(N)　　(A)　　　　　　　　　(形)　　　(名)
　　　man　　my　　　　　　　　　私 | の　　老人 | は
　　　￣￣￣￣￣　　　　　　　　　￣￣￣　　￣￣￣
(A)　(A)　(A)　　　　　　　　　　　　　　　　｜
old　the　sitt-ing　　　　　　　　　　　　　(形)
　　　　　　｜　　　　　　　　　　　　　　座って | いる
　　　　　(Ad)　　　　　　　　　　　　　　￣￣￣￣￣￣￣
　　　　by | table　　　　　　　　　　　　　｜
　　　　￣￣￣￣￣￣￣　　　　　　　　　　(副)
　　　　　　｜　　　　　　　　　　　　　そば | に
　　　　　(A)　　　　　　　　　　　　　　￣￣￣￣
　　　　　the　　　　　　　　　　　　　　　｜
　　　　　　　　　　　　　　　　　　　　　(形)
　　　　　　　　　　　　　　　　　　　テーブル | の
　　　　　　　　　　　　　　　　　　　￣￣￣￣￣￣￣

(5)　The woman dressed in white is a famous singer.
　　（白い着物を着ている婦人は有名な歌手です.）

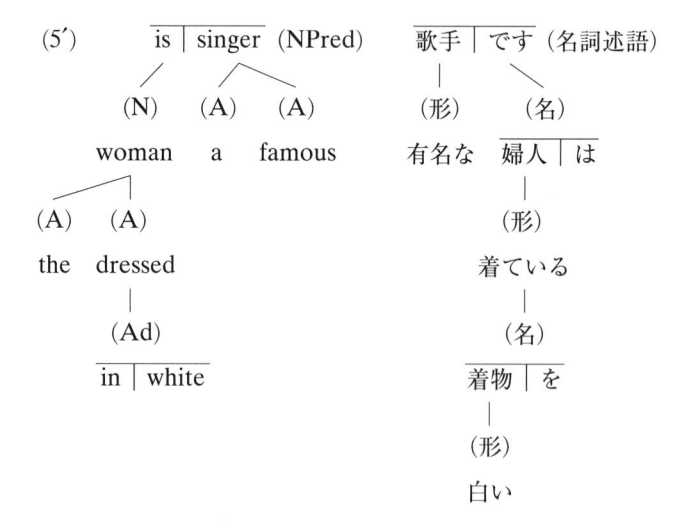

(5′)　　　is | singer　(NPred)　　　歌手 | です　(名詞述語)
　　　　／　　＼　　　　　　　　　　　｜
　　　(N)　　(A)　　(A)　　　　　　(形)　　　(名)
　　　woman　a　famous　　　　　　有名な　婦人 | は
　　　￣￣￣￣￣　　　　　　　　　　　　　　￣￣￣
(A)　(A)　　　　　　　　　　　　　　　　　　 ｜
the　dressed　　　　　　　　　　　　　　　 (形)
　　　　｜　　　　　　　　　　　　　　　着ている
　　　(Ad)　　　　　　　　　　　　　　　　｜
　　　in | white　　　　　　　　　　　　　(名)
　　　￣￣￣￣￣￣￣　　　　　　　　　　着物 | を
　　　　　　　　　　　　　　　　　　　￣￣￣￣
　　　　　　　　　　　　　　　　　　　　　｜
　　　　　　　　　　　　　　　　　　　　(形)
　　　　　　　　　　　　　　　　　　　　白い

4.2. 動詞と分詞

分詞は動詞を形容詞化したものであるから，上の例で示したように形容詞として名詞を修飾するが，副詞として動詞を修飾することもある．

(6) A dog came running towards me.
　　（犬が私のほうへ走ってきた．）
(7) Edward stood looking at the beautiful sight.
　　（エドワードは美しい景色を見て立っていた．）

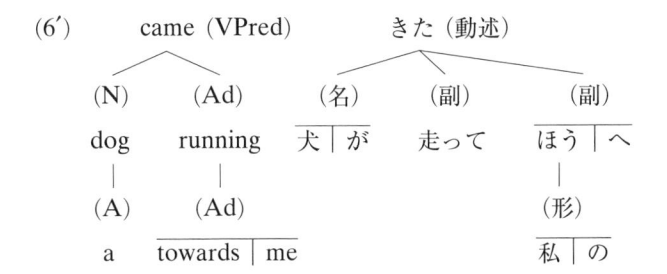

(6')　　　came (VPred)　　　きた（動述）

　　(N)　　(Ad)　　（名）　（副）　（副）
　　dog　　running　犬│が　走って　ほう│へ
　　│　　　│　　　　　　　　　　　　　│
　　(A)　　(Ad)　　　　　　　　　　　　(形)
　　a　　towards│me　　　　　　　　　私│の

「走って」(running) は動詞「来た」(came) を修飾している．

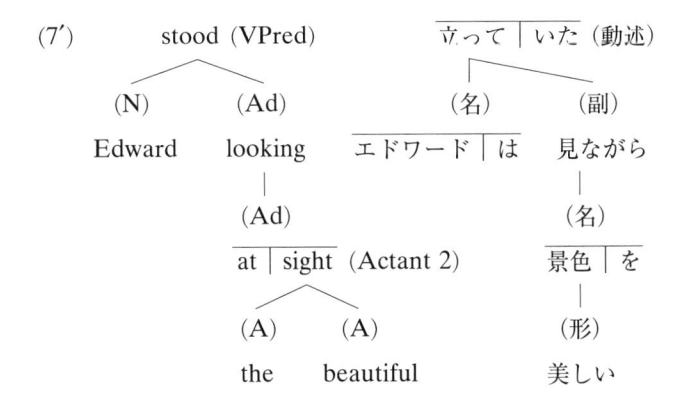

(7')　　　stood (VPred)　　　立って│いた（動述）

　　(N)　　(Ad)　　　　　（名）　　（副）
　　Edward　looking　　エドワード│は　見ながら
　　　　　　│　　　　　　　　　　　　　　│
　　　　　　(Ad)　　　　　　　　　　　　　(名)
　　　　　　at│sight (Actant 2)　　　景色│を
　　　　　　│　　│　　　　　　　　　　　│
　　　　　　(A)　(A)　　　　　　　　　　(形)
　　　　　　the　beautiful　　　　　　　美しい

英語の looking at the beautiful sight であるが，at sight は「前置詞＋名詞」の構成をなしている．前置詞は転用体である．ここでは名詞化されてい

ると解釈した．それは look at という結びつき「動詞＋前置詞」が他動詞の see と同じ働きをしているので，at the beautiful sight は見る対象としての第2行為項と見なした．

　日本語の「見ながら」は動詞「見る」を名詞化し，イ段の母音語幹に接続助詞「ながら」が付いて，同時的行為を表している．

4.3. 知覚動詞と分詞形

(8)　I saw Olivia ((a) walk ((b) walking) across the road.
　　（私はオリビアが道を横切る（横切っている）のを見た．）

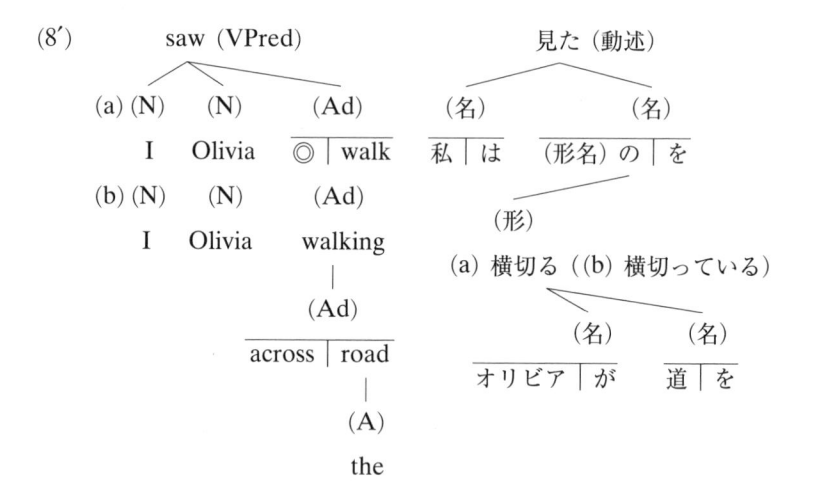

(8′)
```
        saw (VPred)                      見た（動述）
(a) (N)    (N)    (Ad)            （名）         （名）
     I    Olivia  ◎｜walk          私｜は      （形名）の｜を
(b) (N)    (N)    (Ad)                         （形）
     I    Olivia  walking           (a) 横切る（(b) 横切っている）
                    ｜
                  (Ad)                    （名）    （名）
                across｜road           オリビア｜が  道｜を
                    ｜
                   (A)
                   the
```

　日本語では，知覚動詞は「オリビアが歌う（歌っている）のを聞いた」のように，形式名詞の「の」を用いる．英語の不定詞なら「歌う」のような述語形を用いるが，分詞形では「歌っている」のように，相の助動詞「いる」をとる．

4.4. 使役動詞と不定詞もしくは分詞形

使役動詞は第2行為項のあとに，原形不定詞，to 不定詞，もしくは過去分詞形をとる．

(9) Nancy let the children play in the park. ［許容使役］
（ナンシーは子供たちを公園で遊ばせた．）

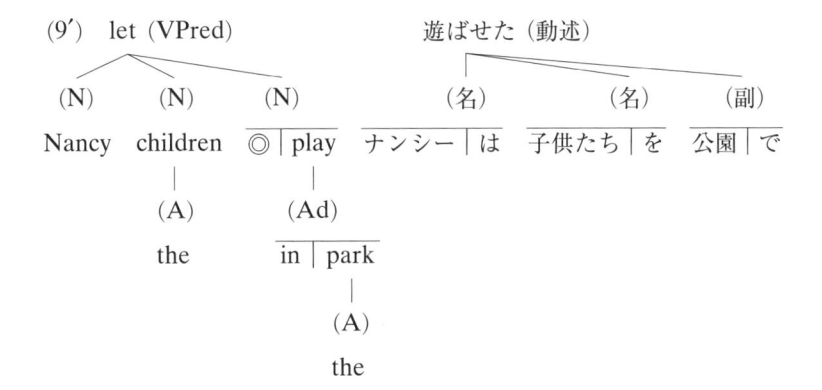

```
(9')    let (VPred)              遊ばせた（動述）

     (N)     (N)      (N)         (名)      (名)      (副)
    Nancy  children  ◎│play    ナンシー│は  子供たち│を  公園│で
            │         │
           (A)       (Ad)
           the      in│park
                      │
                     (A)
                     the
```

使役動詞 let は動作主の自由意志で遊んでいるので，許容使役文である．

(10) Nothing will make Jack work. ［強制使役］
（どんなことがあっても，ジャックは働かないだろう．）

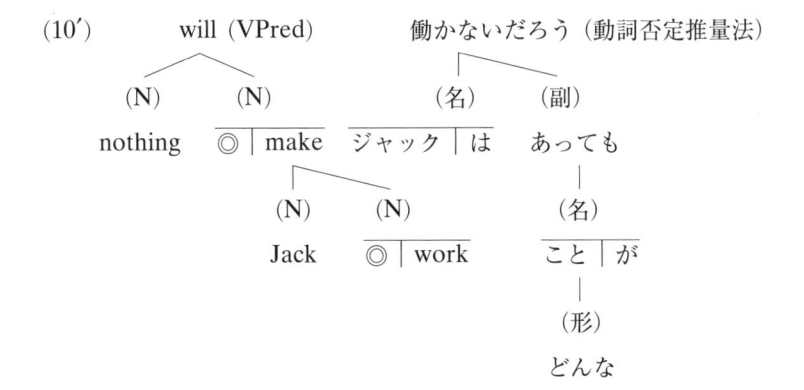

```
(10')       will (VPred)          働かないだろう（動詞否定推量法）

        (N)        (N)            (名)       (副)
      nothing    ◎│make        ジャック│は   あっても
                                            │
                 (N)    (N)                (名)
                Jack  ◎│work             こと│が
                                            │
                                           (形)
                                          どんな
```

英語は「何ものもジャックを働かせることはないだろう」の意.「働かないだろう」の「だろう」は推量法の語尾.上の文の使役動詞 make は強制的である.

(11) Jack was made to wait for some time.
　　 (ジャックはしばらく待たされた.)

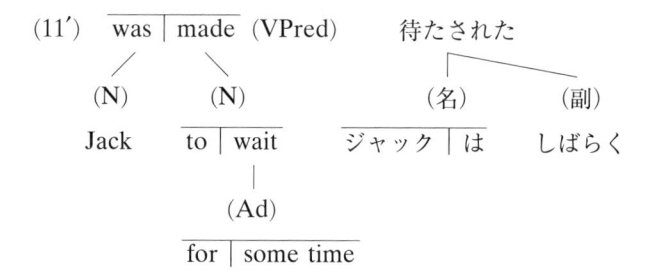

(11′)
```
     was│made (VPred)        待たされた
     ╱    ╲                  ┌──────┐
    (N)   (N)              (名)     (副)
    Jack  to│wait          ジャック│は    しばらく
             │
            (Ad)
          for│some time
```

was made は使役動詞の受動形である.過去分詞を含むが,行為を強制されているので,動詞と見なした.

日本語では,「待つ」の使役形は「待たせる」で,その受動形は「待たされる」となる.また,「待つ」の受動形は「待たれる」で,次のように整理される

(12)　能動形「待つ」の使役形は「待たせる」(mata-seru)
　　　受動形「待たれる」の使役形は(待たされる)(mata-sareru)

日本語には,このように受動使役文がある.

(13)　The doctor told Jack not to smoke.
　　　(医者はジャックにたばこを吸わないようにと言った.)

第 4 章　分　詞　　　　　　　　　　　　　　　　　91

(13′)　told (VPred)　　　　　　　　　　言った (動述)

　　　(N)　(N)　(N)　　　　　(名)　　　(名)　　　(名)
　　doctor　Jack　to｜smoke　　医者｜は　ジャック｜に　よう｜に
　　　｜　　　　　｜　　　　　　　　　　　　　　　　｜
　　　(A)　　　　(Ad)　　　　　　　　　　　　　　　(形)
　　　the　　　　not　　　　　　　　　　　　　　　吸わない
　　　　　　　　　　　　　　　　　　　　　　　　　　｜
　　　　　　　　　　　　　　　　　　　　　　　　　　(名)
　　　　　　　　　　　　　　　　　　　　　　　　たばこ｜を

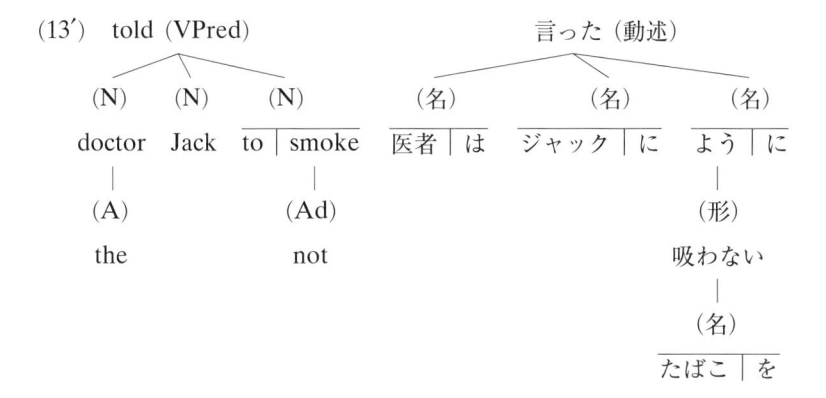

英語の否定の副詞 not は smoke「たばこを吸う」にかかる．日本語では名詞の「よう」が「吸わない」を支配している．

(14)　Jack had his bicycle stolen in the park.
　　　（ジャックは自転車を公園で盗まれた．）

(14′)　had (VPred)　　　　　　　　　　盗まれた (動述)

　　(N)　(N)　(A)　(Ad)　　　　(名)　　(名)　　(名)　　(副)
　　Jack　bicycle　stolen　in｜park　ジャック｜は　自転車｜を　公園｜で
　　　　　｜　　　　　　　　｜
　　　　　(A)　　　　　　　(A)
　　　　　his　　　　　　　the

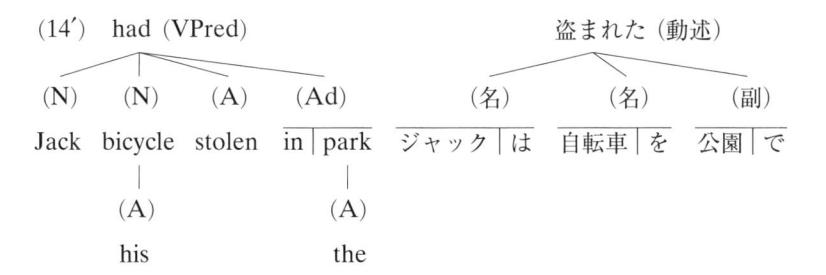

英語では His bicycle was stolen.「自転車が盗まれた」は形容詞述語とみなされる．受動文の過去分詞形は状態を表す形容詞に相当するので，stolen は (A) とした．助動詞の have が受動の意味をもつことは，むしろ，日本語訳のほうから見当がつく．

4.5. 分詞構文の機能

分詞構文というときの分詞は副詞として働いている．すなわち，動詞が副詞化したものである．だから，ロシア語文法のように，動詞が形容詞化したものを形動詞，副詞化したものを副動詞と呼ぶほうがよいと思う．分詞構文の分詞は副動詞である．

(15) Shopping at the store, Jane ran into her friend.
（ジェインは店で買い物をしているときに，友達に出会った．）

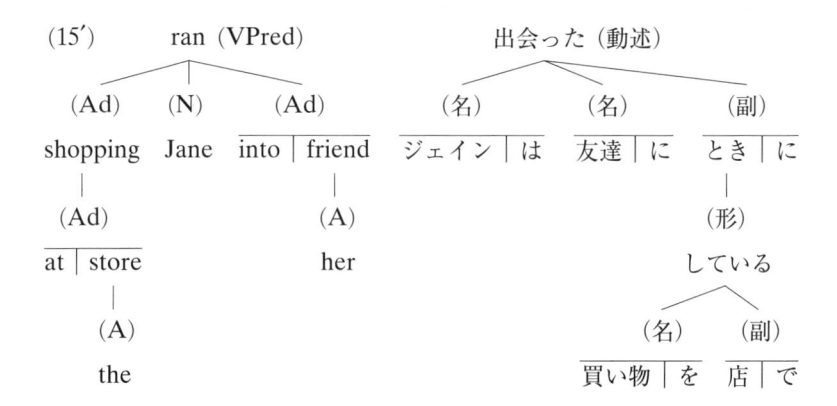

```
(15′)        ran (VPred)              出会った（動述）
          ／    |    ＼              ／    |    ＼
        (Ad)  (N)   (Ad)          （名） （名）  （副）
      shopping Jane  into│friend   ジェイン│は 友達│に とき│に
        │              │                              │
       (Ad)           (A)                            （形）
      at│store         her                          している
        │                                          ／    ＼
       (A)                                      （名）  （副）
        the                                    買い物│を 店│で
```

英語の run into は「出会う」を意味するが，構造的には前置詞 into は後にくる名詞の friend と結びついている．日本語の「とき」は名詞で「買い物をしている」という形容詞語句を支配している．

また，次のような時間の副詞節に書き換えることができる．

第 4 章　分　詞

(15″)　shopping = when | (VPred)
　　　　　　　　　　　was | shopping
　　　　　　　　　　　 |　　　 |
　　　　　　　　　　　(N)　　(Ad)
　　　　　　　　　　　she　　at | store
　　　　　　　　　　　　　　　　 |
　　　　　　　　　　　　　　　　(A)
　　　　　　　　　　　　　　　　the

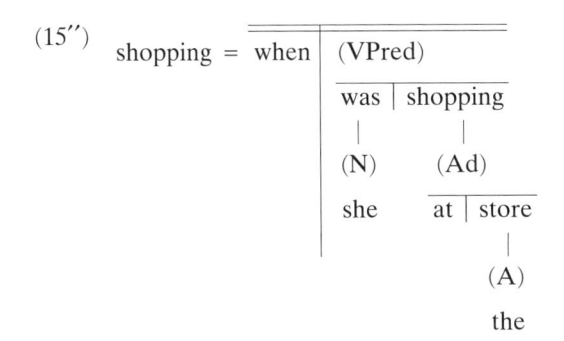

(16)　Turning to the left you will find the post office.
　　　（左に曲がれば，郵便局があります．）

(16′)　　　　　will (VPred)　　　　　あります (動述)
　　　(Ad)　(N)　　(N)　　　　（副）　　　（名）
　　　turning　you　◎ | find　曲がれば　郵便局 | が
　　　 |　　　　　　　　|　　　　　　＼
　　　(Ad)　　　　　　(N)　　　　　（副）
　　　to | left　　post office　　左 | に
　　　 |　　　　　　　 |
　　　(A)　　　　　　(A)
　　　the　　　　　　the

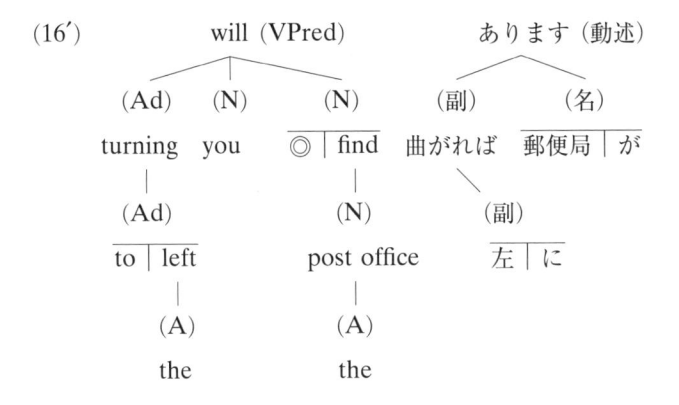

分詞構文の turning to the left は，次のように，条件の副詞節に書き換えることができる．

(16″)　　if　turn (VPred)
　　　(N)　　(Ad)
　　　you　to | left
　　　　　　　 |
　　　　　　　(A)
　　　　　　　the

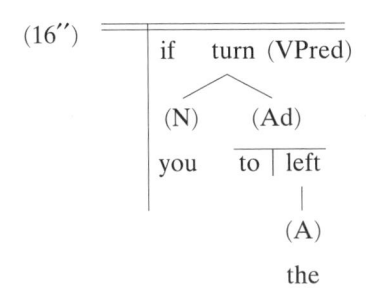

(17) Being unable to bear miseries, Jane ran away from her husband.
(みじめな生活に耐えられなかったので，ジェインは夫のもとを立ち去った．)

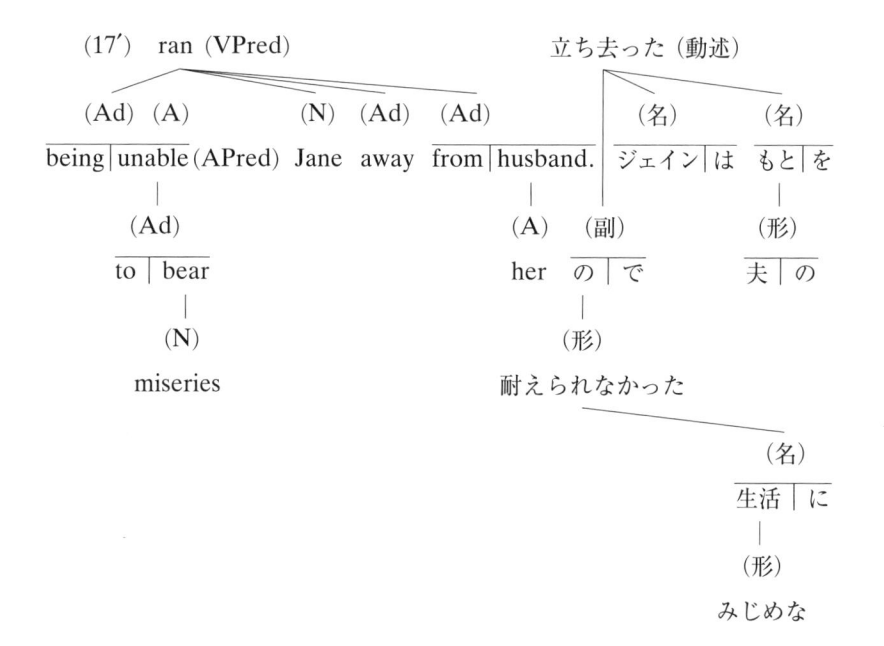

(17′)　ran (VPred)　　　　　　　　　　立ち去った（動述）

(Ad) (A)　　　(N) (Ad) (Ad)　　　　（名）　　　（名）
being｜unable (APred) Jane away from｜husband.　ジェイン｜は　もと｜を
　　　｜　　　　　　　　　　　　　｜　　　　　　　　　　｜
　　　(Ad)　　　　　　　　　(A) (副)　　　　　　　　　（形）
　　　to｜bear　　　　　　　　her｜の｜で　　　　　　　夫｜の
　　　　｜　　　　　　　　　　　　｜
　　　　(N)　　　　　　　　　　　（形）
　　　miseries　　　　　　　　耐えられなかった

　　　　　　　　　　　　　　　　　　　　　　　　　　　（名）
　　　　　　　　　　　　　　　　　　　　　　　　　　生活｜に
　　　　　　　　　　　　　　　　　　　　　　　　　　　｜
　　　　　　　　　　　　　　　　　　　　　　　　　　（形）
　　　　　　　　　　　　　　　　　　　　　　　　　　みじめな

「耐えられなかったので」は理由句となる．

4.6.　独立分詞構文の例

(18)　My task being completed, I went to bed.
　　　（仕事が終わったので，私は寝た．）

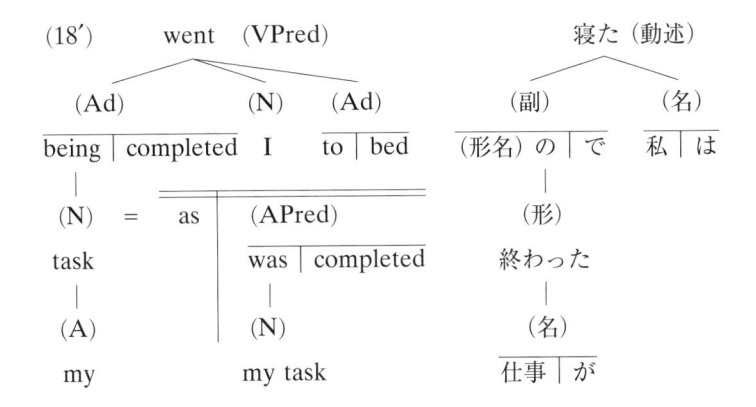

(18′)
```
           went  (VPred)                        寝た（動述）
      (Ad)     (N)    (Ad)                 （副）       （名）
   being│completed  I  to│bed          （形名）の│で    私│は
     │          ═                          │
    (N)    ＝   as       (APred)           （形）
   task             was│completed         終わった
     │                  │                    │
    (A)                (N)                  （名）
    my                my task              仕事│が
```

独立分詞構文の my task being completed の my task は，being completed の主語に相当する．それは上のような理由節に書き換えれば明白になる．

日本語において，「の」を形式名詞としないで，接続助詞「ので」を認める見方もあるが，それは間違いである．「大変な仕事なので」とした場合，名容詞の「大変な」は形容詞形であるから，名詞の「の」を修飾していると考えなければならない．

(19) Generally speaking, girls are more diligent than boys.
（一般的に言って，女の子のほうが男の子よりもまじめに勉強する．）

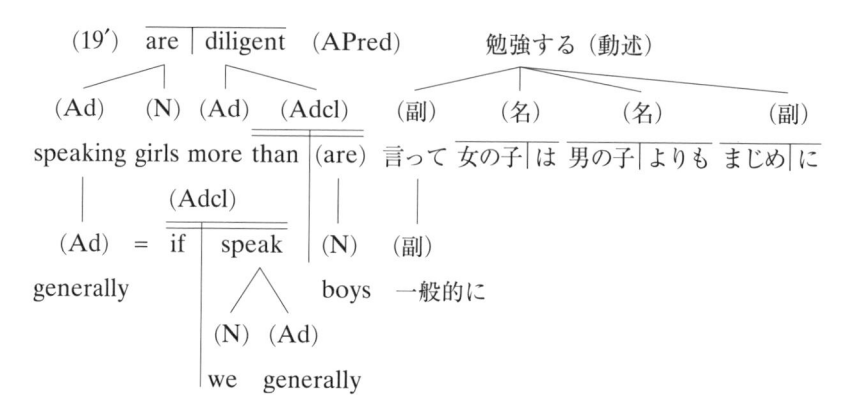

(19′)
```
         are │ diligent   (APred)      勉強する（動述）
(Ad)   (N)  (Ad)   (Adcl)       (副)    (名)    (名)     (副)
speaking girls more than │(are)   言って 女の子│は 男の子│よりも まじめ│に
        │     (Adcl)          │     │
(Ad)   =  if │ speak    (N)   (副)
generally       /\      boys  一般的に
              (N) (Ad)
              │we  generally
```

more diligent は比較形であるから，その後に副詞節 than boys (are) が構造的に必要となる．また，generally speaking は if we speak generally 「もし一般的に言えば」という条件文に書き換えられる．

4.7. 付帯的状況を表す分詞構文

(20) Nancy stood on the beach with her hair flying in the wind.
（ナンシーは髪の毛を風になびかせて浜辺に立っていた．）

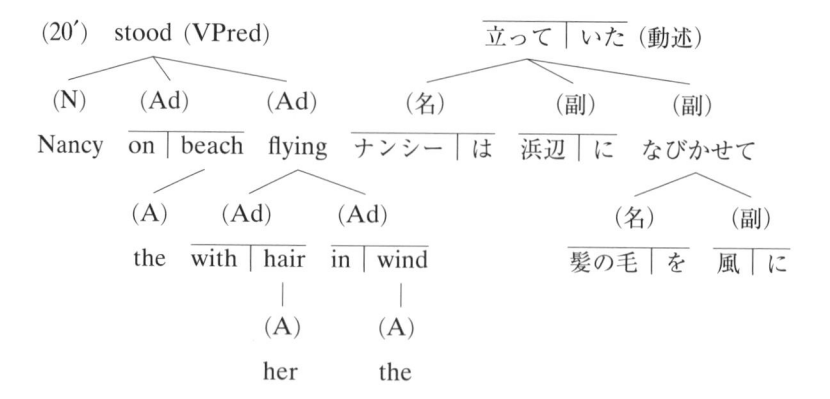

(20′)
```
       stood (VPred)              立って│いた（動述）
(N)    (Ad)    (Ad)         (名)       (副)      (副)
Nancy on │beach  flying    ナンシー│は 浜辺│に   なびかせて
          /\      /\
        (A) (Ad)  (Ad)              (名)       (副)
        the with│hair in│wind      髪の毛│を   風│に
               │        │
              (A)      (A)
              her      the
```

(21) The manager sat on the bench with his arms folded.

(監督は腕組みをしてベンチに座っていた．)

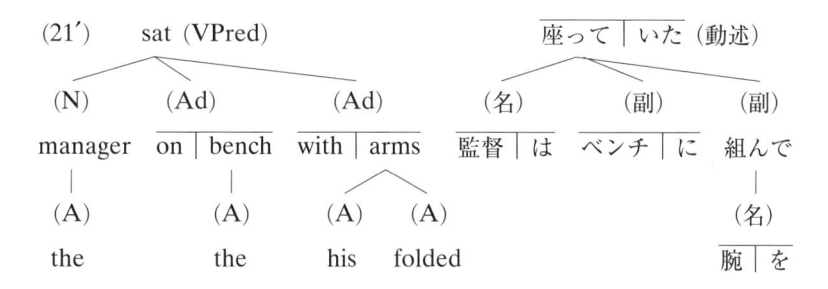

```
(21′)      sat (VPred)                        座って│いた (動述)
        ┌─────┬─────┐                    ┌─────┬─────┐
       (N)   (Ad)   (Ad)               (名)   (副)   (副)
     manager on│bench with│arms        監督│は ベンチ│に 組んで
        │     │    ┌──┴──┐                              │
       (A)   (A)  (A)   (A)                            (名)
       the   the  his  folded                          腕│を
```

英語の with his arms folded「腕を組んで」は，folded が過去分詞であるから状態を表す形容詞として上位の arms に依存させた．

第 5 章

形 容 詞

5.1. 前置詞と結びついた形容詞述語

(1) Alma is fond of music.　Alma likes music.
　　（アルマは音楽が好きだ.）

　上の例文からすれば，is fond of という「be + 形容詞 + 前置詞」が動詞 like と同じ働きをしていることが分かる．こうした「形容詞 + 前置詞」という配列をなすものは数多くある．この構造について考察してみよう．

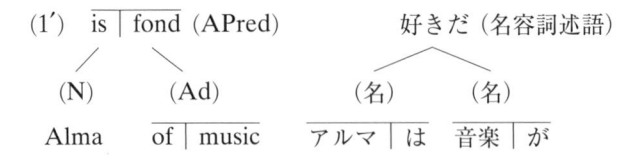

(1′)　is｜fond (APred)　　　　好きだ（名容詞述語）
　　／　　　＼
　(N)　　　(Ad)　　　　　　(名)　　　(名)
　Alma　　of｜music　　　アルマ｜は　音楽｜が

　英語では，is fond という形容詞述語に副詞句をなす of music の前置詞と結びついていて「好みの対象」を意味している．日本語では，「好きだ」「嫌いだ」という名容詞は「～は～が」という文型をとる．実は，すべての日本語の形容詞と名容詞はこの文型をとるのである．こうした形容詞述語をいくつか紹介しておこう．

　なお，of music は副詞句としたが，文意からすれば，第 2 行為項に相当

第 5 章　形容詞

する．

(2)　We are proud of our country.
　　　（われわれは祖国を誇りとしている．）

(2′)　are | proud (APred)　　　　　　　している（動詞述語）
　　／　　＼
　(N)　　(Ad)　　　　　（名）　　（名）　　（名）
　we　　of | country　　われわれ | は　祖国 | を　誇り | と
　　　　　　|
　　　　　(A)
　　　　　our

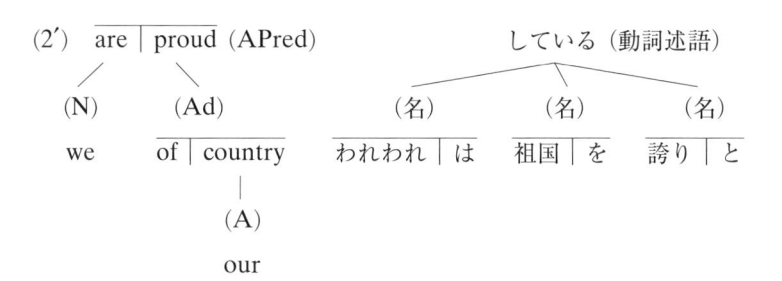

of country も文の不可欠要素であるから，第 2 行為項と見なされる．

(3)　Betty is interested in cooking.
　　　（ベティは料理に興味がある．）

(3′)　is | interested (APred)　　　　ある（動詞述）
　　／　　＼
　(N)　　(Ad)　　　　　（名）　　（名）　　（名）
　Betty　in | cooking　　ベティ | は　料理 | に　興味 | が

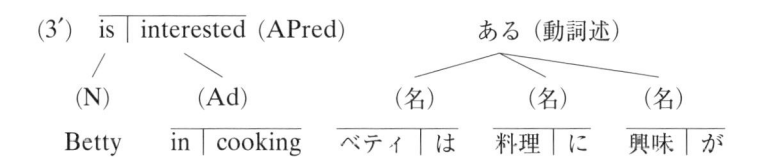

interested は過去分詞形をなす受動形であるが，形容詞として扱うことにした．

(4)　James was absent from school.
　　　（ジェイムズは学校を休んだ．）

(4′)　was | absent (APred)　　　　休んだ（動述）
　　／　　　|
　(N)　　(Ad)　　　　　（名）　　（名）
　James　from | school　　ジェイムズ | は　学校 | を

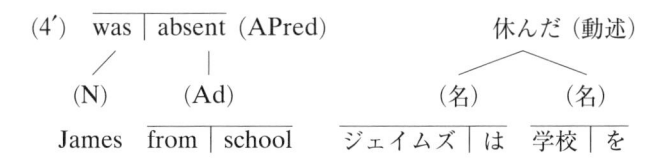

be absent from 〜「〜を休む」の図系.

(5) Salt is different from sugar. （塩は砂糖と違う.）

(5′)　is｜different (APred)　　　違う（動述）
　　／　　　｜　　　　　　　　／＼
　　(N)　　(Ad)　　　　　　(名)　　(名)
　　salt　from｜sugar　　　塩｜は　砂糖｜と

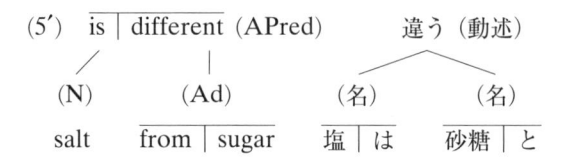

上は be different from の図系である.

(6) Children are dependent on their parents.
　　（子供は親にたよる.）

(6′)　are｜dependent (APred)　　　たよる（動述）
　　／　　　｜　　　　　　　　　／＼
　　(N)　　(Ad)　　　　　　　(名)　　(名)
　　children　on｜parents　　子供｜は　親｜に
　　　　　　　｜
　　　　　　 (A)
　　　　　　their

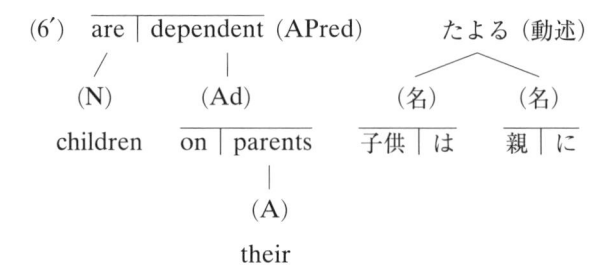

上は be dependent on の図系である.

(7) Susan is pleased with her new hat.
　　（スーザンは新しい帽子が気に入っている.）

(7′)　is｜pleased (APred)　　　入って｜いる（動述）
　　／　　＼　　　　　　　　／＼
　　(N)　　(Ad)　　　　　(名)　　(名)　　(名)
　　Susan　with｜hat　　スーザン｜は　帽子｜が　気｜に
　　　　　／＼　　　　　　　　　　　　　　｜
　　　　(A)　(A)　　　　　　　　　　　　(形)
　　　　her　new　　　　　　　　　　　新しい

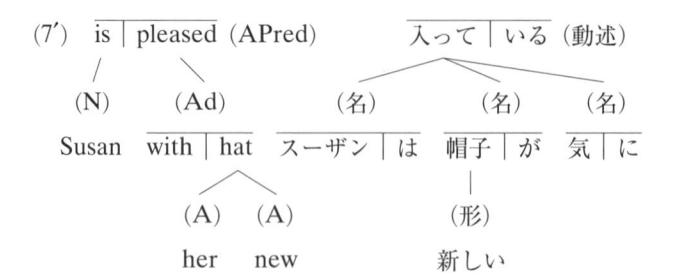

上は be pleased with の図系である．「気に入っている」の相の助動詞「いる」は現在の状態を表している．

5.2. 前置詞と結びついた動詞述語

ついでに，前置詞と結びついた動詞述語の例も数多くあるが，動詞 look について例示しておく．

(8) Jill is looking at Big Ben.
　　(ジルはビッグ・ベンを見ている．)

(8′)　is | looking (VPred)　　　見て | いる (動述)
　　／　　＼
　(N)　　(Ad)　　　　　　　　(名)　　(名)
　Jill　at | Big Ben　　　　　ジル | は　ビック・ベン | を

(9) Jill is looking for a new job.
　　(ジルは新しい仕事を探している．)

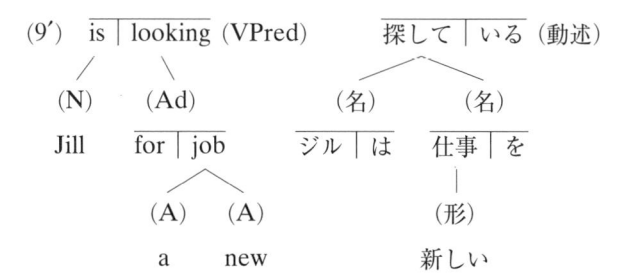

(9′)　is | looking (VPred)　　　探して | いる (動述)
　　／　　＼
　(N)　　(Ad)　　　　　　　　(名)　　(名)
　Jill　for | job　　　　　　ジル | は　仕事 | を
　　　　／＼　　　　　　　　　　　　　　|
　　　(A)　(A)　　　　　　　　　　　　(形)
　　　a　 new　　　　　　　　　　　　新しい

(10) Robert looked into the matter.
　　(ロバートはその問題を調べた．)

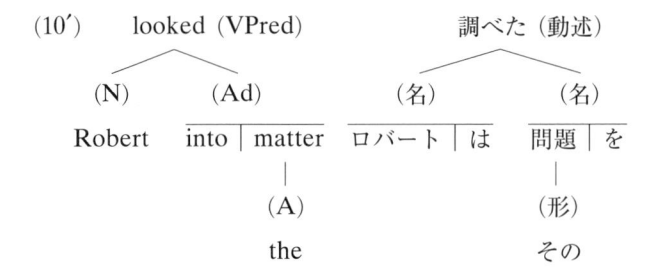

(10′)　　　looked (VPred)　　　　　調べた（動述）
　　　　　┌───┴───┐　　　　　　┌───┴───┐
　　　　(N)　　　(Ad)　　　　　（名）　　　（名）
　　　Robert　into｜matter　　ロバート｜は　　問題｜を
　　　　　　　　　│　　　　　　　　　　　│
　　　　　　　　(A)　　　　　　　　　　（形）
　　　　　　　　the　　　　　　　　　　その

(11)　Becky looked after the children.
　　　（ベッキーは子供たちの世話をした．）

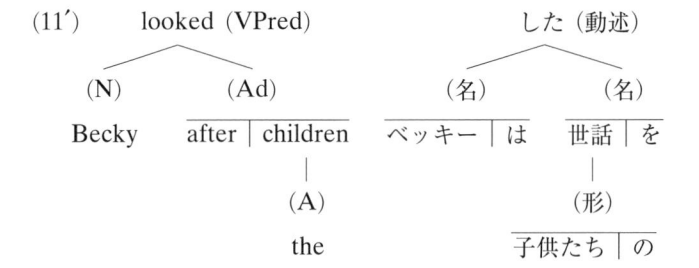

(11′)　　　looked (VPred)　　　　　　　した（動述）
　　　　　┌───┴───┐　　　　　　┌───┴───┐
　　　　(N)　　　(Ad)　　　　　（名）　　　（名）
　　　Becky　after｜children　　ベッキー｜は　　世話｜を
　　　　　　　　　│　　　　　　　　　　　　　│
　　　　　　　　(A)　　　　　　　　　　　　（形）
　　　　　　　　the　　　　　　　　　子供たち｜の

(12)　Becky looks up to Helen Keller.
　　　（ベッキーはヘレン・ケラーを尊敬している．）

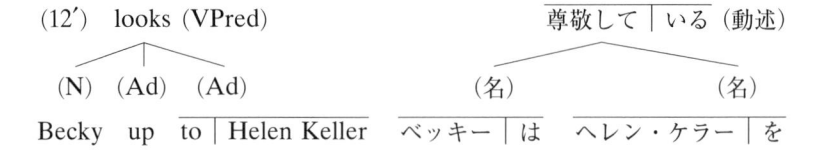

(12′)　　looks (VPred)　　　　　　　尊敬して｜いる（動述）
　　　┌────┼────┐　　　　　　┌────┴────┐
　　(N)　(Ad)　(Ad)　　　　　　　（名）　　　　　（名）
　　Becky　up　to｜Helen Keller　ベッキー｜は　ヘレン・ケラー｜を

(8)-(11) は「動詞＋副詞句」の構成をなしているが，(12) では「動詞＋副詞＋副詞句」のような配列がみられる．ほかに，catch up with「追いつく」もこのタイプである．

5.3. 形容詞を要求する動詞について

(13) The children sat still, listening to the story.
(子供たちはお話を聞きながら，静かに座っていた．)

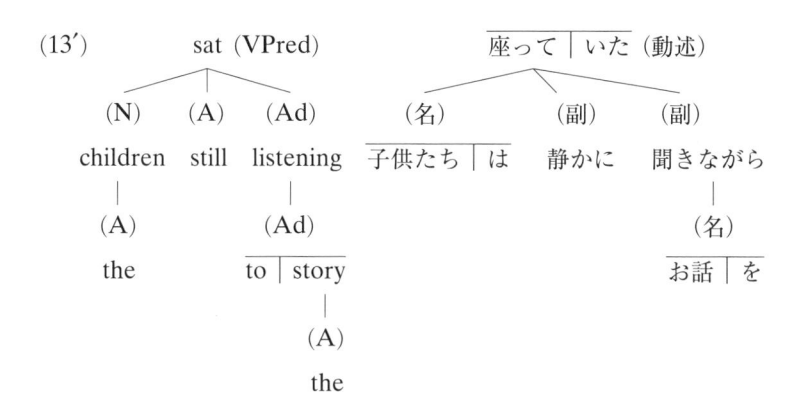

(13′)　　　　sat (VPred)　　　　　　　座って｜いた（動述）
　　　　　(N)　(A)　(Ad)　　　　（名）　　　（副）　　　（副）
　　　　children still listening　子供たち｜は　　静かに　　聞きながら
　　　　　 ｜　　　　 ｜　　　　　　　　　　　　　　　　　　 ｜
　　　　　(A)　　　　(Ad)　　　　　　　　　　　　　　　　　（名）
　　　　　the　　　to｜story　　　　　　　　　　　　　　　　お話｜を
　　　　　　　　　　　｜
　　　　　　　　　　　(A)
　　　　　　　　　　　the

この文では，still は形容詞の「静かな」であり，副詞の「まだ」ではない．動詞の sat「座っていた」に支配されている．「聞きながら」は語幹の「聞き」に接続副詞の「ながら」が付加されたのもである．

(14) Janet appears happy in her newly-married life.
(ジャネットは新婚生活で幸せそうに見える．)

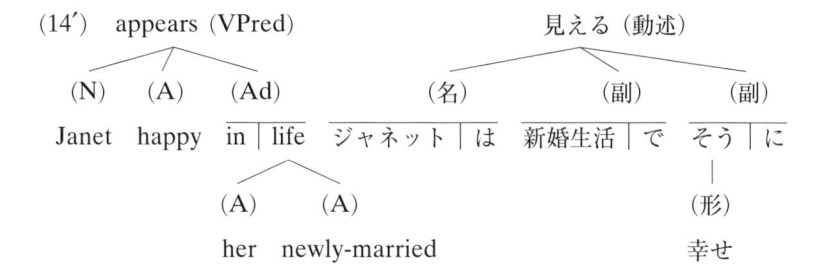

(14′)　appears (VPred)　　　　　　　　　見える（動述）
　　　(N)　(A)　(Ad)　　　　（名）　　　（副）　　　（副）
　　　Janet happy　in｜life　ジャネット｜は　新婚生活｜で　そう｜に
　　　　　　　　　 ｜　　　　　　　　　　　　　　　　　　　 ｜
　　　　　　　　　(A)　(A)　　　　　　　　　　　　　　　　（形）
　　　　　　　　　her newly-married　　　　　　　　　　　　 幸せ

日本語の「そうだ」は名容詞述語で様相を表す．これは形容詞もしくは名

容詞の語幹により修飾され,「幸せ・そうだ」となる.

また,英語では,seem や look なども同じように形容詞を含む構文をとる.

5.4. 知覚動詞について

知覚動詞は言語によって特別の構文をとることがある.

(15) The lily smells lovely.
　　　(ゆりはよいにおいがする.)

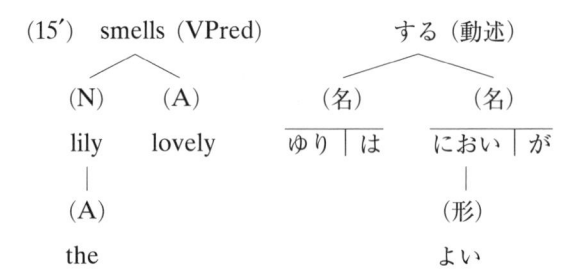

(15′) smells (VPred)　　　　する（動述）
　　　　(N)　(A)　　　(名)　　(名)
　　　　lily　lovely　ゆり｜は　におい｜が
　　　　｜　　　　　　　　　　｜
　　　　(A)　　　　　　　　　 (形)
　　　　the　　　　　　　　　 よい

知覚動詞であるが,上の例文のように行為項として形容詞形が用いられる.

(16) This dish tastes garlic.
　　　(この料理はにんにくの味がする.)

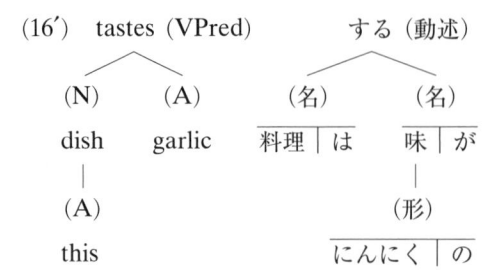

(16′) tastes (VPred)　　　　する（動述）
　　　　(N)　(A)　　　(名)　　(名)
　　　　dish　garlic　料理｜は　味｜が
　　　　｜　　　　　　　　　　｜
　　　　(A)　　　　　　　　　 (形)
　　　　this　　　　　　　　　にんにく｜の

(17)　Velvet feels soft.
　　　（ビロードは柔らかな感じがする.）

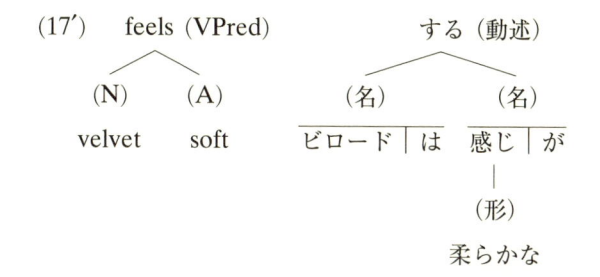

(17′)　　feels (VPred)　　　　　する（動述）
　　　　／＼　　　　　　　　／＼
　　　(N)　(A)　　　　　　（名）　（名）
　　　velvet　soft　　　　ビロード｜は　感じ｜が
　　　　　　　　　　　　　　　　　　　　｜
　　　　　　　　　　　　　　　　　　　（形）
　　　　　　　　　　　　　　　　　　　柔らかな

　以上をまとめると，英語と日本語は次のような知覚動詞の構文をもつことになる．

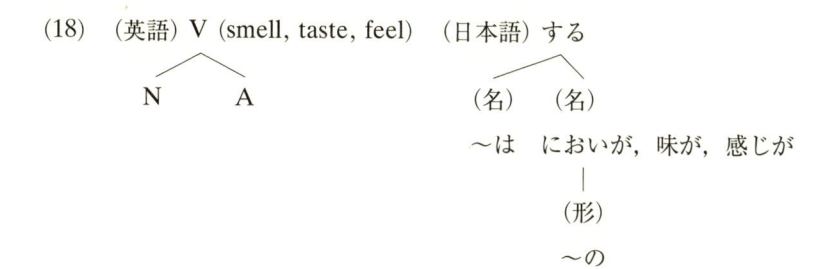

(18)　（英語）V (smell, taste, feel)　（日本語）する
　　　　／＼　　　　　　　　　　　　／＼
　　　　N　A　　　　　　　　　　（名）　（名）
　　　　　　　　　　　　　　　〜は　においが, 味が, 感じが
　　　　　　　　　　　　　　　　　　　　　｜
　　　　　　　　　　　　　　　　　　　　（形）
　　　　　　　　　　　　　　　　　　　　〜の

(19)　I saw Jack swim (swimming) in the river.
　　　（ジャックが川で泳ぐ（泳いでいる）のを見た.）
(20)　I heard Nancy sing a song.
　　　（ナンシーが歌うのを聞いた.）
(21)　I felt the house shake.
　　　（家がゆれるのを感じた.）

　これらをまとめると，次のような構造を取り出すことができる．

(22)　(英語) V (see, hear, feel)　　（日本語）動述（見る，聞く，感じる）

```
        V
      / | \
    (N)(N)(Ad)
     I Jack swim
```

```
    (名)    (名)
   私│は    の│を
            │
           (形)
           泳ぐ
            │
           (名)
          ジャック│が
```

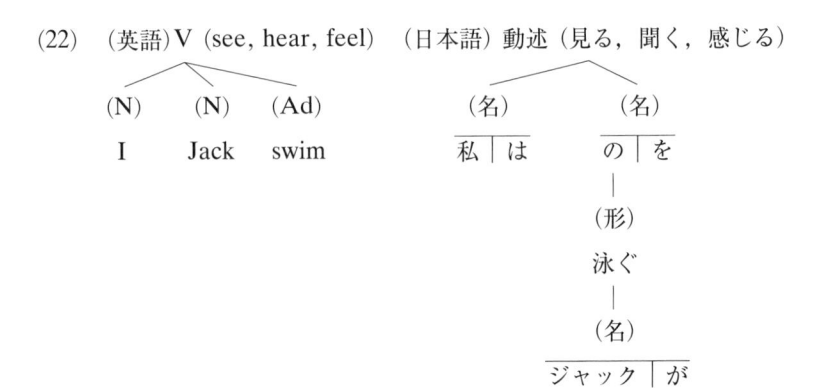

5.5. 形容詞述語における構文

(23)　a.　It is necessary for you to learn English grammar.
　　　　　（君たちは英文法を学ぶ必要がある．）

(23')　a.
```
      is│necessary
       / | \
     (N)(Ad)(N)
      it for│you to│learn
                    │
                   (N)
                 grammar
                    │
                   (A)
                 English
```
　　　　　　　　ある（動詞述語）
```
       (名)    (名)
      君たち│は 必要│が
                    │
                   (形)
                   学ぶ
                    │
                   (名)
                 英文法│を
```

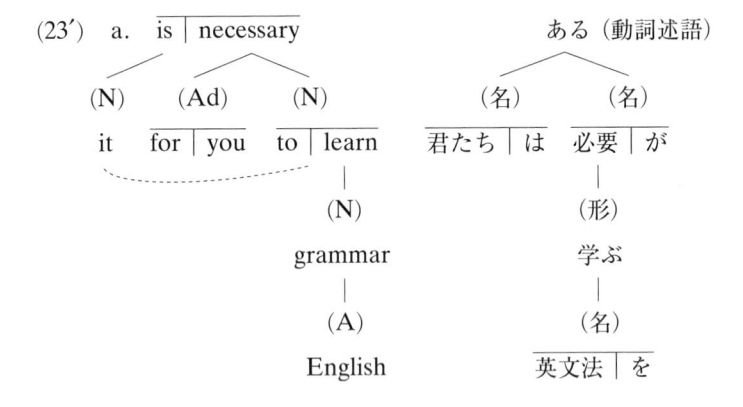

英語の for you は「君たちにとって」という意味で副詞句としたが，to learn は文頭の it に相当するので名詞句とした．日本語では，「君たちには～の必要がある」は必要性があるということで，所有構文をなす．この文は接続詞 that の導く名詞節を含む文に書き換えることができる．

(23)　b.　It is necessary that you should learn English grammar.

(23′)　b.

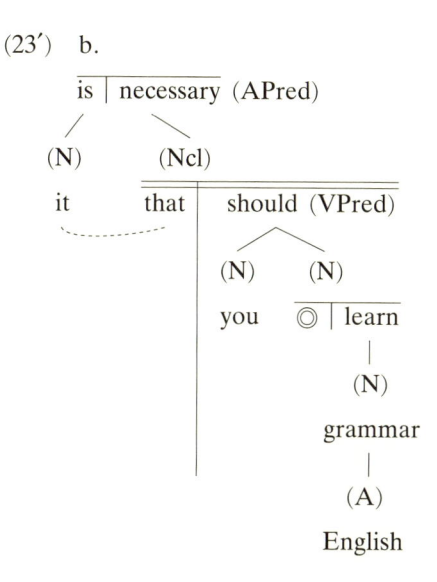

```
          is │ necessary (APred)
         ╱       ╲
       (N)      (Ncl)
        it    that    should (VPred)
                       ╱  ╲
                     (N)  (N)
                     you  ◎│learn
                            │
                           (N)
                          grammar
                            │
                           (A)
                          English
```

文頭の it と that 節は指示線で結ばれている．

(24)　Jenny is anxious to see you.
　　　（ジェニーはあなたに会いたがっている．）

(24′)
```
    is │ anxious (APred)       会いたがって │ いる (動詞述語)
   ╱       ╲                    ╱         ╲
 (N)      (Ad)                (名)        (名)
 Jenny   to │ see           ジェニー│は   あなた│に
            │
           (N)
           you
```

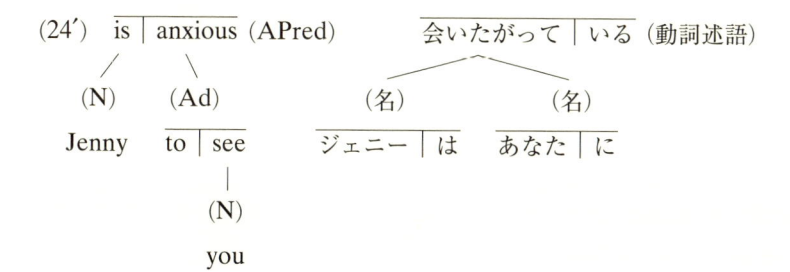

「会いたがる」は「会う」の語幹に要望の動詞語尾「たがる」が付加されたもの．

(25)　a.　Jane is sure to join us.
　　　　（ジェインはきっと私たちの仲間になる．）

b. It is certain that Jane will join us.

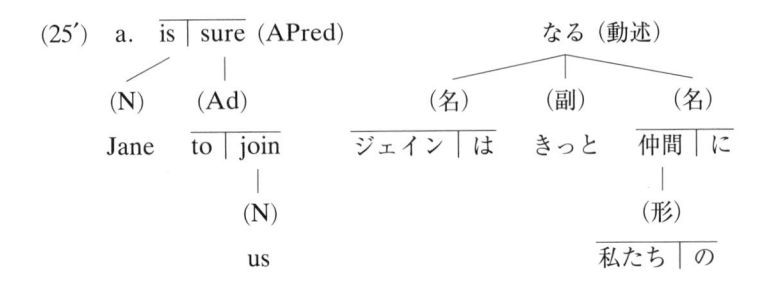

(25′) a.
```
        is ─ sure (APred)                なる (動述)
       ╱      │                        ┌────┴────┐
     (N)    (Ad)                     (名)   (副)   (名)
     Jane   to ─ join              ジェイン は  きっと  仲間 に
              │                                         │
             (N)                                       (形)
              us                                      私たち の
```

sure「確かな」は形容詞で，副詞句の to join を支配する．

(25a) の Jane is sure to V は，It is certain that Jane will V と書き換えることができる．

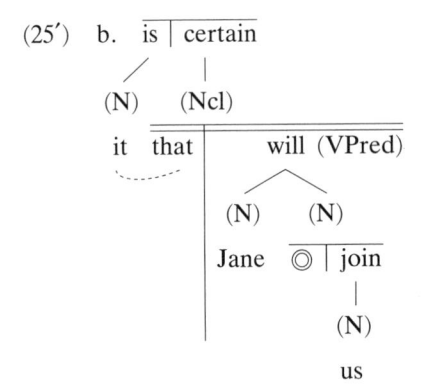

(25′) b.
```
         is ─ certain
        ╱      │
      (N)    (Ncl)
      it     that   will (VPred)
                    ┌──┴──┐
                  (N)    (N)
                  Jane  ◎─ join
                         │
                        (N)
                         us
```

(25a) の to join は (25b) のように名詞節に書き換えられるので，名詞節 (Ncl) とした．

5.6. 比較文

(26) Jack is as old as Bill.
　　　（ジャックはビルと同じ年だ．）

```
(26′)    ‾is‾|‾old‾ (APred)              ‾年‾|‾だ‾ (名詞述語)
         ╱   |                                  |
       (N)  (Ad)  (Adcl)                       (形)        (名)
      Jack   as    as | ‾is‾ (APred)         ‾同じ‾     ‾ジャック‾|は
                        |                       |
                       (N)                     (名)
                      Bill                    ビル|と
```

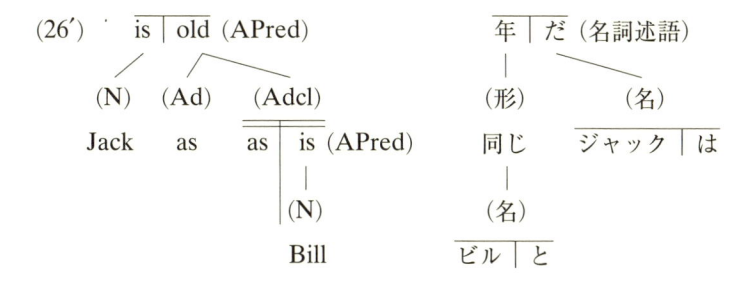

同等比較文では as 〜 as の構成をなすが, 前の as は副詞であるが, 後ろの as は接続詞であるから, 二重線で示されたように副詞節を導く.「同じ」は名詞だが, 形容詞化して「年」を修飾していると見なした.

(27) Jack is as tall as Bill.
   (ジャックはビルと同じくらい背が高い.)

```
(27′)    ‾is‾|‾tall‾ (APred)                  ‾高い‾ (形容詞述語)
         ╱   |                                  
       (N)  (Ad)  (Adcl)                      (名)     (副)    (名)
      Jack   as    as | ‾is‾ (APred)        ‾ジャック‾|は  同じ  ‾背‾|が
                        |                                 
                       (N)                            (副)    (名)
                      Bill                           くらい  ビル|と
```

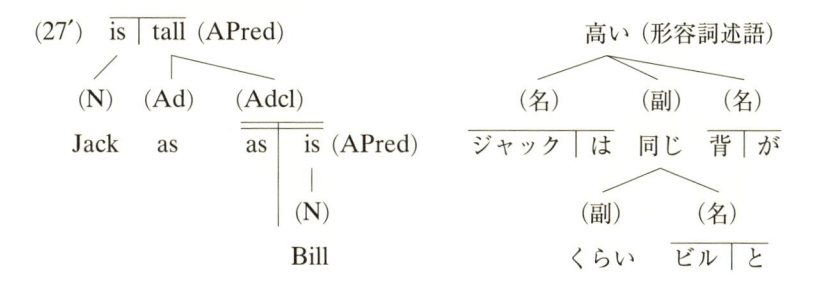

同等の as 〜 as は (26) の例と同じであるが, 日本語の「同じぐらい」は「同じほど」とも言える. どちらも同じ程度を意味し,「同じほどに」とも言えるので, 副詞とした.

(28) Jack is not so old as Bill.
   (ジャックはビルほど大きくない.)

(28′)　is│old (APred)　　　　大きくない (形容詞の否定形)

(N)　(Ad)　(Ad)　(Adcl)　　　　(名)　　　(名)
Jack　not　so　as│is (APred)　ジャック│は　ビル│ほど
　　　　　　　　　│
　　　　　　　　　(N)
　　　　　　　　　Bill

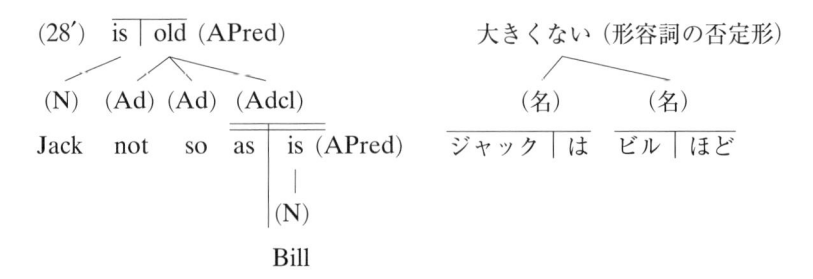

英語では，否定の副詞 not と副詞 so が形容詞の old に支配されている．また，接続詞 than は副詞節を導く．

　(29)　Bill is older than Jack by two years.
　　　　（ビルはジャックより2歳年が多い．）

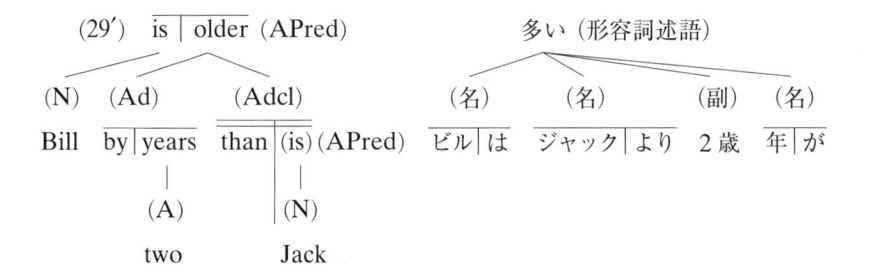

(29′)　is│older (APred)　　　　多い (形容詞述語)

(N)　(Ad)　　(Adcl)　　　　　　　(名)　　(名)　　(副)　(名)
Bill　by│years　than│(is)(APred)　ビル│は　ジャック│より　2歳　年│が
　　　　│　　　　　│
　　　　(A)　　　　(N)
　　　　two　　　　Jack

英語の by two years は相違の分量を示す副詞句である．接続詞 than は副詞節を導く．なお，日本語では「馬は牛より足が速い」という比較表現がある．

5.7.　形容詞に関する慣用的表現

　(30)　The drama was far from being success.
　　　　（そのドラマはとても成功したとは言えない．）

(30′)
```
        was | far (APred)              言えない（動詞否定形）
       /     \                        ／    ｜    ＼
     (N)    (Ad)                    (名)   (名)は   (副)
    drama  from | being success     ドラマ｜は  成功した｜と  とても
      |                                        ｜
     (A)                                      (形)
     the                                       その
```

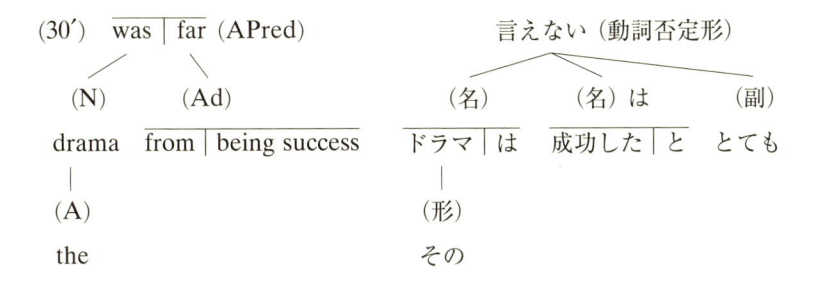

be far from は「遠く離れている」という形容詞述語と見なした．そこで，「成功したとはとても言えない」のように，「成功した」が「言う」の内容を指すので名詞化したと考えた．

(31) A whale is no more a fish than a horse is.
 (くじらが魚でないのは馬が魚でないのと同じだ．)

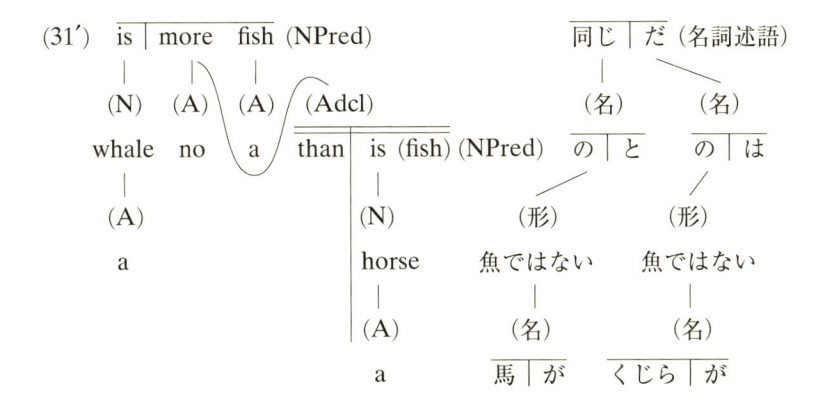

(31′)
```
       is | more  fish (NPred)              同じ｜だ（名詞述語）
       ｜   ｜    ｜                               ｜
      (N)  (A)  (A) / (Adcl)                  (名)    (名)
     whale  no   a / than | is (fish) (NPred)   の｜と   の｜は
       ｜              ｜                        ／       ／
      (A)            (N)                      (形)     (形)
       a            horse                   魚ではない  魚ではない
                      ｜                       ｜         ｜
                     (A)                      (名)      (名)
                      a                       馬｜が    くじら｜が
```

英語は no more ～than「～でないと同様～でない」という有名な例文である．否定の no は副詞の more にかかっている．接続詞の than は副詞節を導く．is a fish は名詞述語である．日本語の「の」は形式名詞であって，「魚ではない」という形容詞語句を支配している．「魚ではない」は「馬は魚だ」という名詞述語文を否定したもので，否定の「ない」は形容詞であるから，「～は～ではない」という文型をとる．また，ここでは，「～は～と同じ

だ」という表現が用いられている．

(32) Mr. Ikeda is not so much a religious man as a politician.
 (池田氏は宗教家というよりは政治家だ．)

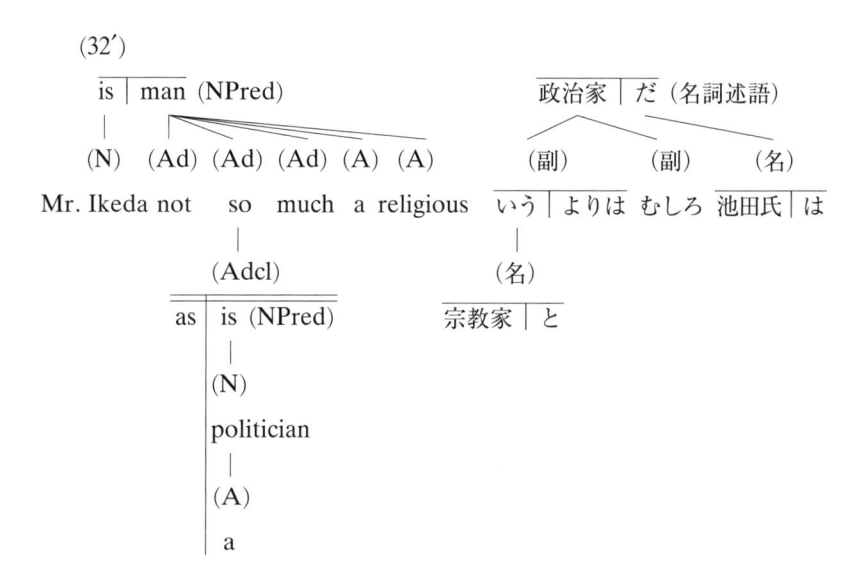

(32′)
```
is │ man (NPred)                    政治家 │ だ（名詞述語）
 │                                    
(N)  (Ad) (Ad) (Ad) (A) (A)        （副）    （副）    （名）
Mr. Ikeda not  so   much a religious  いう │ よりは むしろ  池田氏 │ は
                │                      │
               (Adcl)                  （名）
             as │ is (NPred)         宗教家 │ と
                 │
                (N)
                politician
                 │
                (A)
                 a
```

英語の not so much A as B は「A というよりはむしろ B だ」という構文であるが，接続詞の as は副詞節を導く．日本語の「言う」は名詞化していて，格助詞「より」が付加されている．

(33) The older we grow, the weaker our bodies become.
 (年をとればとるほど，体が弱くなる．)

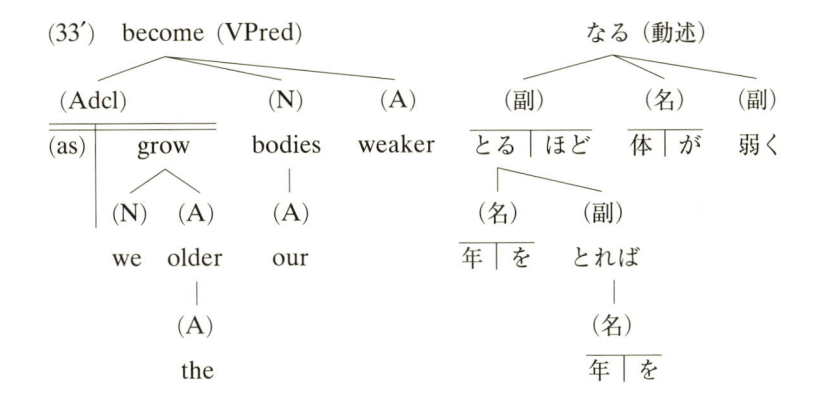

(33′)　become (VPred)　　　　　　　　　なる（動述）
　　　　／＼　　　　　　　　　　　　　／｜＼
　　(Adcl)　(N)　　(A)　　　　　　（副）　（名）　（副）
　　(as)　grow　bodies　weaker　　とる｜ほど　体｜が　弱く
　　　　／＼　　｜　　　　　　　　　｜
　　　(N)　(A)　(A)　　　　　　（名）　（副）
　　　we　older　our　　　　　　年｜を　とれば
　　　　　　｜　　　　　　　　　　　｜
　　　　　(A)　　　　　　　　　　（名）
　　　　　the　　　　　　　　　　年｜を

　as we grow the older「われわれが年をとるにつれて」という並行を表す副詞節を立ててみた．日本語の「年をとれば」は条件法現在形の表現で，「とるほど」の「とる」は名詞化していて，これに程度を表す副助詞「ほど」が付加されていると解釈した．

(34)　Johnny is the last man to believe in miracle.
　　　（ジョニーはもっとも奇跡を信じそうもない男だ．）

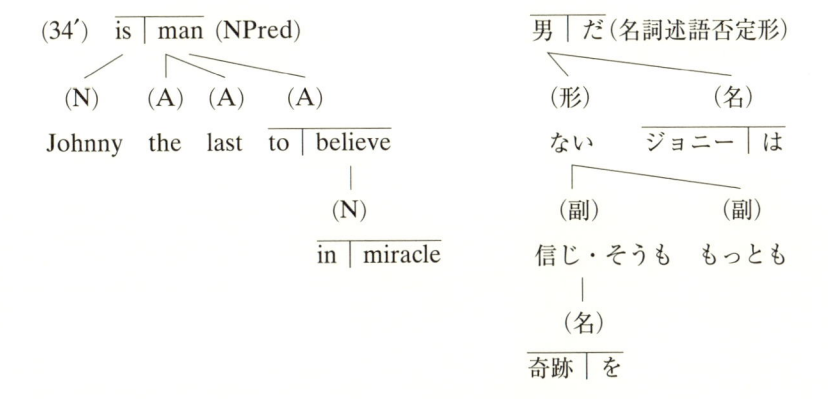

(34′)　is｜man (NPred)　　　　　　　　男｜だ（名詞述語否定形）
　　　／　／＼＼　　　　　　　　　　　／＼
　　(N)　(A)　(A)　(A)　　　　　　（形）　　　（名）
　Johnny　the　last　to｜believe　ない　　ジョニー｜は
　　　　　　　　　　　｜　　　　　　　　　／＼
　　　　　　　　　　(N)　　　　　　（副）　　（副）
　　　　　　　　　in｜miracle　　信じ・そうも　もっとも
　　　　　　　　　　　　　　　　　　　　｜
　　　　　　　　　　　　　　　　　　　（名）
　　　　　　　　　　　　　　　　　　奇跡｜を

　the last man は「もっとも～しそうもない人」の意味をもつ．「信じそうも」は「信じそうだ」という「信じる」の語幹に様相の名容詞「そう」が結びついた語である．

(35) Alice knows better than to do such a thing.
　　　(アリスはそんなことをするほどばかではない.)

(35′)　knows (VPred)　　　　　　ばかではない（名詞述語の否定形）

```
(N)   (Ad)   (Ad)   (N)         (名)         (副)
Alice better  than   to│do      アリス│は    する│ほど
                      │                      │
                     (N)                    (名)
                  such a thing           そんなこと│を
```

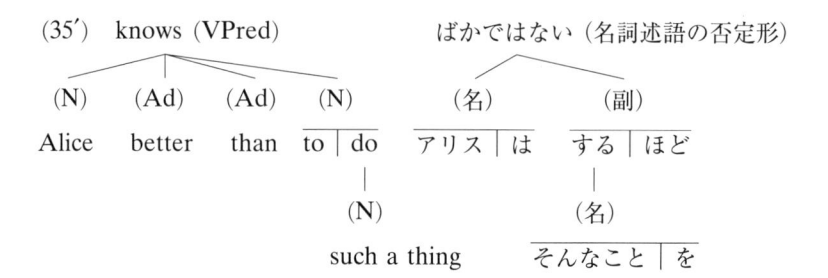

　know better than to V「～ほどばかではない」の意味. than は接続詞であるが, 副詞とし, to do は名詞的不定詞と見なした.

　　(36)　You must make the best of your abilities.
　　　　（君は自分の能力を最大限に利用すべきだ.）

```
(36′)   must                         べき│だ
(N)    (N)                    (名)         (名)
you    ◎│make               利用す(る)    君│は
           │
          (N)                 (名)          (副)
          best                能力│を      最大限│に
         ╱│
      (A) (A)                 (形)
       the│of│abilities       自分│の
              │
             (A)
            your
```

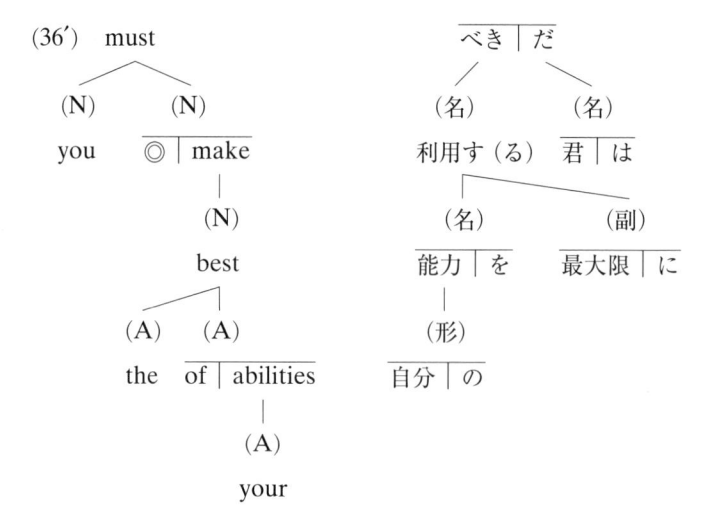

　make the best of は「できるだけ利用する」の意.「べし」は当然を表す古語の義務的法を示す助動詞の述語形（終止形）である.「べき」はその形容

詞形（連体形）である．例：「行うべし」，「行うべきこと」．そこで，「べきだ」は形容詞述語として扱った．なお，形容詞句 of abilities における属格の前置詞 of は形容詞化の転用体である．

第 6 章

複文構造

英語の従位接続詞は転用体である．従位接続詞は次につづく文を名詞節，形容詞節，または副詞節として導く．ただし，関係代名詞も従位接続詞に含められる．

6.1. 名詞節

(1) a. It seems that Susan is pleased with her new dress.
        (スーザンは新しいドレスが気に入っているようだ．)

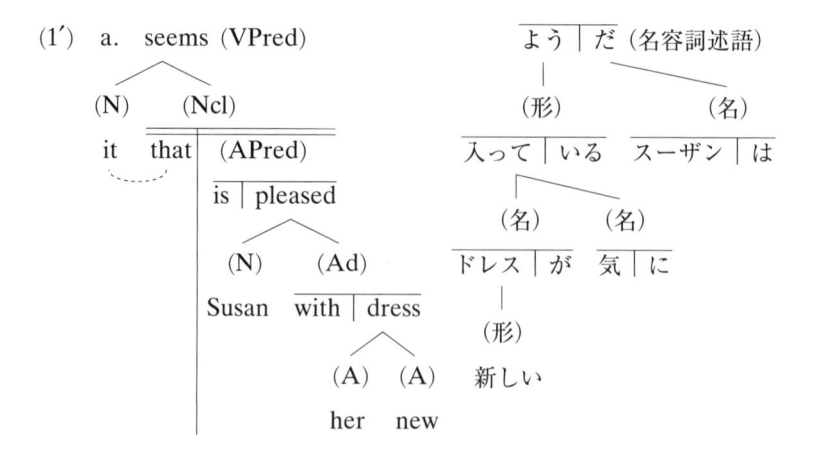

(1′) a. seems (VPred) …… [樹形図]

英語では，接続詞の that が is pleased「気に入った」という形容詞述語を含んでいて，名詞節を導いている．日本語では推定の「ようだ」という名容詞述語の中で「よう」が「新しい着物が気に入っている」とい形容詞句を支配している．「気に入る」は「〜は〜が気に入る」という文型を使っている．

なお，上の複文は，次のように不定詞を含む文に書き換えられる（43頁参照）．

(1) b. Susan seems to be pleased with her new dress.
(2) George admitted that he was wrong.
　　　（ジョージは自分が間違っていたことを認めた．）

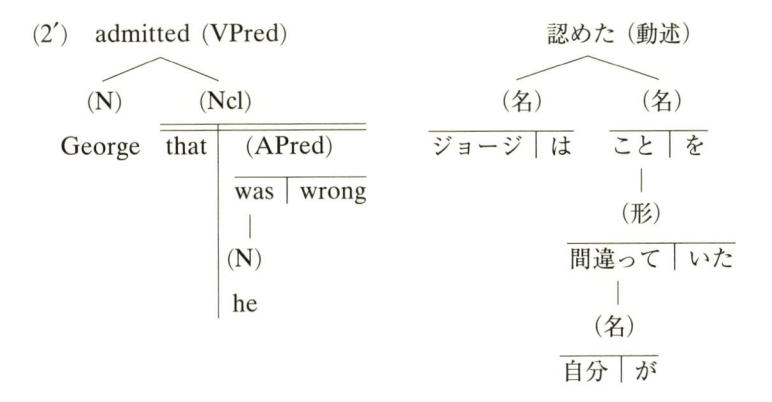

(2′)　admitted (VPred)　　　　　　　　　認めた（動述）
　　　　(N)　　(Ncl)　　　　　　　　　　（名）　　（名）
　　　George　that　(APred)　　　　　ジョージ｜は　こと｜を
　　　　　　　　　was｜wrong　　　　　　　　　　　　｜
　　　　　　　　　　｜　　　　　　　　　　　　　　　（形）
　　　　　　　　　(N)　　　　　　　　　　　　　　間違って｜いた
　　　　　　　　　he　　　　　　　　　　　　　　　　｜
　　　　　　　　　　　　　　　　　　　　　　　　　（名）
　　　　　　　　　　　　　　　　　　　　　　　　　自分｜が

接続詞の that の導く名詞節は admitted の内容を示している．

日本語では，形式名詞の「こと」は「自分が間違っていた」という形容詞句を支配している．だから英語のように名詞節を形成することはない．

(3) There is no hope that the climber is still alive.
　　　（その登山者がまだ生きている望みはない．）

```
(3')    is │ hope (NPred)              望みは │ ない（名詞述語否定）
       ╱    ╲                              │
     ╱      ╲                             （形）
   (Ad)   (A)    (Ncl)
   there   no    that │ (APred)           いう
                      │                    │
                      is │ alive         （名）と
                      │    │
                     (N)  (Ad)           生きている │ ◎
                                              ╱    ╲
                     climber still         （名）  （副）
                      │
                     (A)                  登山者 │ が   まだ
                      │                        │
                     the                     （形）
                                              その
```

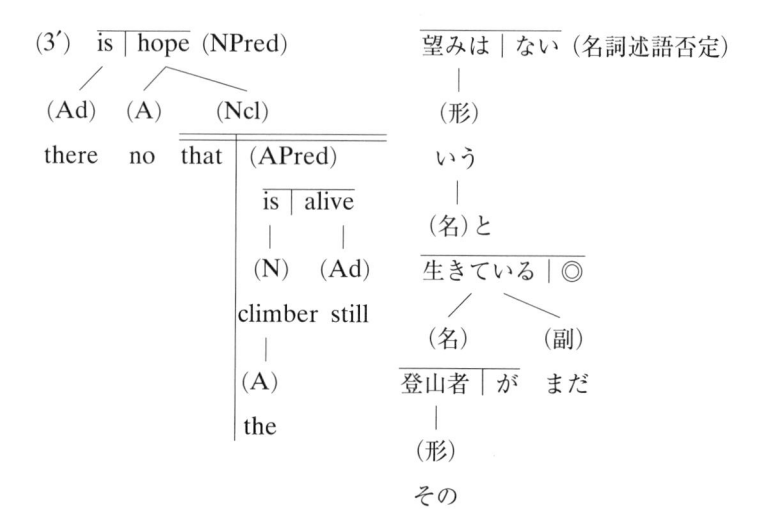

　英語の that the climber is stil alive という名詞節は hope の内容を表しているので，同格ということで，実線の結合線で結ばれる．日本語では，「〜という」表現で結ばれる．この場合「〜」の部分は◎により名詞化されていて，これに格助詞「と」が付加されていると考えられる．

6.2.　形容詞節

形容詞節はふつう関係代名詞が形容詞化の転用体として働いている．

(4)　One who makes efforts will succeed.　[who の型]
　　（努力する人は成功する．）

第 6 章　複文構造　　　　　　　　　　　　　　　　119

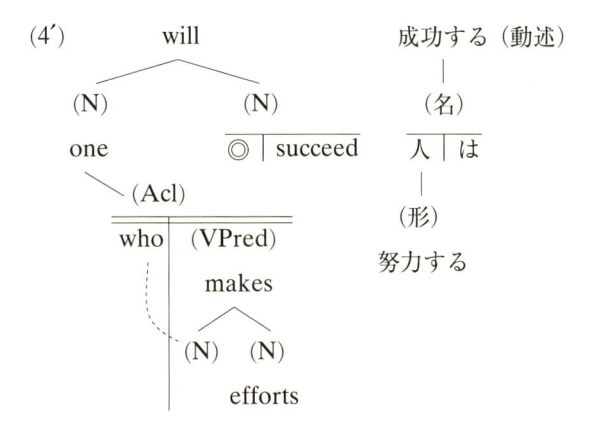

```
(4')           will                     成功する（動述）
         ┌──────┴──────┐                    │
        (N)           (N)                  (名)
        one        ◎│succeed          人│は
           \(Acl)                          │
         ════════════                     (形)
         who  (VPred)                    努力する
                │
              makes
              ┌─┴─┐
             (N) (N)
                  │
               efforts
```

　形容詞節の中では，makes が動詞述語で二つの名詞をとる．第 1 行為項が関係代名詞 who と結びつくので，その関係は点線で示された結合線で表示されている．また，先行詞の one とこれを修飾する形容詞節（Acl）は結合線で結ばれる．日本語では，「努力する」形容詞形で上位の「人」を修飾する．

(5)　I have read through the book which I bought yesterday.

　　　　　　　　　　　　　　　　　　　　　　　［which の用法］

　　（ぼくはきのう買った本を読み終えた．）

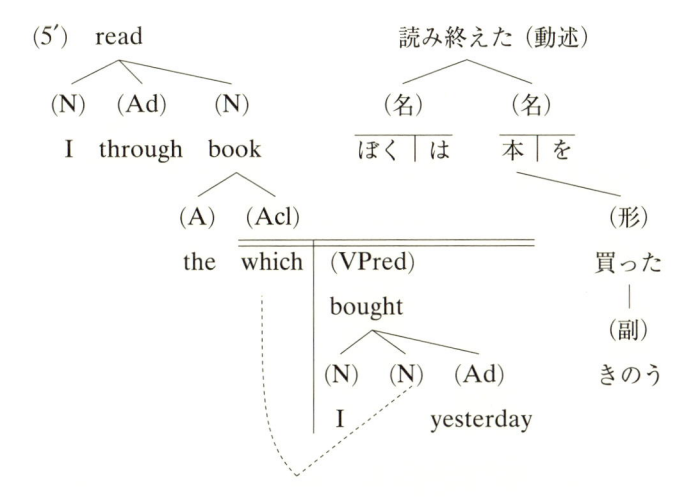

```
(5')    read                        読み終えた（動述）
      ┌──┼──┐                        ┌──────┴──────┐
     (N) (Ad) (N)                   (名)          (名)
      I  through book              ぼく│は        本│を
                ┌─┴─┐                                │
               (A) (Acl)                            (形)
                │ ══════════                       買った
               the which (VPred)                    │
                         │                         (副)
                       bought                     きのう
                       ┌─┼─┐
                      (N)(N)(Ad)
                         │
                         I  yesterday
```

英語の関係代名詞 which は，指示の点線で示されたように，動詞 bought の第2行為項である．

(6) All the friends that I knew agreed to my plan.　[that の用法]
　　（私が知っていた友人はみな私の計画に賛成した．）

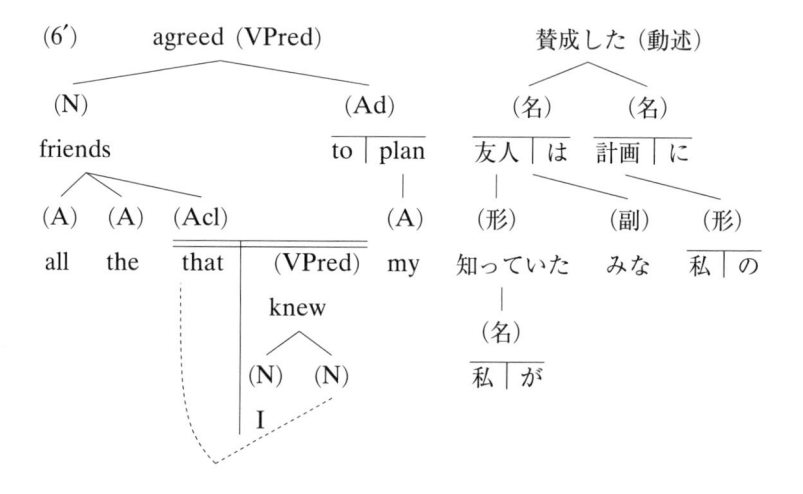

(6′)
```
              agreed (VPred)                        賛成した（動述）
        ┌─────────┴─────────┐                  ┌────────┴────────┐
      (N)                  (Ad)              (名)              (名)
    friends              to │ plan          友人 │ は        計画 │ に
   ┌──┬──┐                  │              ┌────┘
 (A) (A) (Acl)              (A)           (形)   (副)   (形)
 all the that  (VPred)      my         知っていた みな   私 │ の
           │     knew                       │
           │   ┌──┴──┐                     (名)
           │  (N)  (N)                    私 │ が
           └───I
```

All that の形式をもつ関係代名詞の例であるが，「友人はみな」では「みな」は「友人は」にかかると考えた．

(7) The music to which I listened yesterday was by Mozart.
　　　　　　　　　　　　　　　　　　　　　　　[to which の用法]
　　（私がきのう聴いたのはモーツァルトの曲だった．）

(7′) was │ by Mozart　　　　　　曲 │ だった（名詞述語）
　　　│　　　　　　　　　　　　　＼
　(N)　　　　　　　　　　　　　　　（形）　　（名）
　music　　　　　　　　　　　モーツアルト │ の　音楽 │ は
　│　　　　　　　　　　　　　　　　　　　　　　　│
（A）（Acl）　　　　　　　　　　　　　　　　　　（形）
the　to │ which │ listened (VPred)　　　　　聴いた
　　　　　　　　　│　　　　　　　　　　　　　／＼
　　　　　　　　（N）（Ad）　　　　　　　（名）（副）
　　　　　　　　 I　yesterday　　　　　　私 │ が　きのう

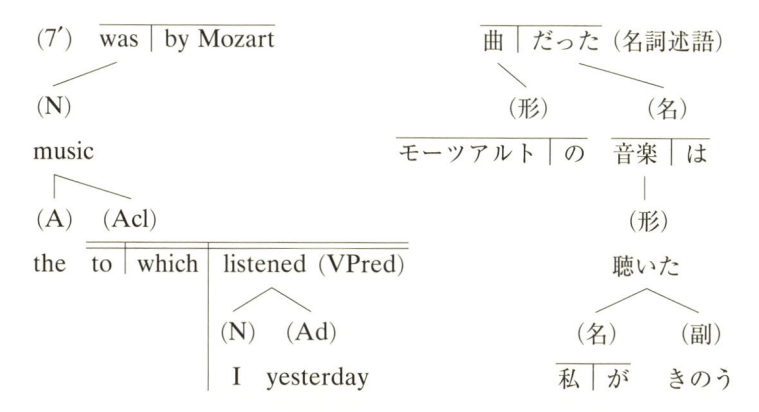

英語は，listen to の前置詞が関係代名詞に付加されている例文である．述語は was (made) by Mozart と考えた．日本語の「きのう私が聴いた」という形容詞語句は上位の「音楽」を修飾している．

(8) Robert mentioned the book whose title has slipped my memory.　［whose の用法］

　（ロバートは本のことに触れたが，その書名を私は忘れていた．）

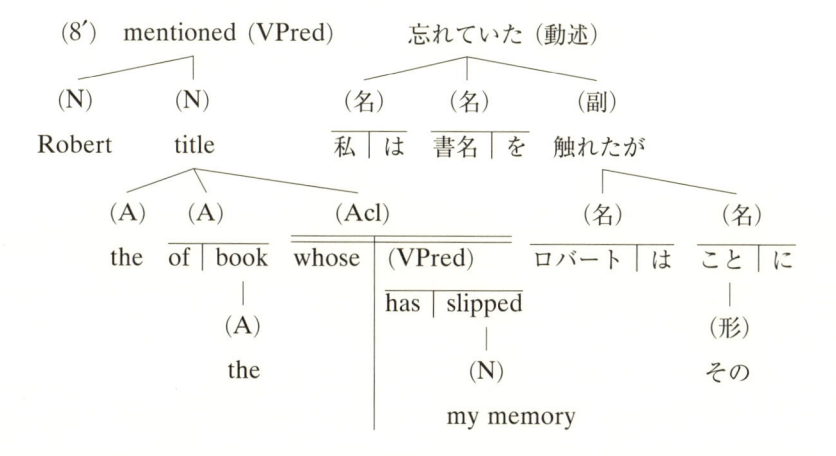

(8′)　mentioned (VPred)　　忘れていた（動述）
　　　／　　＼　　　　　　　　／＼
　(N)　　(N)　　　　　　　（名）（名）　（副）
　Robert　title　　　　　　私 │ は　書名 │ を　触れたが
　　　／│＼　　　　　　　　　　　　　　　　　／＼
　(A)(A)(Acl)　　　　　　　　　　　　　　（名）（名）
　the of│book　whose　(VPred)　　　　ロバート │ は　こと │ に
　　　　│　　　　　　　│　　　　　　　　　　　　　　　　　│
　　　　(A)　　　　　has │ slipped　　　　　　　　　　　　（形）
　　　　the　　　　　　　│　　　　　　　　　　　　　　　　その
　　　　　　　　　　　　(N)
　　　　　　　　　　my memory

the book whose title は「その本のタイトル」とした．名詞 the book の属格形 of the book は「本の」と形容詞化している．

(9) The woman to whom the president was talking was his secretary.　[to whom の用法]
(社長が話をしていた女性は秘書だった．)

(9′)
```
was │ secretary (NPred)
 │        │
(N)      (A)
woman    his
 │
(A)    (Acl)
the    to │ whom   (VPred)
           was │ talking
                │
               (N)
               president
                │
               (A)
               the
```

```
秘書 │ だった（名詞述語）
      │
     (名)
     女性 │ は
          │
         (形)
         話をしていた
          │
         (名)
         社長 │ が
```

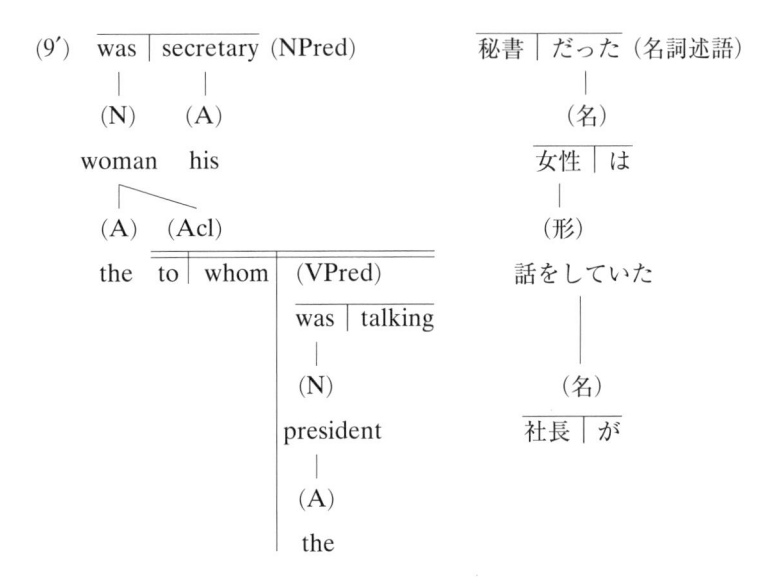

(10) What I told you is quite true.　[what =that which の用法]
(私が君に話したことはまったく本当だよ．)

(10′)
```
is │ true (APred)
 │     │
(N)   (Ad)
that  quite
 │
(Acl)
which │ told (VPred)
       (N) (N) (N)
        I  you
```

```
本当 │ だよ（名詞述語）
(副)    (名)    (副)
まったく こと │ は 終助詞
              │
             (形)
             話した
             (名) (名)
             私 │ が  君 │ に
```

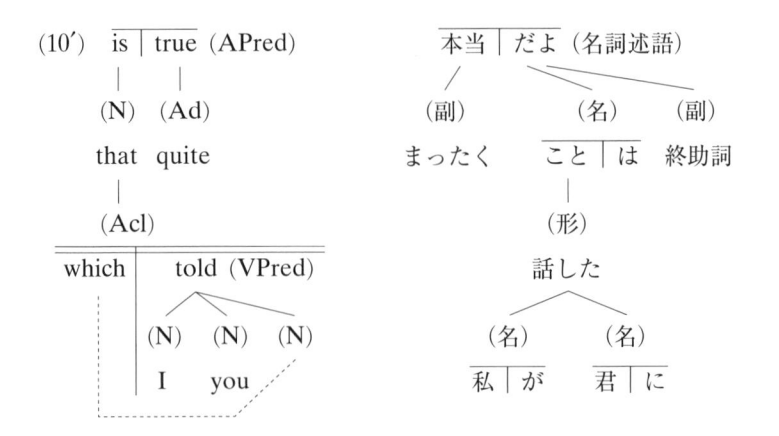

第6章　複文構造　　　　　　　　　　　　　　　　123

　ここでは，what を指示詞の that と関係代名詞の which の二つの成分に分けたほうが分かりやすい．関係代名詞 which の導く形容詞節の中では，動詞述語 told「話した」は「～は（が）～に～を」という3項の名詞をとる．節の頭位に立つ which は第3行為項に相当することが，指示線 …… により示されている．

　日本語では，形式名詞「こと」を形容詞語句「私が君に話した」が修飾している．要するに，日本語には関係代名詞というものがなく，名詞が形容詞語句で修飾されるという文法的方式を用いている．アルタイ系言語ではこうした表現方法が多い．なお，文末の「よ」は相手に親愛の態度を示す終助詞である．

　(11)　I well remember the day when the war broke out.
　　　　　　　　　　　　　　　　　　　　　　　［関係副詞の用法］
　　　　（戦争が始まった日のことをよく覚えている．）

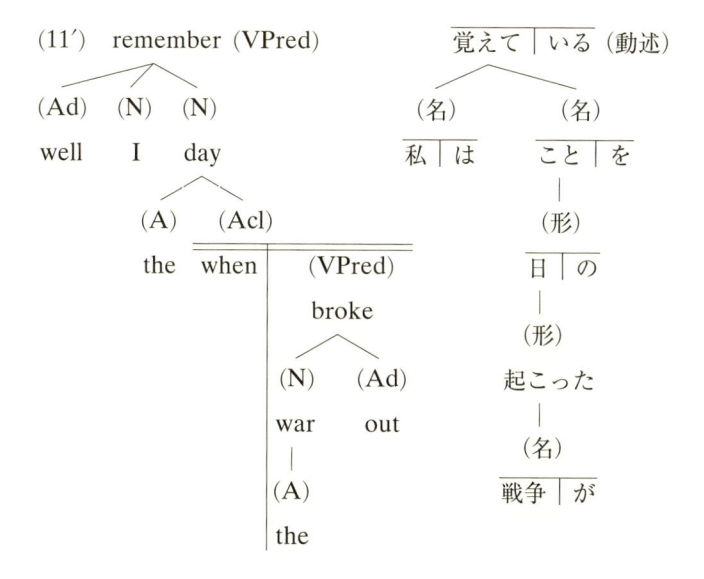

(11′)　remember (VPred)　　　　　覚えて｜いる (動述)
　　　╱　　│　　╲　　　　　　　　╱　　　╲
　　(Ad)　(N)　(N)　　　　　　　　(名)　　(名)
　　well　I　　day　　　　　　　　私｜は　　こと｜を
　　　　　　　╱　╲　　　　　　　　　　　　　│
　　　　　　(A)　(Acl)　　　　　　　　　　　(形)
　　　　　　the　when　　　　　　　　　　日｜の
　　　　　　　　　　╲　　　　　　　　　　　　│
　　　　　　　　　　(VPred)　　　　　　　　(形)
　　　　　　　　　　broke　　　　　　　　起こった
　　　　　　　　　╱　　╲　　　　　　　　　　│
　　　　　　　　(N)　　(Ad)　　　　　　　　(名)
　　　　　　　　war　　out　　　　　　　戦争｜が
　　　　　　　　│
　　　　　　　(A)
　　　　　　　the

関係詞 when の導く形容詞節 (Acl) の中では，動詞述語の broke が名詞の

war「戦争」を支配している．この形容詞節は上位の day「日」に従属している．

日本語では，形容詞語句の「戦争が起こった」が「日」を修飾している．

(12) The woman ∧ John wanted to meet was waiting at the lobby.
　　　　　　　　　　　　　　　　　　　　　　　　　　　[関係代名詞の省略]
（ジョンが会いたいと思っていた女性はロビーで待っていた．）

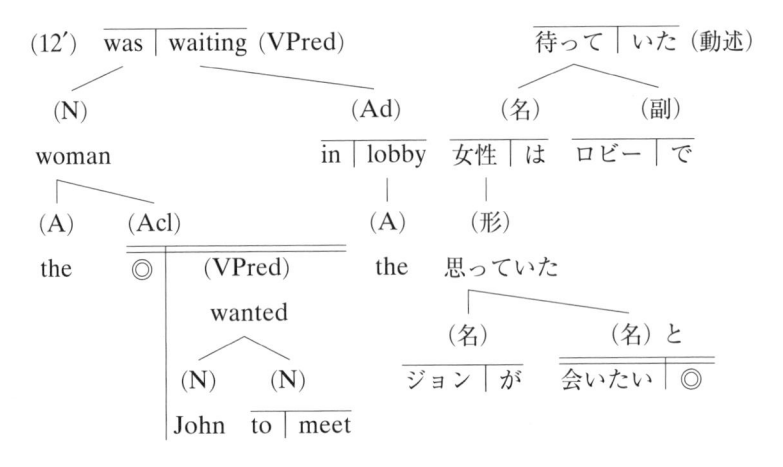

(12′)
```
      was | waiting (VPred)                  待って | いた（動述）
      ―――――――――――――                          ―――――――――――
      (N)                (Ad)               (名)         (副)
      woman              in | lobby         女性 | は    ロビー | で
       |                  |
      (A)  (Acl)         (A)                (形)
      the   ◎  (VPred)   the                思っていた
                 |
                wanted                       (名)           (名)と
                ―――――                       ジョン | が    会いたい | ◎
                (N)  (N)
                John to | meet
```

　上の文例は関係代名詞の省略と呼ばれているケースで，John の前に that が省略されていると説明されてきた．実は，John wanted to meet を形容詞節化するためのゼロ転用体 ◎ を設定しておくと都合がよい．

　日本語では，「ジョンが会いたいと思っていた」は形容詞語句で，名詞の「女性」を修飾している．また，「会いたいと」の格助詞「と」の前には「思っていた」内容が紹介されるので，要望形の「会いたい」は名詞化されていると見てゼロ転用体 ◎ を設定した．

(13) There is more space than is needed.　[than の用法]
　　（必要以上のスペースがある．）

第6章 複文構造　　　125

```
(13′)  is │ space (NPred)           ある（存在動詞）
       ╱    │                           │
     (Ad)  (A)                          (名)
     there more                     スペース │ が
            │                            │
          (Adcl)                        (形)
       ─────────                    ─────────
       than │ (VPred)               必要以上 │ の
            is │ needed
```

　比較級の more にかかる than is needed は副詞節と見なされる．そうすると，than は関係代名詞として働いていることになる．

(14)　Peter married Nancy, which delighted us.
　　　（うれしいことに，ピーターはナンシーと結婚した．）

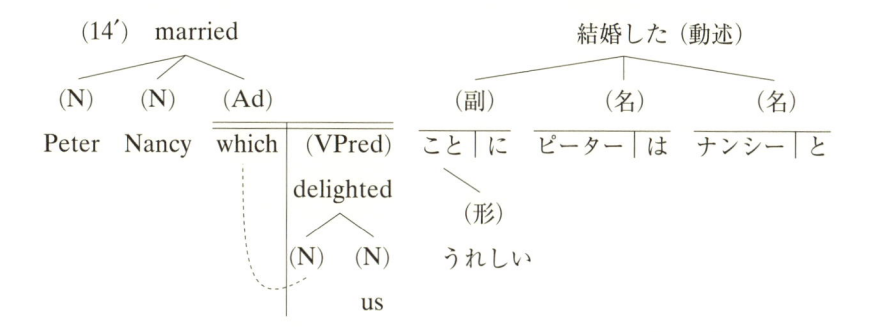

```
(14′)   married                      結婚した（動述）
      ╱───┴───╲                    ╱────┼────╲
   (N)  (N)  (Ad)                 (副)   (名)   (名)
   Peter Nancy which │ (VPred)    こと │ に ピーター │ は ナンシー │ と
                     delighted           │
                     ╱───╲              (形)
                   (N)   (N)            うれしい
                          us
```

　上の例文では，関係代名詞の which が主節にかかると説明されている．図系では，支配核の述語 married「結婚した」にかかる副詞節を導く関係代名詞と見なした．

(15)　I don't doubt but that Napoleon was killed by poison.
　　　　　　　　　　　　　　　　　　　　[doubt but that の用法]
　　　（ナポレオンが毒殺されたことは疑いない．）

(15′) doubt (VPred)　　　　　　　　　　疑いない（形容詞述語）
　　／＼　　　　　　　　　　　　　　　　｜
(N) (Ad) (Ncl)　　　　　　　　　　　　（名）
 I don't but｜that (VPred)　　　　　こと｜は
　　　　　　　　　was｜killed　　　　　　（形）
　　　　　　　　　　｜
　　　　　　　　　（N)　　(Ad)　　　　毒殺された
　　　　　　　　　Napoleon by｜poison
　　　　　　　　　　　　　　　　　　　　（名）
　　　　　　　　　　　　　　　　　　　ナポレオン｜が

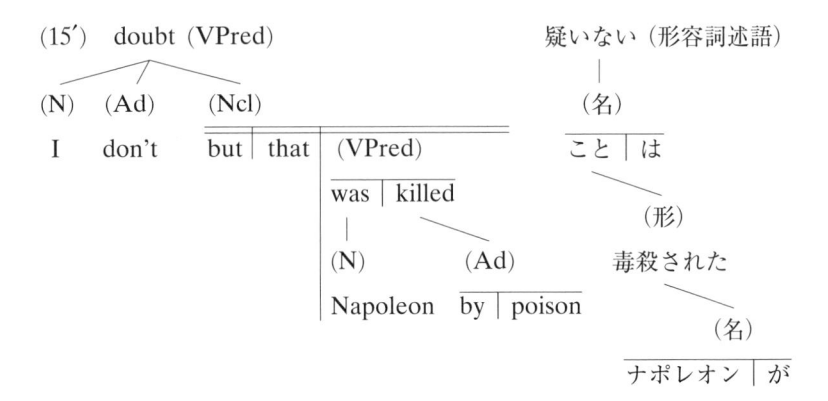

　英語における接続詞 that は名詞節 (Ncl) を導く．その前に立つ but の身分は前置詞か副詞か判然としないが，don't doubt but that 〜 は「〜を信じて疑わない」を意味する．とにかく，but that 〜 は「〜ということがなければ」の意があるから，but を前置詞として，「〜を除いて」を意味するとすれば，that 以下のことを除いて信じないと解釈することができる．

　なお，Napoleon was killed. という受動文は動詞述語として扱った．日本語では，形式名詞「こと」が「ナポレオンが毒殺された」という形容詞語句で修飾されている．

(16)　This is the reason why I disagree with you.
　　　　　　　　　　　　　　　　　　［関係副詞 why の用法］
　　（これがぼくが君に反対する理由だ．）

(16′)　is｜reason (NPred)　　　　　　理由｜だ（名詞述語）
　　／／＼　　　　　　　　　　　　　　／＼
(N) (A) (Adcl)　　　　　　　　　　　（形）　（名）
this the why (VPred)　　　　　　反対する　これ｜が
　　　　　　　disagree
　　　　　　　／＼　　　　　　　　　（名）　（名）
　　　　　　(N) (N)　　　　　　　　ぼく｜が 君｜に
　　　　　　 I with｜you

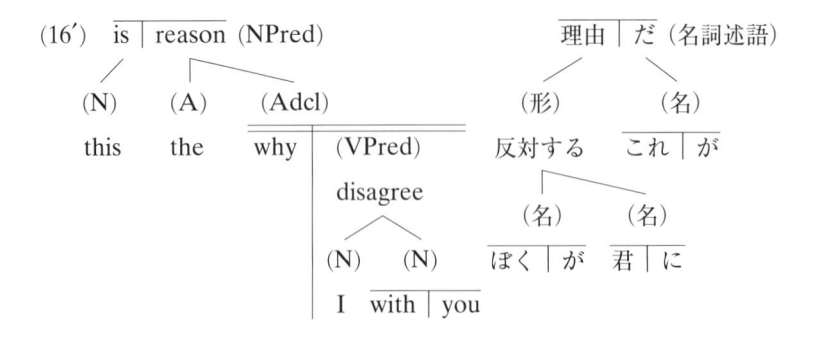

上に示したのが理由 reason why の図系である．なお，with you は行為項2と見なした．

(17) Reading is to the mind what food is to the body.

[A is to B what C is to D の用法]

(読書が精神に対する関係は食物が肉体に対する関係と同じである．)

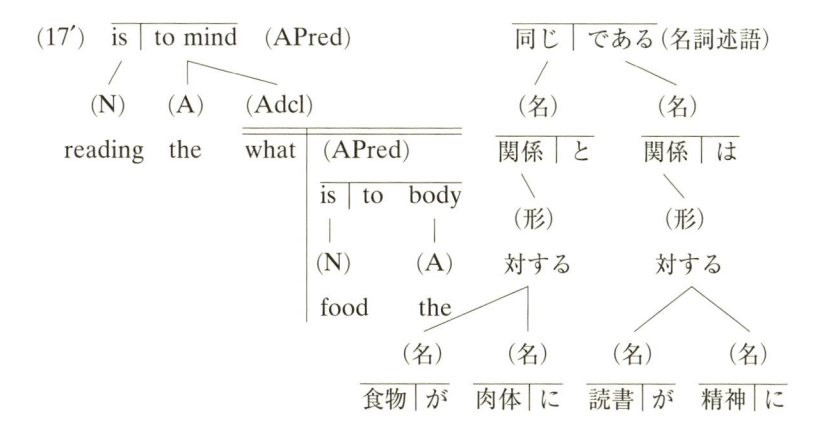

(17′)
```
        is | to mind   (APred)              同じ | である (名詞述語)
       /                                   /
     (N)   (A)   (Adcl)                  (名)     (名)
    reading  the   what  (APred)         関係 | と    関係 | は
                       is | to body                  
                       |     |           (形)         (形)
                      (N)   (A)          対する       対する
                     food   the         
                                        (名) (名)   (名)  (名)
                                        食物 が 肉体 に  読書 が 精神 に
```

英語の is to mind は「精神に対する状態」を意味するので，状態を表す形容詞述語とした．さて，what は「肉体に対する状態」を対比させる副詞節を導く接続詞の働きを果たすもので，the same as 〜「〜と同じような」を意味すると解釈した．

こうした対比の関係は日本語の訳の図系によく表されている．

6.3. 副詞節

副詞節は [1] 場所，[2] 時間，[3] 条件，[4] 理由，[5] 譲歩，[6] 結果，[7] 目的，[8] 様態の順に扱うことにする．

6.3.1. 場所の副詞節

(18) Put this book where it was.
　　　（この本をもとあった場所に戻しなさい．）

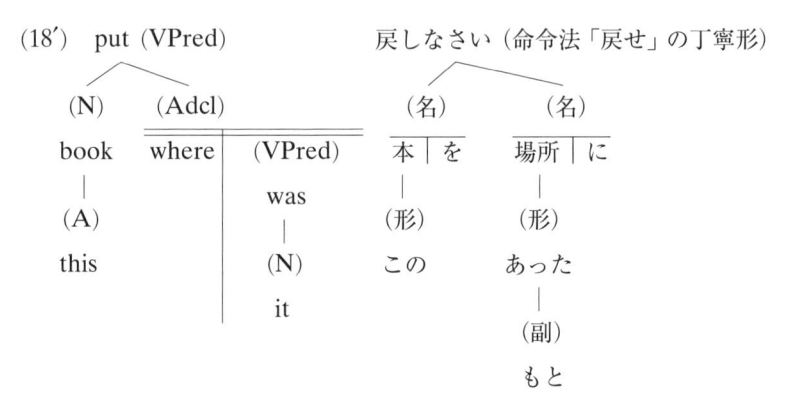

(18′)　put (VPred)　　　　　　戻しなさい（命令法「戻せ」の丁寧形）

```
    (N)    (Adcl)              (名)    (名)
   book   where  (VPred)       本│を  場所│に
    │           was             │      │
    (A)          │             (形)    (形)
   this         (N)            この    あった
                 it                     │
                                       (副)
                                       もと
```

where は場所の副詞節を導く従位接続詞である．節内の動詞 was「あった」は存在動詞である．日本語における「場所に」は第3行為項であるから名詞項とした．形容詞語句「もとあった」が上位の名詞「場所」を修飾している．

6.3.2. 時間の副詞節

(19) When you are young, you are full of hopes and anxieties.
　　　（若い頃は希望と不安で一杯だ．）

(19′)
```
           are │ full
    (Adcl)        (N)    (Ad)
    when (APred)  you   of │ hopes ── and ── anxieties
         were │ young
              │
             (N)
             you
```

```
                           一杯 │ だ（名詞述語）
                     （副）              （名）
                  希望─と─不安 │ で    頃 │ は
                                        │
                                       （形）
                                       若い
```

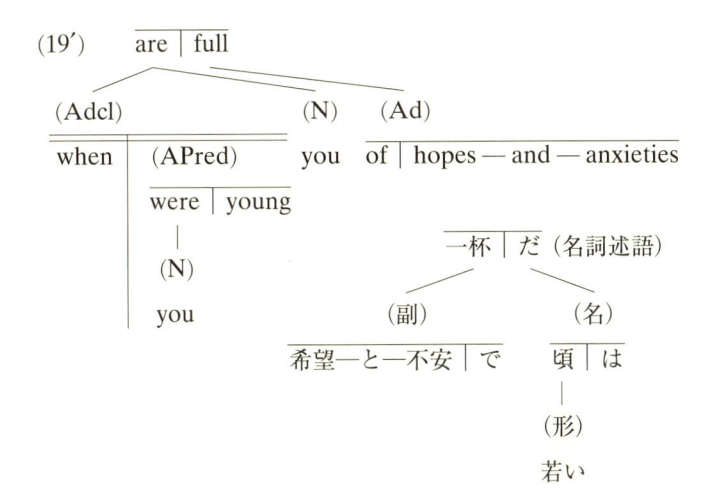

支配核の are full は形容詞述語で，これは of hopes and anxieties を支配している．なお，and の前後にある ── は等位関係を示している．（等位接続詞の「連接辞」の項 152 頁を参照）節内にある are young も形容詞述語である．

(20) Lisa has been working since she finished school.

[since による用法]

（リーサは学校を出てからずっと働いてきた．）

(20′)
```
      has │ been  working (VPred)
 (N)              │
 Lisa          (Adcl)
               since │ (VPred)
                      finished
                       ╱  ╲
                     (N)  (N)
                     she  school
```

```
    働いて │ きた（動述）
   （名）      （副）
   リーサ │ は  出て │ から
                    │
                   （名）
                   学校 │ を
```

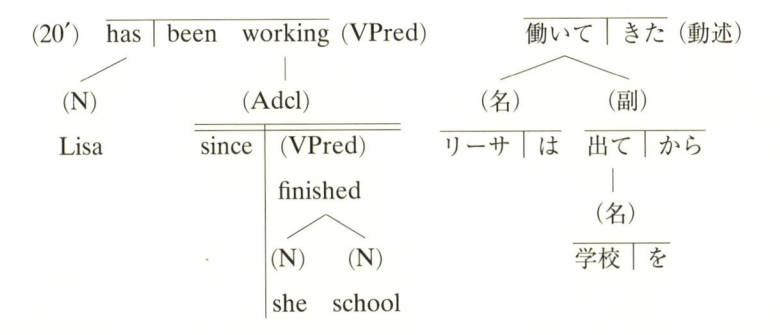

動詞述語 has been working「働いてきた」の「きた」は，現在までの継続

を表す直示の助動詞.「学校を出たから」は理由を表すが,「出てから」は継続を伝えている.

(21) No sooner had Bill retired than fell ill.
[No sooner 〜 than の用法]
（ビルは退職したとたんに病気になった.）

(21′)
```
           had │ retired (VPred)              なった（動述）
           ┌────┴────┐                    ┌──────┼──────┐
        (N)  (Ad)  (Adcl)               （名） （名）  （副）
        Bill sooner than │ fell (VPred)   ビル │ は  病気 │ に  とたん │ に
              │          ┌──┴──┐                                │
             (Ad)       (N)  (A)                              （形）
              no       (he)   ill                            退職した
```

no sooner than 〜 は「〜よりも早くない」を意味する節において，fell ill の ill を形容詞 (A) とした．なお，日本語の「とたん」は名詞であるから，これを「退職した」という形容詞形が修飾している．

6.3.3. 条件の副詞節

(22) If it is fine, I take a walk in the morning.
（お天気がよければ，私は朝散歩します．）

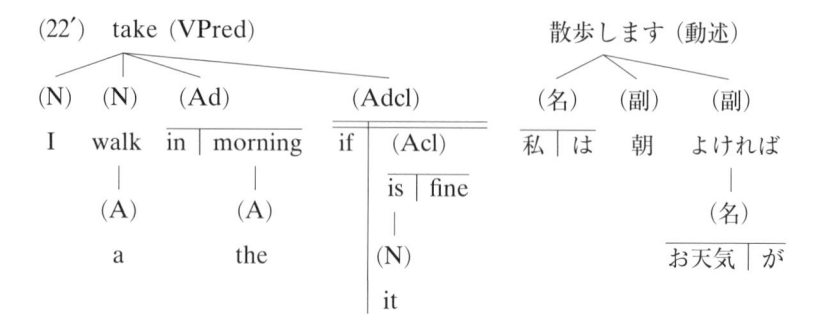

(22′)
```
      take (VPred)                        散歩します（動述）
   ┌───┬────┬─────┐                    ┌──────┼──────┐
  (N) (N) (Ad)  (Adcl)                （名） （副）  （副）
   I  walk in │ morning if │ (Acl)    私 │ は  朝  よければ
        │     │            │  is │ fine              │
       (A)   (A)           │                       （名）
        a    the          (N)                    お天気 │ が
                           it
```

英語における条件節は形容詞述語を含んでいる (is fine)．日本語の「よければ」は形容詞「よい」の条件法の現在形である．条件節で示された条件が未来において実現される可能性は半々である．こうした開放された条件に対し，ある前提のもとで仮想される条件節を仮定法と呼んでいる．これについては，表現の面で日本語の条件法の表現とを比較する必要があるので，別に仮定法の節をたてて説明することにしよう．

6.3.4. 理由の副詞節

(23) Because my father died suddenly, I could not go on to the university. [because による用法]
(父親が突然亡くなったので，私は大学へ進学ができなかった．)

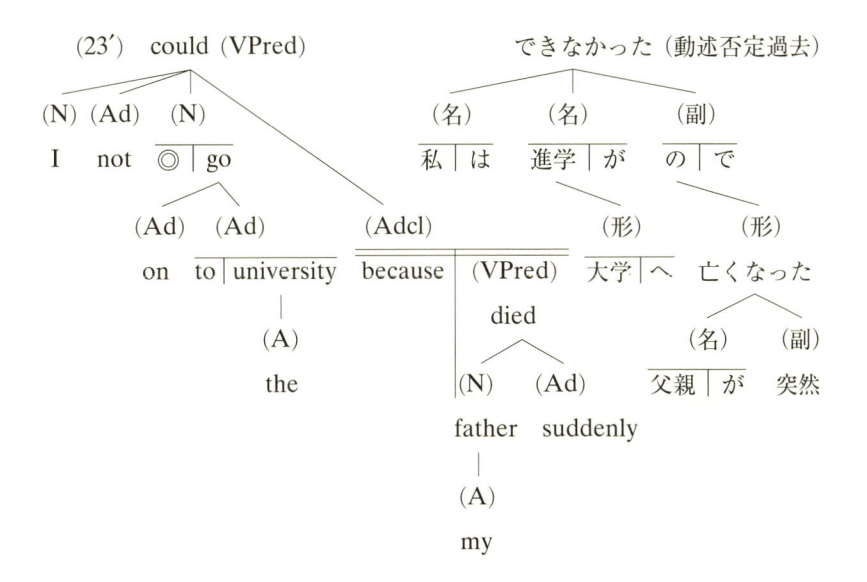

(23′)

```
          could (VPred)                      できなかった（動述否定過去）
         ╱    │    ╲                       ╱      │      ╲
  (N)  (Ad)  (N)                         (名)    (名)    (副)
   I   not  ◎ go                         私 は  進学 が  の で
       (Ad) (Ad)  (Adcl)                        (形)         (形)
        on  to university  because              大学 へ      亡くなった
                               │                              ╱    ╲
                             (VPred)                       (名)    (副)
                              died                         父親 が  突然
                             ╱   ╲
                          (N)    (Ad)
                         father suddenly
                           │
                          (A)
                          my
              (A)
              the
```

英語では，理由節は動詞述語 died が核をなしている．日本語では，形式名詞「の」に形容詞語句「父親が突然亡くなった」が従属している．なお，動詞「できる」は「〜は〜が」の文型をとる．

(24) Now that you are tired you must take a rest.

[Now that による用法]

(君は疲れているから，休まなければいけない．)

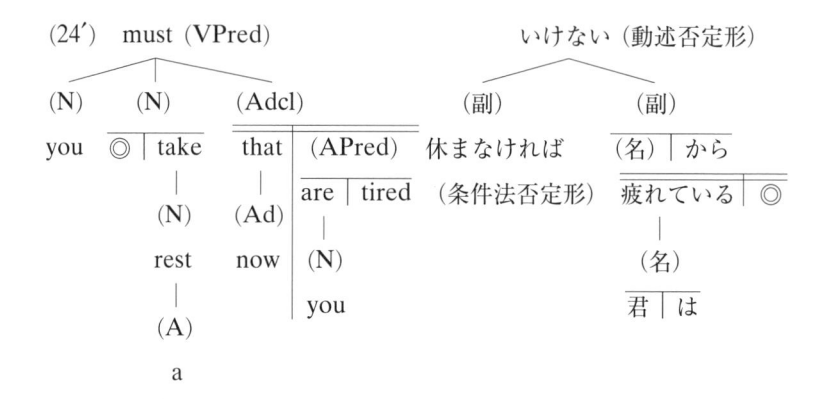

(24′)　　must (VPred)　　　　　　　　　いけない（動述否定形）

(N)　(N)　(Adcl)　　　　　　　　　（副）　　　（副）

you ◎ | take　that　(APred)　休まなければ　（名）| から
　　　　|　　　|　　are | tired　（条件法否定形）　疲れている | ◎
　　　(N)　(Ad)　|
　　　rest　now　(N)　　　　　　　　　　　　　（名）
　　　　|　　　　|
　　　(A)　　　you　　　　　　　　　　　　　　君 | は
　　　　a

　英語では，that が接続詞で副詞節を導いているが，これに副詞の now が付加されていると解釈した．

　日本語では，「いけない」は動詞「いける」の否定形で，「許されない」を意味する．「休まなければ」は否定の条件形であるが，これは文の不可欠要素であるから，第2行為項と見なされる．また，「君は疲れている」は◎転用体で名詞化し，これに格助詞「から」が付加されて理由の副詞句を形成している．

(25) I will leave soon, seeing that you are busy.

[seeing that による用法]

(あなたはお忙しそうですから，私はすぐおいとまします．)

第 6 章 複文構造

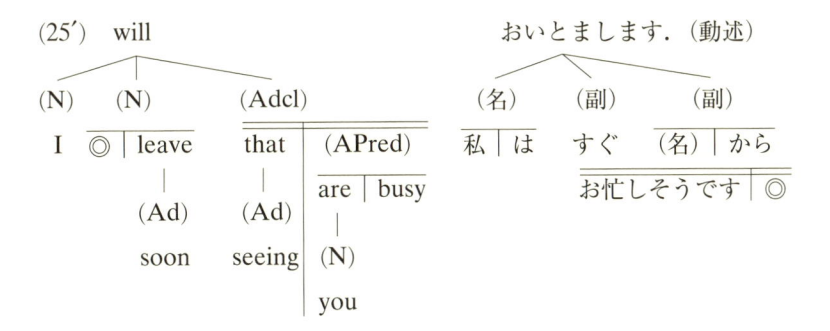

```
(25')    will                              おいとまします．(動述)
      ┌───┼────┐                         ┌────┼────┐
     (N) (N)  (Adcl)                    (名) (副)  (副)
      I  ◎│leave  that │(APred)         私│は すぐ (名)│から
                │       │are│busy                  お忙しそうです│◎
              (Ad)    (Ad)  │
              soon   seeing (N)
                           │you
```

英語の seeing that は「～のように見て」を意味し，分詞 seeing が接続詞の that にかかっていると見なした．なお，日本語では，「いとまする」という動詞が丁寧形になり「おいとまします」となった．また「忙しそうだ」は形容詞語幹「忙し」に名容詞語尾「そうだ」が付加されたものである．これらも丁寧形として「お忙しそうです」となっている．「そうだ」は名容詞述語形であるから，ゼロ転用体で名詞化していると解釈した．

6.3.5. 結果の副詞節

(26)　Amelia got so nice a dress that she could hardly get to sleep.

[so ～ that の用法]

(アメリアはたいそうすばらしいドレスをもらったので，なかなか眠れなかった．)

(26′)　got (VPred)　　　　　　　　眠れなかった
　┌────┴────┐　　　　　　　┌────┼────┐
　(N)　(N)　(Adcl)　　　　　(名)　(副)　(副)
Amelia dress that │ could (VPred)　アメリア│は　なかなか　の│で
　　　┌─┴─┐　　┌─┴─┐　　　　　　　　　　│
　　　(A) (A)　(N)　(N)　　　　　　　　　　(形)
　　　a nice　she　get　　　　　　　　　　もらった
　　　　│　　　　┌─┴─┐　　　　　　　　　│
　　　 (Ad)　　(Ad) (Ad)　　　　　　　　　(名)
　　　 so　　hardly│to│sleep　　　　　　ドレス│を
　　　　　　　　　　　　　　　　　　　　　　│
　　　　　　　　　　　　　　　　　　　　　(形)
　　　　　　　　　　　　　　　　　　　　すばらしい
　　　　　　　　　　　　　　　　　　　　　│
　　　　　　　　　　　　　　　　　　　　　(副)
　　　　　　　　　　　　　　　　　　　　たいそう

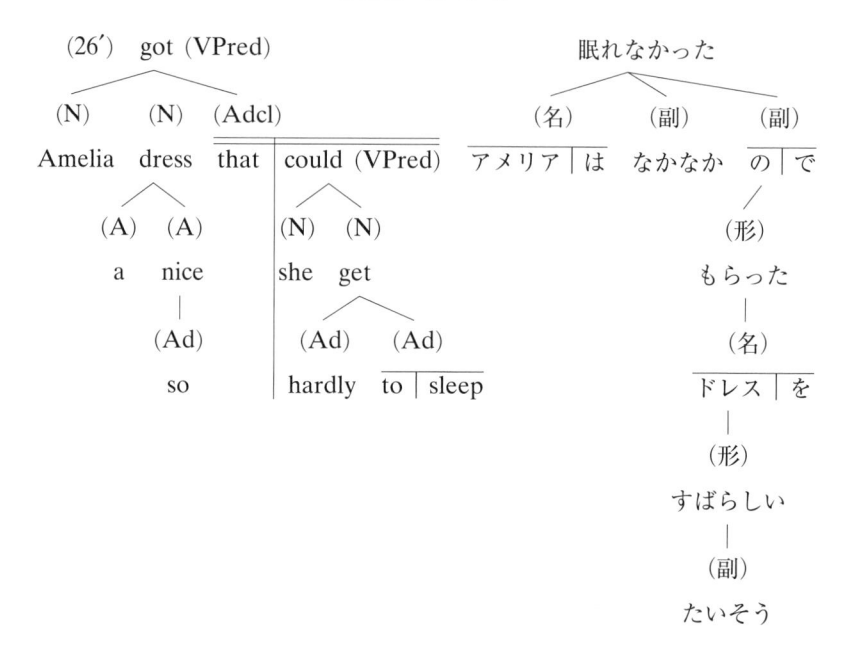

例 (26) における that は，明らかに「眠れなかった」という結果を述べる接続詞である．だが，日本語訳をみると「すばらしいドレスをもらったので」と理由文が用いられている．これは，日本語には結果を表す接続詞がないからで，結局は理由文によるしか表現手段がないからである．

では，さらに理由節をもつ例文を出しておく．

(27)　Since Grace is kind, she is loved by her classmates.
　　　（グレイスは親切だから，級友に好かれている．）

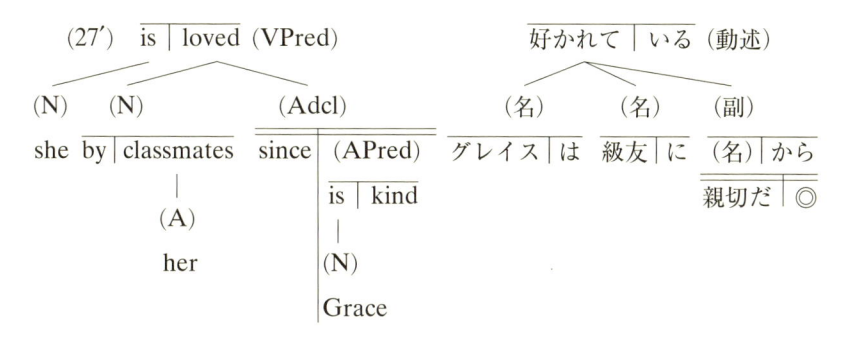

```
(27')         is   loved (VPred)              好かれて  いる (動述)
        ┌──────┼──────┐                     ┌────┬────┐
       (N)   (N)    (Adcl)                 (名)  (名)  (副)
       she   by  classmates  since  (APred)  グレイス は 級友 に (名) から
                      │              is  kind                      │
                     (A)              │                          親切だ ◎
                     her             (N)
                                    Grace
```

日本語では，原因の「親切だから」であるが，「親切だ」は述語形で，これが名詞化して，格助詞「から」が付加されている．

6.3.6. 譲歩の副詞節

(28) Though the girl was lost for two days, she was found safe and sound.
　　　（女の子は2日間行方不明だったが，無事に見つかった.）

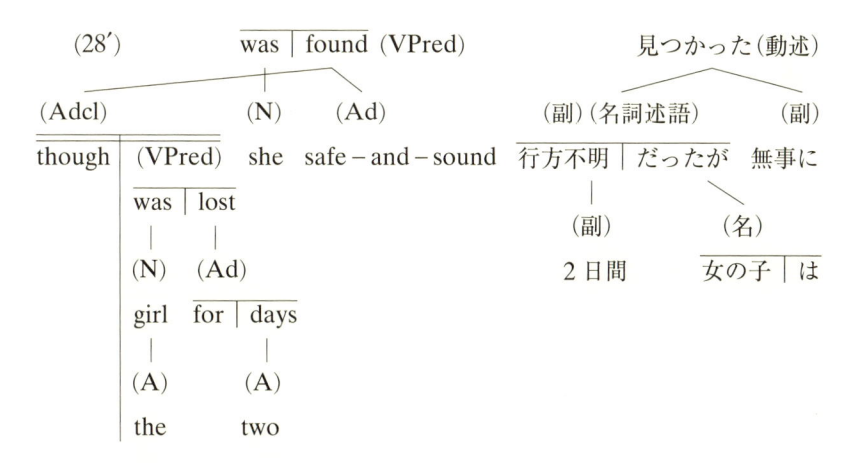

```
(28')              was  found (VPred)            見つかった (動述)
        ┌──────────┬──────┐                ┌──────┬──────┐
      (Adcl)     (N)    (Ad)            (副)(名詞述語)    (副)
      though  (VPred)  she  safe-and-sound  行方不明 だったが  無事に
              was  lost                       │       │
               │    │                       (副)    (名)
              (N)  (Ad)                     2日間  女の子 は
              girl  for  days
               │    │
              (A)  (A)
              the  two
```

英語における -and- であるが，and や or のような等位接続詞は転用体ではない．等位接続詞は同じ品詞の語句を結合する．そこで，「連接辞」と

呼ばれ横線で結ばれる．日本語の「行方不明」は名詞であるから「行方不明だった」は名詞述語の過去形である．これに付加された接続助詞「が」で逆接を導いている．

(29) Anna is not happy even though she has everything she needs.
[even though の用法]
(アンナは必要なものはなんでもあるのに幸せではない．)

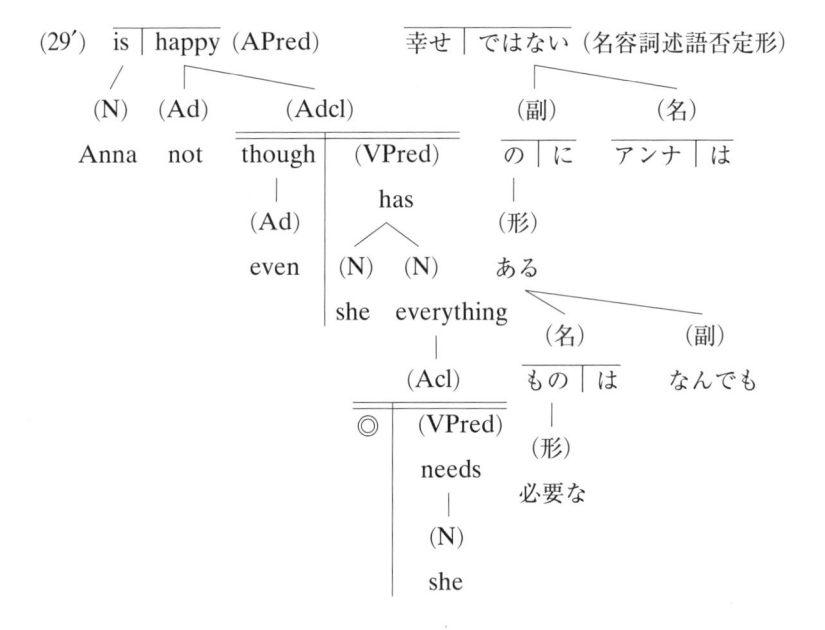

(29')　is｜happy (APred)　　　　幸せ｜ではない（名容詞述語否定形）
　　 ／　　　　　　　　　　　　　　　　　
　　(N)　(Ad)　　(Adcl)　　　　(副)　　　　(名)
　　Anna　not　though　(VPred)　の｜に　アンナ｜は
　　　　　　　　　　｜has
　　　　　　　(Ad)　　　　　　　　　　(形)
　　　　　　　even　(N)　(N)　　　　ある
　　　　　　　　　　she　everything
　　　　　　　　　　　　　　　　　　(名)　　　(副)
　　　　　　　　　　　　　(Acl)　　もの｜は　なんでも
　　　　　　　　　　　◎｜(VPred)
　　　　　　　　　　　　　needs　　(形)
　　　　　　　　　　　　　　　　　必要な
　　　　　　　　　　　　　(N)
　　　　　　　　　　　　　she

英語では，形容詞 happy が not で否定される．even though では，副詞の even が接続詞の though に従属すると解釈した．everything の後に関係代名詞 ◎ を設定した．

日本語では，「幸せではない」は「幸せだ」という名容詞述語の否定形である．そこで，「アンナは」は第1行為項として，「ではない」に従属させた．譲歩の「のに」であるが，「の」は形式名詞で，これに「必要なものはなんでもある」という形容詞語句が従属している．

(30) Much as we resemble one another, none of us are exactly alike.
（私たちは互いによく似ているが，まったく同じような人はいない．）

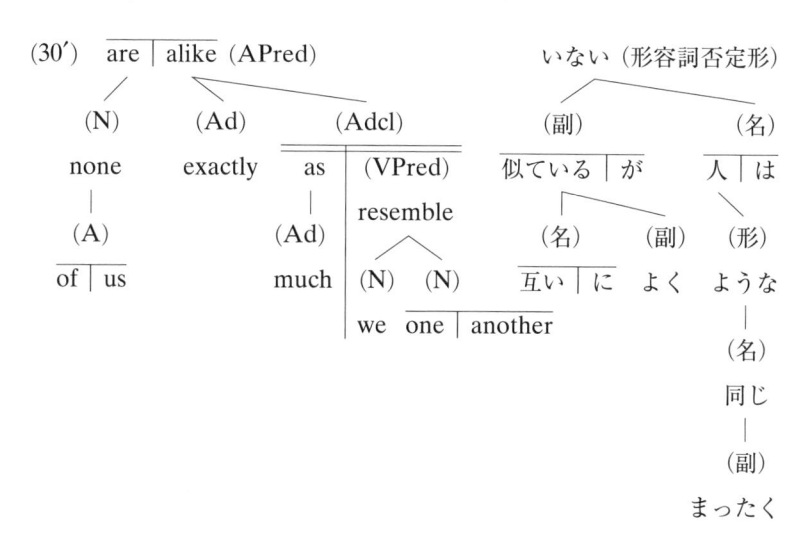

(30′)
```
       are │ alike (APred)                    いない（形容詞否定形）
      ╱   ↖
   (N)    (Ad)     (Adcl)              (副)              (名)
  none   exactly   as │(VPred)      似ている │ が      人 │ は
   │       │      │  resemble         ╱                  ╲
  (A)    (Ad)             ╱╲        (名)   (副)          (形)
 of │ us  much         (N)  (N)     互い │ に    よく    ような
                      we  one │ another                    │
                                                          (名)
                                                         同じ
                                                          │
                                                         (副)
                                                        まったく
```

英語では，副詞節を導く接続詞 as が副詞の much を支配している．日本語では，「同じ──(副)まったく」と表記したが，これは「同じ」が「まったく」を支配していることを表している．

(31) No matter where you may go, you will think of your family.
　　　　　　　　　　　　　　　　　　　　　　　[no matter 疑問詞の用法]
（どこへ行っても家族のことを考えるでしょう．）

(31′) will ... 考える｜でしょう（推量形）

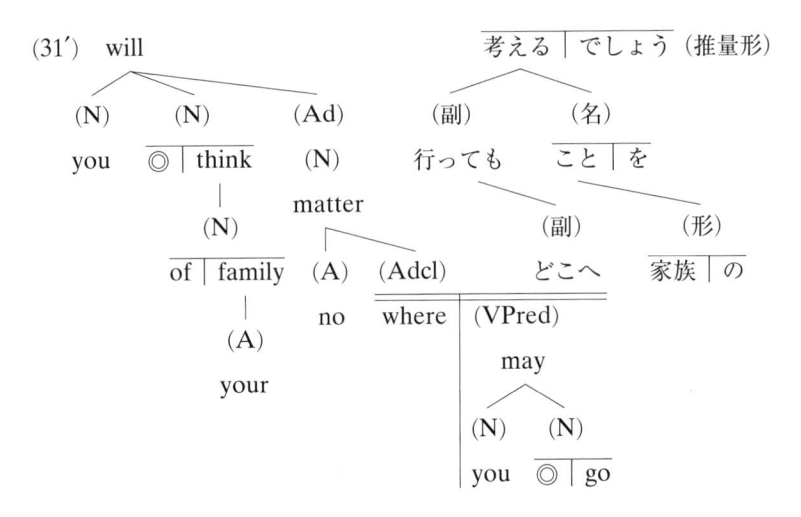

```
     (N)    (N)    (Ad)      (副)        (名)
     you  ◎｜think  (N)     行っても    こと｜を
                   matter
            (N)           (副)         (形)
         of｜family (A) (Adcl)  どこへ  家族｜の
                 (A)    no  where  (VPred)
                your              may
                              (N)   (N)
                              you  ◎｜go
```

英語の no matter where では，否定の no が名詞の matter を修飾し，その後に続く where「どこへ」が関係副詞として副詞節 you may go「行こうとも」を導いていると分析した．日本語の「行っても」では，副詞形「行って」に助詞「も」が付いて譲歩を意味する．

6.3.7. 目的節

(32)　Alice gave Henry a key so that he can get in at any time.

[so that can の用法]

（アリスはヘンリーにいつでも入れるように鍵を渡した．）

第6章 複文構造　　139

(32′)
```
         gave (VPred)
    ┌──────┬──────┬──────┐
   (N)    (N)    (N)    (Adcl)
  Alice  Henry  key   that (VPred)
          │     │          can
         (A)   (Ad)       ┌──┐
          a    so        (N)(N)
                          he ◎ get
                             ┌──┐
                            (Ad)(Ad)
                             in  at any time
```

```
      渡した（動述）
    ┌────┬────┬────┐
   （名）（名）（名）（副）
   アリス は ヘンリー に 鍵 を よう に
                    （形）
                    入れる
                     │
                    （副）
                    いつでも
```

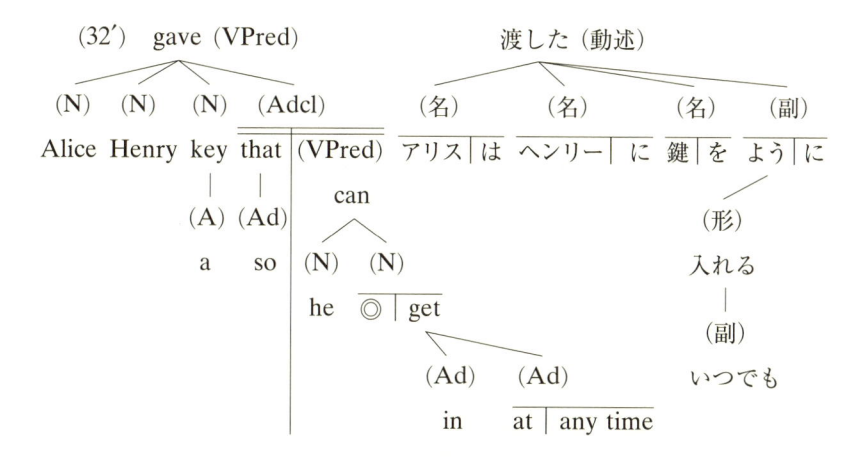

英語における so that 〜 can は目的節を導くが，副詞の so は接続詞の that を修飾している．名詞の「よう」は形容詞語句「いつでも入れる」を支配している．

(33)　Peter hurried in order that he might be in time for class.
　　　　　　　　　　　　　　　[in order that may の用法]
　　（ピーターは授業に間に合うように急いだ．）

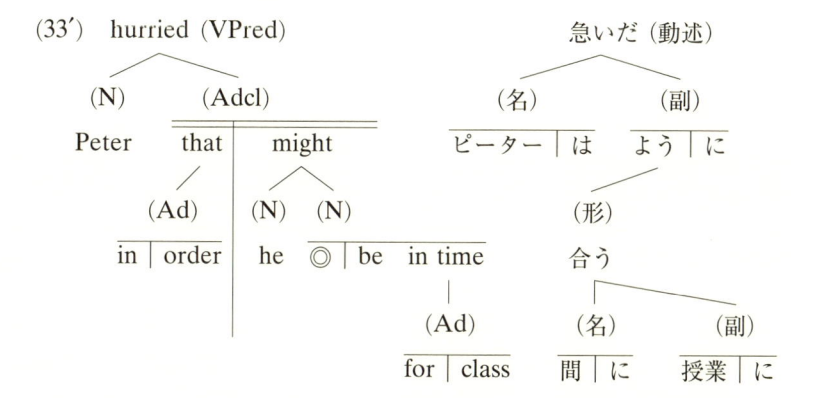

(33′)
```
      hurried (VPred)
   ┌──────┬──────┐
  (N)    (Adcl)
 Peter  that      might
        ┌──┐    ┌──┬──┐
       (Ad)   (N)(N)
      in order  he ◎ be in time
                      │
                     (Ad)
                    for class
```

```
      急いだ（動述）
    ┌────┬────┐
   （名）（副）
   ピーター は よう に
              （形）
              合う
           ┌────┬────┐
          （名）（副）
           間 に  授業 に
```

英語の in order that 〜 が「〜のために」を意味するから，in order that 〜 は「〜の目的で」となる．「目的で」は副詞句で，副詞節を導く接続詞の

that にかかっている.「よう」は「様態」から「状態」を意味し,「ように」は「ある状態にもっていく」という意図を表している. この名詞「よう」は「授業に間に合う」という形容詞語句で修飾されている.

(34)　I wrote down Bill's address for fear that I should forget it.
[for fear that ～ の用法]

(私はビルの住所を忘れないように書き留めた.)

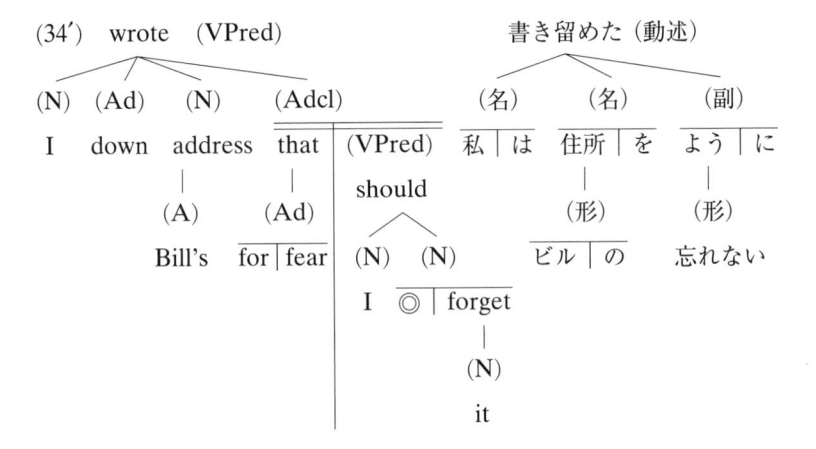

(34′)
```
         wrote (VPred)                    書き留めた (動述)
  (N) (Ad)  (N)   (Adcl)              (名) (名)    (副)
   I  down address that │(VPred)       私│は 住所│を   よう│に
             │      │   should                    │
            (A)    (Ad)                          (形)     (形)
           Bill's  for│fear  (N)  (N)          ビル│の    忘れない
                           I  ◎ │forget
                                │
                               (N)
                                it
```

英語での for fear that であるが, for fear は「恐れて」を意味し,「しないように」という内容をもつ. そこで, for fear that ～ は「～しないように」ということで, for fear は接続詞 that に支配されると見なした. 日本語では, for fear that は「～しないように」と訳される.

6.3.8. 比例節

(35)　You can earn more or less according as you work.
[according as の用法]

(君は働いただけ儲けがある.)

(35′)　can (VPred)
```
     (N)   (N)   (Adcl)
     you  ◎|earn   as  |(Vpred)
                      |work
           (N)    (Ad)|
     more-or-less according|(N)
                           |you
```

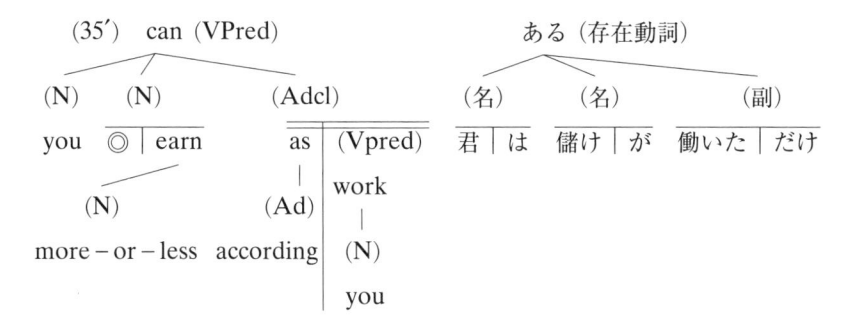

ある (存在動詞)
```
  (名)  (名)   (副)
  君|は 儲け|が 働いた|だけ
```

英語の according as「〜につれて」であるが，分詞の according が接続詞 as を修飾していると考えた．日本語では，「働いただけ」の「だけ」は程度の副助詞である．なお，「だけ」は「丈」から派生した名詞であるから，「だけ」が程度を表す名詞とも考えられる．そうすると，「働いた」が「だけ」を修飾し，「だけ」が副詞化したとする解釈もある．

6.4. 制限節

(36)　As far as the eye can reach, there stretches the desert.

[as far as の用法]

（目がとどく限り，砂漠が広がっている．）

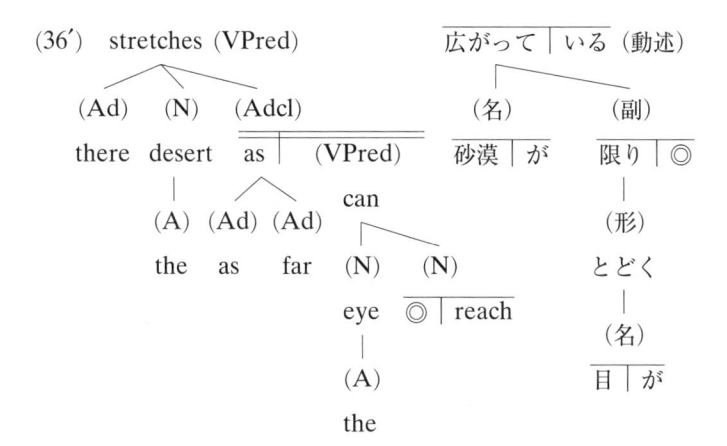

(36′)　stretches (VPred)
```
   (Ad)  (N)   (Adcl)
   there desert  as  |(VPred)
                    |can
         (A)(Ad)(Ad)|
         the as far (N)   (N)
                    eye ◎|reach
                    |
                    (A)
                    the
```

広がって|いる (動述)
```
   (名)        (副)
   砂漠|が     限り|◎
                  |
                  (形)
                  とどく
                  |
                  (名)
                  目|が
```

英語では，副詞の as far が副詞節を導く接続詞 as を修飾している．日本語の「かぎり」は名詞であるが，副詞化していると見なし，名詞を副詞化するゼロ転用体を設定した．例えば，「朝起きると」という文では，「朝」は名詞ではなく，副詞に転用されている．

第 7 章

仮 定 法

　英語には，伝達内容を事実として述べる直説法 (indicative mood) に対して，内容を仮定のこととして述べる仮定法 (subjunctive mood) がある．両者の間には動詞の語形に相違が見られる．また，話し手が命令や要求として相手に伝える命令法がある．

　仮定法は，事実に反する仮定とも言われ，現在と過去の事実について，仮想の内容に時制のずれが見られる．現在の事柄についての反事実的表現は「過去形」で，過去の事柄についての反事実的表現には「過去完了」の時制が用いられる．このように，仮定法では，現実の事実は過去形で，過去の事実は過去完了でというように，内容に対し表現時制は一段ずつ過去へとさかのぼる特質がある．こうしたことは，フランス語の「条件法」やドイツ語の「接続法」についてもあてはまる．

　そこで，if などで始まる「条件節」とその結論を示す「帰結節」とに分けて考察するのがよい．とくに，この章では，英語の法表現とそれに対する日本語訳の対応も調べてみよう．

7.1. 現在の内容についての反事実的表現

(1) If a comet were to run against the earth, what would become of us? ［if ... were to の用法］

(もし彗星が地球に衝突したら，私たちはどうなるだろうか．)

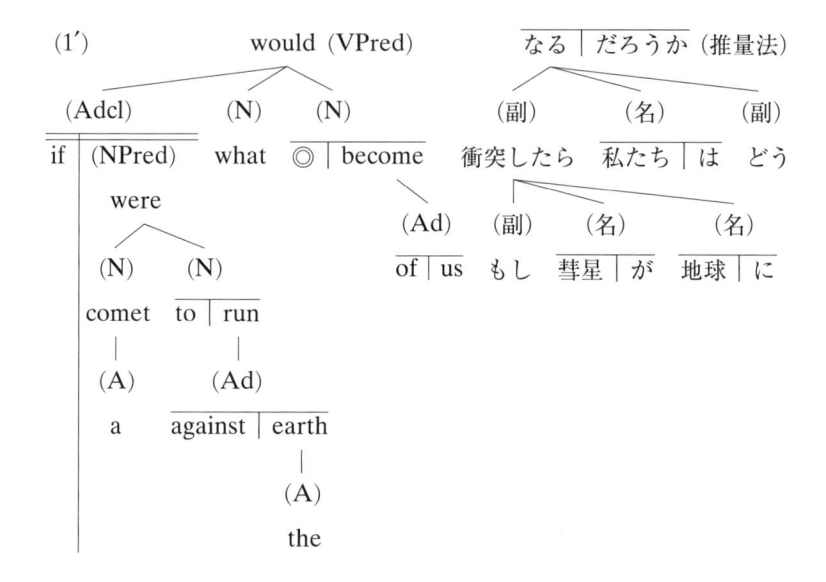

```
(1′)                would (VPred)        なる│だろうか（推量法）
      (Adcl)      (N)    (N)         (副)      (名)       (副)
      if   (NPred)  what  ◎│become   衝突したら  私たち│は   どう
           were
                              (Ad)    (副)   (名)   (名)
           (N)    (N)         of│us  もし  彗星│が  地球│に
          comet  to│run
            │      │
           (A)    (Ad)
            a   against│earth
                         │
                        (A)
                        the
```

英語における if の条件節では，仮定法の動詞 were が用いられている．この動詞が第2行為項として不定詞 to run をとると見なして，be + N ということで名詞述語と見なした．動詞 run は次の副詞句の against と結びついて「衝突する」を意味する．

日本語訳における「衝突したら」は「衝突する」の条件法過去形である．これに対し，帰結部の would become の「なるだろうか」は動詞「なる」の推量法形である．

そこで，日本語の動詞変化における条件形と推量形を紹介しておく．

(2) 動詞「書く」の条件形

	（非過去）	（過去）
［肯定］	書けば	書いたら
［否定］	書かなければ	書かなかったら

第 7 章　仮 定 法

動詞「書く」の推量形

	（非過去）	（過去）
［肯定］	書くだろう	書いただろう
［否定］	書かないだろう	書かなかった（だ）ろう

(3)　If World War II had ended two weeks earlier, Asia would make a drastic change.

（第二次大戦が 2 週間早く終わっていたら，アジアは劇的な変化をとげていただろう．）

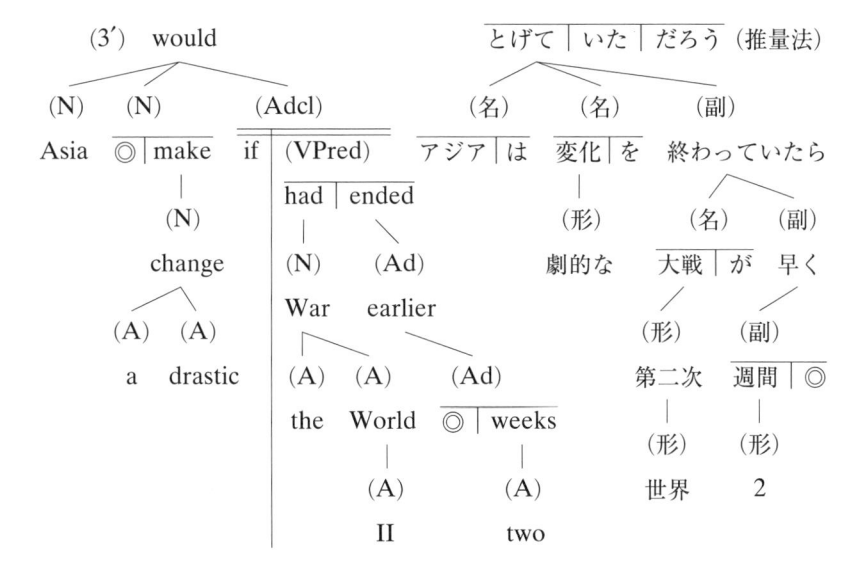

(3′) [統語構造図]

英語では，過去の事実に反する仮定であるから，動詞は過去完了となる．名詞の weeks を副詞化するためのゼロ転用体 ◎ を設定した．

日本語では，条件節が仮定法過去形「終わっていたら」となり，帰結節は「とげていただろう」と推量法の過去形が用いられている．

(4)　If it had not been for Mary's devoted nursing, her husband would not be living now.

（もしメアリーの献身的な看護がなかったら，夫はいま生きていないだろうに．）

(4′)　would
　　　　　(N)　(Ad)　(N)　　　　　　(Adcl)
　　　　husband　not　◎｜be　living　if　(VPred)
　　　　　｜　　　　　　　｜　　　　　had been
　　　　　(A)　　　　　　(Ad)　　　　　｜
　　　　　her　　　　　　now　　　(N)　(Ad)　(N)
　　　　　　　　　　　　　　　　　it　　not　for｜nursing
　　　　　　　　　　　　　　　　　　　　　　　(A)　　(A)
　　　　　　　　　　　　　　　　　　　　　Mary's　devoted

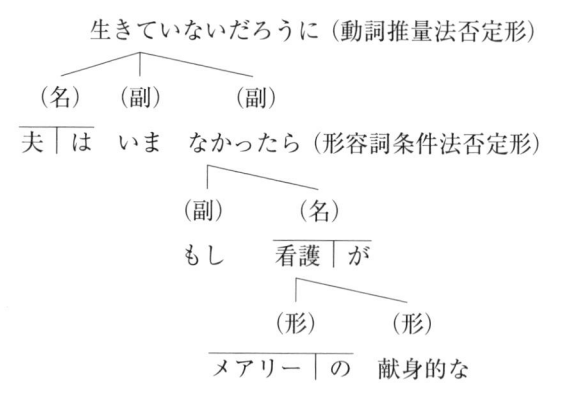

　　　　　　生きていないだろうに（動詞推量法否定形）
　　　　（名）（副）　（副）
　　　　夫｜は　いま　なかったら（形容詞条件法否定形）
　　　　　　　　　　　（副）　　（名）
　　　　　　　　　　　もし　看護｜が
　　　　　　　　　　　　　　　（形）　　（形）
　　　　　　　　　　　　　メアリー｜の　献身的な

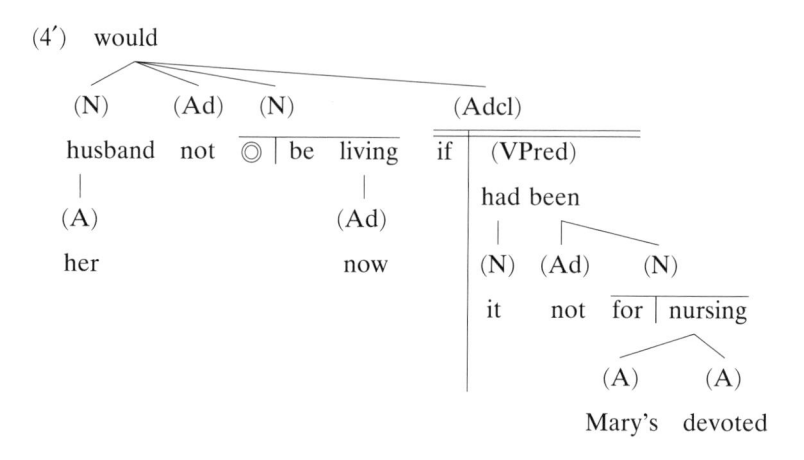

　If it had not been for nursing は「もし看護がなかったら」と意味するので，for nursing という句は名詞句として名詞「看護」の存在を否定した表現と解釈した．推量法の「だろう」に終助詞の「に」がついて，想定に対する感動が含まれている．
　この例文では形容詞の条件法が用いられているから，形容詞の条件法と推量法を紹介しておく．

(5) 形容詞「高い」の条件法

	（非過去形）	（過去形）
［肯定形］	高ければ	高かったら
［否定形］	高くなければ	高くなかったら

形容詞「高い」の推量法

	（非過去形）	（過去形）
［肯定形］	高いだろう	高かった（だ）ろう
［否定形］	高くないだろう	高くなかった（だ）ろう

形容詞でも，仮定法の条件節は条件法が，帰結節では推量法が用いられる．

(6) I wish I were young again. ［I wish の用法］
　　（もう一度若くなることができたらなあ．）

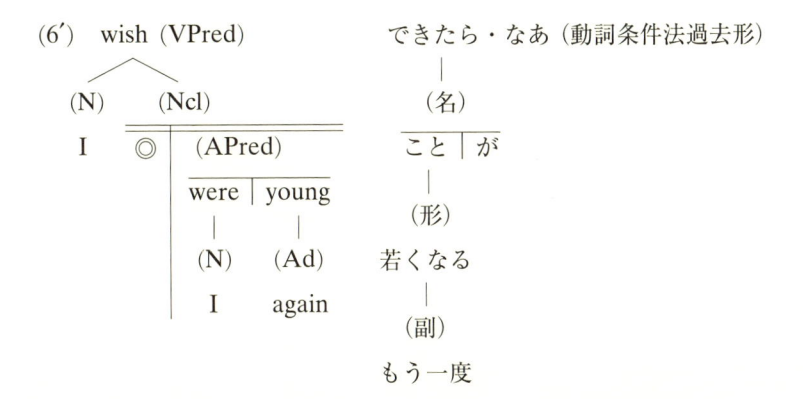

(6′)　wish (VPred)　　　　　　できたら・なあ（動詞条件法過去形）
　　　／＼
　　(N)　(Ncl)　　　　　　　　　（名）
　　 I 　◎　(APred)　　　　　こと｜が
　　　　　　were｜young　　　　 ｜
　　　　　　　｜　｜　　　　　　（形）
　　　　　　(N)　(Ad)　　　　　若くなる
　　　　　　 I 　again　　　　　 ｜
　　　　　　　　　　　　　　　　（副）
　　　　　　　　　　　　　　　　もう一度

　英語では，I wish に続く名詞節 I were young again を導く接続詞が省略されているので，これをゼロ転用体 ◎ で表すことにした．
　日本語における「できたら」は動詞「できる」の条件法の過去形である．また，形式名詞「こと」に「もう一度若くなる」という形容詞語句が支配されている．「なあ」は終助詞「な」を引き延ばしたもので，女性表現なら「ねえ」となる．

(7) Nancy felt as if she were in a dream. ［as if の用法］
　　（ナンシーはまるで夢を見ているようだった．）

(7′)　felt (VPred)
　　　├ (N) Nancy
　　　└ (Adcl)
　　　　├ if
　　　　│　└ (Ad) as
　　　　└ (VPred) were
　　　　　├ (N) she
　　　　　└ (Ad) in
　　　　　　└ dream
　　　　　　　└ (A) a

よう｜だった（名容詞述語）
　├ (形) 見ている
　│　└ (名) 夢｜を
　└ (名) ナンシー｜は

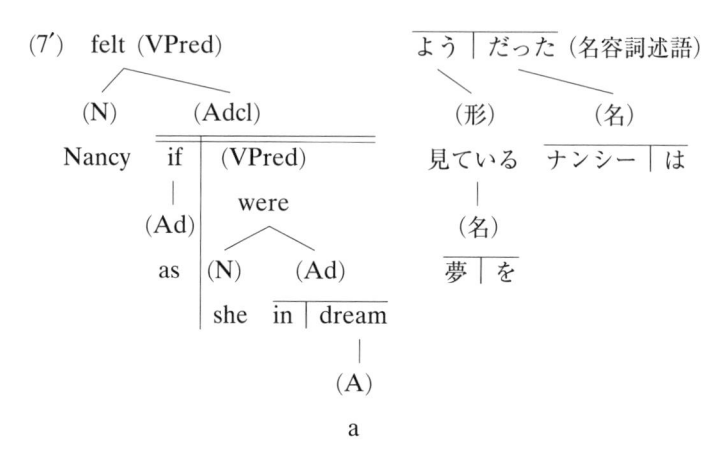

英語では，副詞 as が接続詞の if を修飾していると考えた．if が副詞節を導いている．節内では「ナンシーは夢の中にあるかのように」という状態を表している．

日本語では「ようだ」は名容詞述語で，「よう」は様態を表す名容詞である．これが「夢を見ている」という形容詞語句を支配している．

(8) Alice disappeared as if by magic. ［as if による用法］
　　（アリスはまるで魔法のように消えた．）

(8′)　disappeared (VPred)
　　　├ (N) Alice
　　　└ (Adcl)
　　　　├ if
　　　　│　└ (Ad) as
　　　　└ (VPred) (did)
　　　　　├ (N) (she)
　　　　　└ (Ad) by
　　　　　　└ magic

消えた（動述）
　├ (名) アリス｜は
　└ (副) よう｜に
　　　├ (副) まるで
　　　└ (形) 魔法｜の

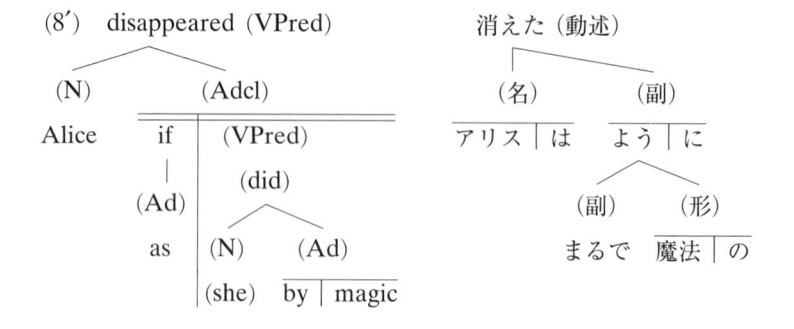

(8) も同じく as if を用いた構文で，やはり，様態の名容詞「よう」を「まるで魔法の」という形容詞語句が修飾している．

(9)　With a little more care, you wouldn't make such a mistake.
　　　　　　　　　　　　　　　　　　　　　　　　[with による用法]
（もう少し注意すれば，そんな誤りはしなかっただろう．）

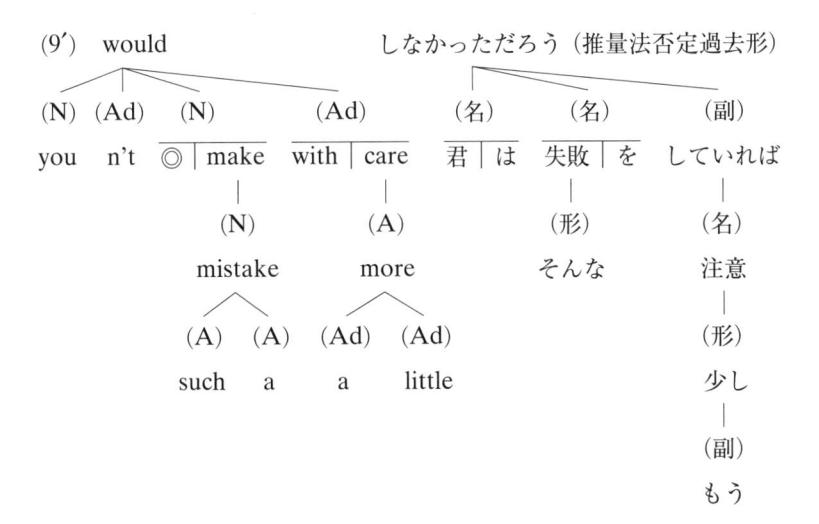

(9′)　would　　　　　　　　　しなかっただろう（推量法否定過去形）
　　(N)　(Ad)　(N)　　(Ad)　　（名）　（名）　　（副）
　　you　n't　◎｜make　with｜care　君｜は　失敗｜を　していれば
　　　　　　　　　｜　　　　｜　　　　　　　　｜　　　　｜
　　　　　　　　(N)　　(A)　　　　　　　（形）　　（副）
　　　　　　　mistake　more　　　　　　そんな　　注意
　　　　　　　△　　　△　　　　　　　　　　｜
　　　　　　(A) (A) (Ad) (Ad)　　　　　　　　（形）
　　　　　　such a　a little　　　　　　　　少し
　　　　　　　　　　　　　　　　　　　　　　　｜
　　　　　　　　　　　　　　　　　　　　　　（副）
　　　　　　　　　　　　　　　　　　　　　　もう

　英語は with a little more care という副詞句を用いているが，助動詞の would が仮定法の内容を示唆している．なお，a little は形容詞の more を修飾しているので副詞とした．

　日本語では，「していれば」は動詞「している」の条件法非過去形であるが，「しなかっただろう」は推量法過去形である．とにかく，条件節に条件法を，帰結節に推量法を用いるのが仮定法に対する日本語の対応策である．

(10)　I felt a little better, otherwise I would have had to go to the doctor.　[otherwise の用法]
（私は少しよくなったが，そうでなかったら，医者に行かなければならなかった．）

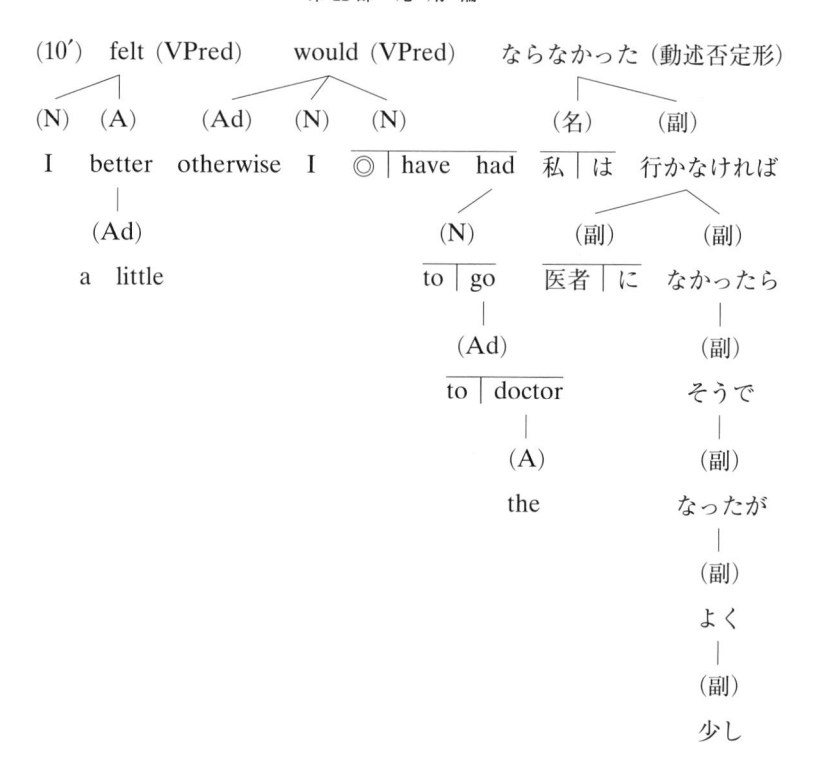

(10′) felt (VPred)　　would (VPred)　　ならなかった（動述否定形）
　(N)　(A)　　(Ad)　(N)　(N)　　　　（名）　　　　（副）
　I　better　otherwise　I　◎｜have had　私｜は　行かなければ
　　　　｜
　　　　(Ad)　　　　　　　　　(N)　　　　　（副）　　（副）
　　　a　little　　　　　　　to｜go　　医者｜に　なかったら
　　　　　　　　　　　　　　　　｜　　　　　　　　　｜
　　　　　　　　　　　　　　　(Ad)　　　　　　　　（副）
　　　　　　　　　　　　　　to｜doctor　　　　そうで
　　　　　　　　　　　　　　　　｜　　　　　　　　　｜
　　　　　　　　　　　　　　　(A)　　　　　　　　　（副）
　　　　　　　　　　　　　　　the　　　　　　　　なったが
　　　　　　　　　　　　　　　　　　　　　　　　　　｜
　　　　　　　　　　　　　　　　　　　　　　　　　（副）
　　　　　　　　　　　　　　　　　　　　　　　　　よく
　　　　　　　　　　　　　　　　　　　　　　　　　　｜
　　　　　　　　　　　　　　　　　　　　　　　　　（副）
　　　　　　　　　　　　　　　　　　　　　　　　　少し

　英語では，otherwise「そうでなかったら」が条件節を形成している．帰結節に助動詞の would を含むことが仮定法であることを暗示している．また，不定詞の have to go は「行かなければならない」とその行為が義務的であることを伝えている．なお，to the doctor は移動の方向であるが，内容としては不可欠な必要要素であるから第3行為項とし見なした．

　日本語では「医者に行かなければ」は条件法の否定形で，「ならなかった」は「許されなかった」を意味する．さらに，「よくなったが」の「が」は意味が反対になる語句を接続する助詞である．「そうでなかったら」の「なかったら」は否定の形容詞「ない」の条件法過去形である．

　以上で仮定法についての日英の比較的検証を終える．

第 8 章

接 続 詞

接続詞と転用との関係を説明しておく必要がある．

接続詞には等位接続詞と従位接続詞の 2 種類がある．従位接続詞は転用と関係あるが，等位接続詞のほうは転用とは関係ない．そこで，両者を別に扱わなければならない．

8.1. 従位接続詞

従位接続詞は条件節に対する帰結節の品詞を決定する．（括弧内は日本語の転用体）

(1) 名詞節を導く接続詞： that, whether, if（のは，のが，のを，ことは，ことが，ことを）

(2) 形容詞節を導く関係代名詞： that, which, who, whose, whom（形容詞語句による）

(3) 副詞節を導く接続詞：
   a. 場所の副詞節： where（所に，所で）
   b. 時間の副詞節： when, while, as, since, til, after, before（ときに，ときから，間に，の前に，の後に）
   c. 条件の副詞節： if, in case（もし～なら，～の場合）

d. 理由の副詞節： because, as, since（ので，から）
e. 結果の副詞節： so 〜 that, so that
f. 譲歩の副詞節： though, even if（のに）
g. 目的の副詞節： so that 〜 may, in order that, lest, for fear（ために，ように）
h. 比較の副詞節： than, as（より）
i. 様態の副詞節： as, as if（のように）
j. 比例の副詞節： as 〜 as（ほど）

8.2. 等位接続詞

等位接続詞には，and, or, but, for などがある．これらは同一の品詞の語句を結合するので，品詞を変化させる転用とは関係ない．こうした等位接続詞をとくに「連接辞」(junctive) と称する．日本語には，「と」「あるいは」などの連接辞がある．以下，図系における連接辞の扱いについて説明しておく．

(4) Jack and Jill went to see a circus show. ［and の用法］
（ジャックとジルはサーカスを見に行った．）

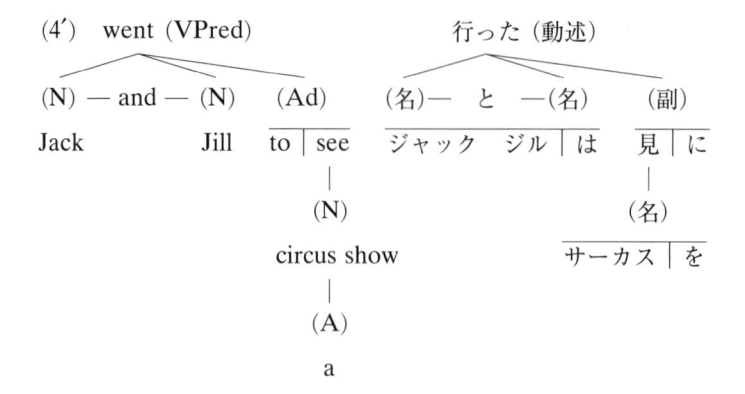

(4′)　　went (VPred)　　　　　　行った (動述)

(N) — and — (N)　(Ad)　　（名）— と —（名）　（副）
Jack　　　Jill　　to | see　　ジャック　ジル　は　　見 | に
　　　　　　　　　　|　　　　　　　　　　　　　　　　|
　　　　　　　　　(N)　　　　　　　　　　　　　　　(名)
　　　　　　　circus show　　　　　　　　　　　サーカス | を
　　　　　　　　　　|
　　　　　　　　　(A)

a

第 8 章　接　続　詞

Jack and Jill「ジャックとジル」では，ジャックとジルという二つの名詞が接続詞の and「と」で結ばれている．

(5)　Anna washed the dishes and dried them.
　　（アンナはお皿を洗って，乾かした．）

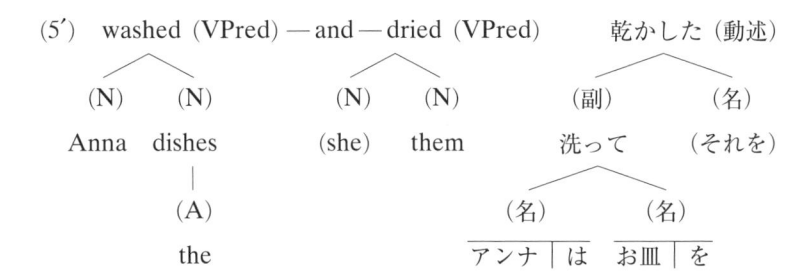

(5′)　washed (VPred) — and — dried (VPred)　　　乾かした（動述）
　　　　(N)　　(N)　　　　　　(N)　　(N)　　　（副）　　（名）
　　　Anna　dishes　　　　　(she)　them　　洗って　　（それを）
　　　　　　　 │　　　　　　　　　　　　　　　│
　　　　　　　(A)　　　　　　　　　　　　　（名）　　　（名）
　　　　　　　the　　　　　　　　　　　　アンナ｜は　お皿｜を

英語の等位接続詞 and について，二つの動詞を結びつけるとき，両者を上の図系に示されているように，横線 —— で結びつける．

日本語では，二つの動詞を連続させるときは，前の動詞を副詞形にする．そこで「洗って（副詞形）乾かす」としか言えない．

(6)　My father worked by day and by night.
　　（私の父は昼も夜も働いた．）

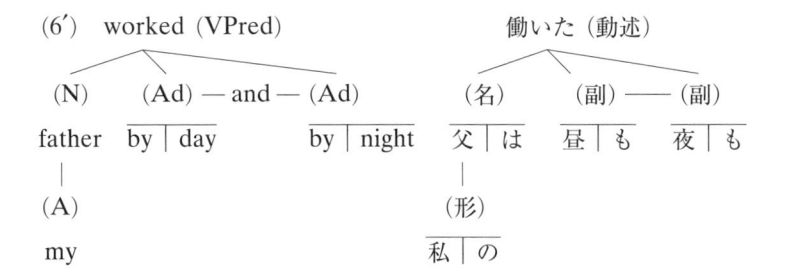

(6′)　worked (VPred)　　　　　　　　働いた（動述）
　　　(N)　　(Ad) — and — (Ad)　　（名）　（副）——（副）
　　　father　by｜day　　by｜night　父｜は　昼｜も　夜｜も
　　　│
　　　(A)　　　　　　　　　　　　　　　　（形）
　　　my　　　　　　　　　　　　　　　私｜の

英語では，副詞句の by day と by night が and により同等の資格で結びつけられている．日本語では，同等のものごとを示す副助詞「も」を伴う二つの副詞句が横線で結ばれている．

(7) Which do you like better, baseball or football?　［or の用法］
　　（野球と蹴球の間であなたはどちらが好きですか．）

(7′)　do like (VPred)?　　　　　　好きですか（動述疑問）
　　(N)　(Ad)　(N)　　　　　　（名）　　（名）
　　you　better　which　　　　あなた｜は　どちら｜が
　　　　　　　　｜
　　　　　　　(Ad)　　　　　　　　　　　（副）
　　　　baseball — or — football　　　　　間｜で
　　　　　　　　　　　　　　　　　　　　｜
　　　　　　　　　　　　　　　　　　　（形）
　　　　　　　　　　　　　　　　野球—と—蹴球｜の

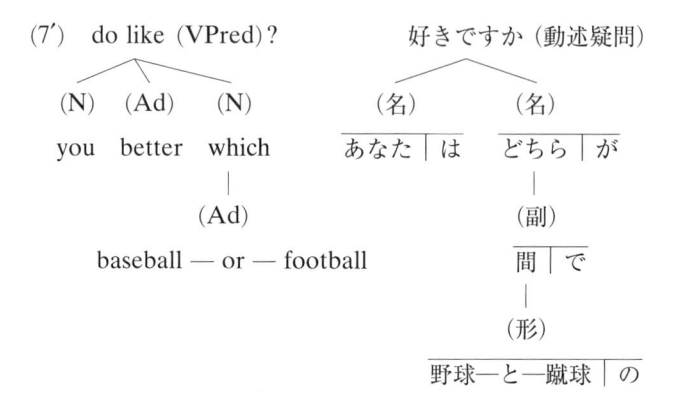

これは疑問文であるから，助動詞の do をそのまま残し，イントネーションを示す？マークも付けておく．日本語では，疑問の助詞「か」を述語末に付けておく．日本語では，「野球と蹴球」は接続詞「と」で結ばれているが，英語では選択疑問であるから，接続詞は or となる．

(8) Jones works slowly but accurately.　［but の用法］
　　（ジョーンズはゆっくりだが，確実に仕事をする．）

(8′)　works (VPred)　　　　　　する（動述）
　　(N)　(Ad)— but —(Ad)　　（名）　（名）　（副）
　　Jones　slowly　　accurately　ジョーンズ｜は　仕事｜を　正確｜に
　　　　　　　　　　　　　　　　　　　　　　　　　　　　（副）
　　　　　　　　　　　　　　　　　　　　　　　ゆっくりだ｜が

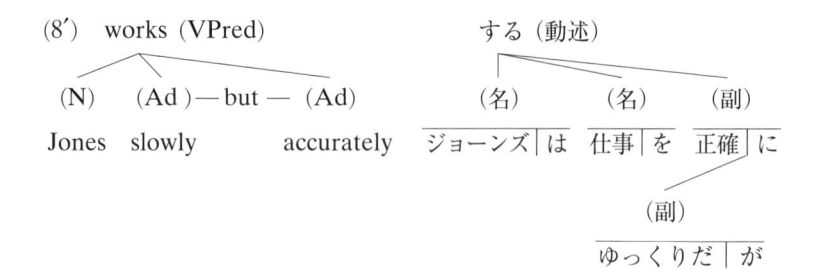

英語では，先行する語・句・節・文とは反対の語・句・節・文を導く等位接続詞の but が用いられている．日本語では，先行の語句や文とは逆の意味となる語句や文を導く接続助詞の「が」が付加されている．

(9) The most important thing in the Olympic Games is not to win but to take part in them.　[not 〜 but の用法]
(オリンピックでもっとも大事なことは勝つことではなく参加することだ.)

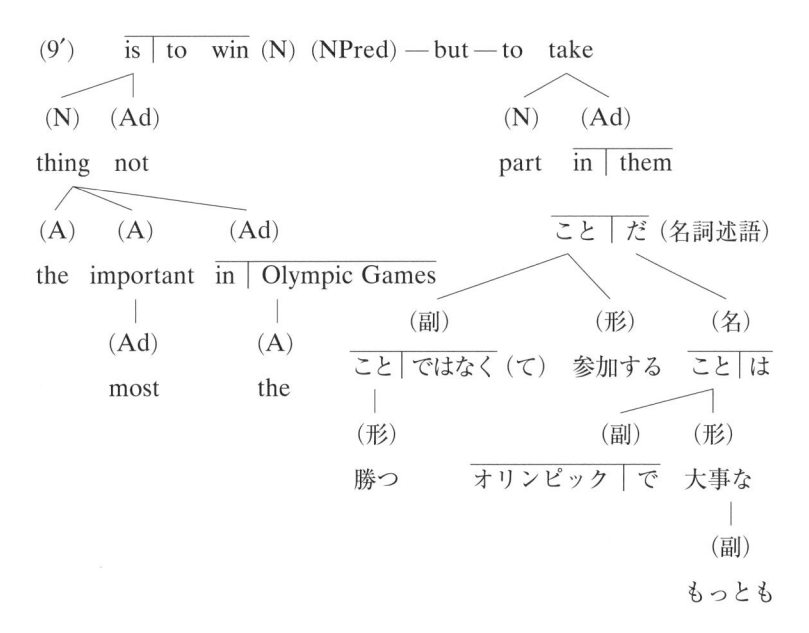

(9′) 構文図

英語における is to win であるが，to win は不定詞であるから，名詞と見なした．そこで，これは名詞述語となる．なお，否定の副詞 not は上の is にかかる．この not が接続詞の but と対応することになる．

日本語では，「こと」が形式名詞であるから，「ことだ」は名詞述語で，この否定形は「ことではない」と変化する．形容詞「ない」の副詞形は「なく」となり，つづく「て」は前の語句を受けて次の語句に繋いでいく接続助詞である．

(10) Not only the pupils but also the teacher laughed.
　　　　　　　　　　　　　　　[not only 〜 but also の用法]

(生徒だけでなく先生も笑った.)

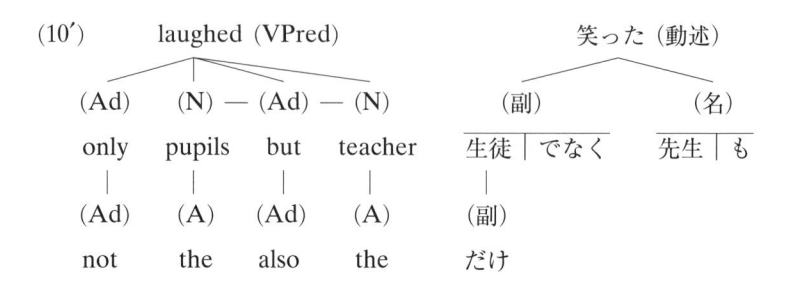

```
(10′)        laughed (VPred)                笑った (動述)
           ┌─────┴─────┐                  ┌──────┴──────┐
        (Ad)  (N) — (Ad) — (N)         (副)              (名)
        only  pupils but  teacher    生徒│でなく      先生│も
         │     │     │     │
        (Ad)  (A)  (Ad)   (A)          (副)
        not   the  also   the          だけ
```

英語では，not only と but also がペアになっている．そして but が連接辞として働いている．日本語のほうでは「〜だけでなく〜も」と訳されているが，「だけ」は限定を表す副助詞で上の名詞にかかっている．「生徒だ」は名詞述語で，この否定形は「生徒ではない」となり，「生徒ではなく」はその副詞形である．日本語で副詞形が用いられると，連接辞は不要となる．以上をもって，接続詞の章を終える．

第 9 章

文体について

　英語にも日本語にもさまざまな文体があるので,これらをすべて扱うわけにはいかないが,結合価文法による図系の分析が文体の研究にどのように役立つか1例のみ紹介しておく.

(1)　Antony swims across the river.
　　a.　アントニーは川を横切って泳ぐ.
　　b.　アントニーは泳いで川を渡る.

　(1) の英文を (a) のように訳すと,直訳に過ぎると非難されるであろう.そこで (b)「アントニーは泳いで川を渡る」という日本語のほうが自然に聞こえる.ここに文体の問題が生じてくる.いま,英語と日本語の図系を比べてみよう.

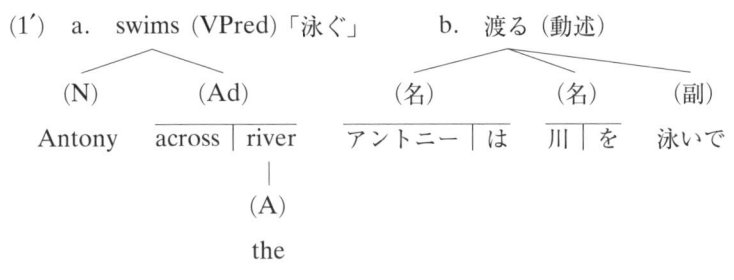

(1′)　a.　swims (VPred)「泳ぐ」　　b.　渡る (動述)

　　　　(N)　　(Ad)　　　　　(名)　　(名)　　(副)
　　Antony　across│river　アントニー│は　川│を　泳いで
　　　　　　　　│
　　　　　　　　(A)
　　　　　　　　the
「アントニーは」「川を横切って」

(1) の英語では across the river と場所の移動を表す副詞句に対し，(b) の和文では「泳いで」という動詞の移動方法を示す副詞が用いられている．

テニエールは大著 *Éléments du syntax structurale*（『構造統語論要説』(357 頁)）でドイツ語とフランス語の文体の相違例として次の文例を掲げている．

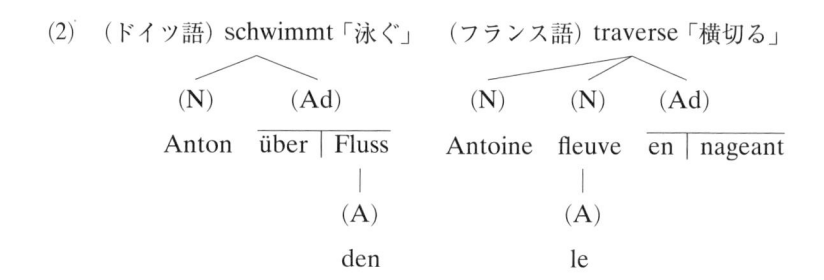

(2)　（ドイツ語）schwimmt「泳ぐ」　　（フランス語）traverse「横切る」

```
         (N)      (Ad)              (N)     (N)      (Ad)
        Anton   über│Fluss         Antoine  fleuve  en│nageant
                  │                          │
                 (A)                        (A)
                 den                         le
```

こうして比べてみると，日本語はフランス語型であり，ドイツ語は英語型であることが分かる．今後こうした幅広い文体の比較研究の促進が望まれる．

第 10 章

図系を取り出す方法

ここで与えられた英語の図系（文構造）を取り出す手順をまとめておく．

10.1. 述語の決定

与えられた英語について，この文を構成する述語が，動詞述語か，形容詞述語か，名詞述語のうち，いずれであるか決定することが第 1 段階である．

(1) The baby smiled.（赤ちゃんが笑った．）
(2) The sea is wide.（海は広い．）
(3) Jane is a kind nurse.（ジェインは親切な看護婦だ．）

上の三つの文の図系は次のようになる．

```
   (1′)                (2′)                   (3′)
  「笑った」            「広い」                「看護婦だ」
 smiled (VPred)     is │ wide (APred)       is │ nurse (NPred)
   │ （動詞述語）       │ （形容詞述語）「広い」   ／  ＼ （名詞述語）
  (N)                 (N)                  (N) (A) (A)
 baby「赤ちゃんが」   sea「海は」             Jane   a   kind
   │                   │                 「ジェインは」（冠詞）「親切な」
  (A)                 (A)
 the（冠詞）         the（冠詞）
```

159

形容詞述語も名詞述語も be 動詞と形容詞もしくは名詞の間に縦線を入れ，両者の上を横線で結ぶ．be 動詞は主語の名詞を支配するので，両者を結合線で結ぶ．

10.2. 動詞述語が要求する名詞項の数

動詞述語では，動詞が 1 項か 2 項か 3 項のいずれであるかを決定し，述語が名詞を支配する．

- (4) The sun rises in the east. ［1 項］
  (太陽は東からのぼる．)
- (5) Anna took breakfast at the coffee shop. ［2 項］
  (アンナはコーヒーショップで朝食をとった．)
- (6) Jack threw a stone to the dog. ［3 項］
  (ジャックは犬に石を投げつけた．)
- (7) Alice introduced Tom to her friend. ［3 項］
  (アリスはトムを友達に紹介した．)

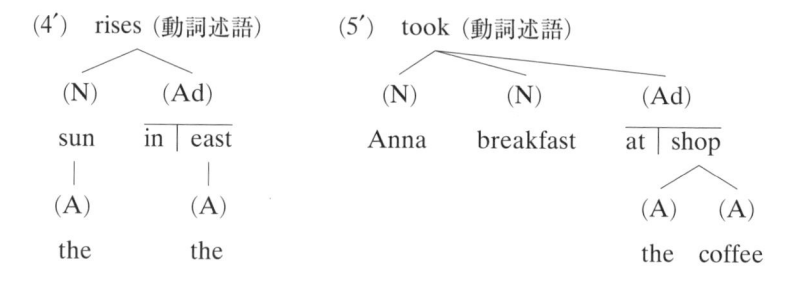

```
(4')   rises (動詞述語)         (5')   took (動詞述語)
         ∧                            ∧
  (N)       (Ad)              (N)      (N)       (Ad)
  sun    in │ east            Anna   breakfast  at │ shop
   │         │                                       ∧
  (A)       (A)                              (A)   (A)
  the       the                              the   coffee
```

第10章 図系を取り出す方法

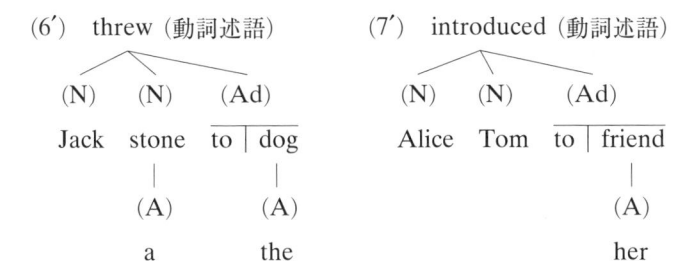

```
(6')  threw (動詞述語)           (7')  introduced (動詞述語)
      ／  |  ＼                        ／  |  ＼
    (N)  (N) (Ad)                   (N)  (N) (Ad)
    Jack stone to | dog            Alice Tom to | friend
     |    |                          |    |
    (A)  (A)                        (A)
     a   the                        her
```

(4) では，名詞は the sun「太陽」のみで，in the east「東から」は副詞句である．(5) では，Anna「アンナは」と breakfast「朝食を」の二つの名詞をとる．at the coffee shop は場所を表す副詞句で，「コーヒーショップ」における coffee「コーヒー」は shop「ショップ」に依存している．(6) の文では，名詞項は Jack「ジャック」と stone「石」，それに投げる方向の to a dog「犬に」は石を投げつける相手であるから，副詞句であるが文の成立に必要な要素として行為項と見なした．(7) の「A は B を C に紹介した」という文も (6) と同じような図系をとる．

英語では，このように動詞が支配する名詞を決定してからその名詞にかかる冠詞や形容詞を (A) として図系に書き込む必要がある．

10.3. 動詞句の構成

動詞句は，「動詞＋前置詞」，「動詞＋副詞」から構成され，一つの動詞としてまとまった意味をもつ語句を指す．その例を二つほど示しておく．

(8) Jim is looking for a new job.
    (ジムは新しい仕事を探している．)
(9) Everybody looks up to Helen Keller.
    (だれでもヘレン・ケラーを尊敬している．)

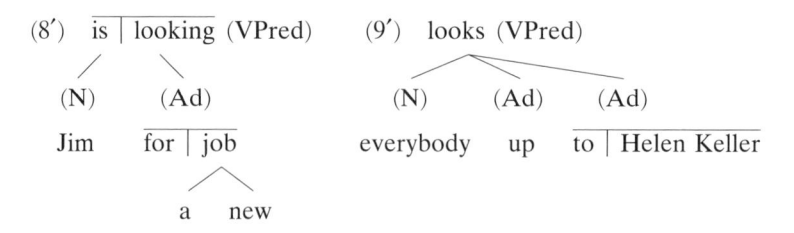

```
(8′)   is │ looking (VPred)        (9′)   looks (VPred)
      /         \                        /    |      \
    (N)         (Ad)                   (N)   (Ad)   (Ad)
    Jim       for │ job            everybody  up   to │ Helen Keller
              /     \
             a     new
```

動詞述語の is looking は進行形であるが，両者を横線で結び，is の後ろに縦線を引く．この is は主語の Jim を支配している．動詞句 look for は「探す」，look up to は「尊敬する」を意味する動詞句である．英語ではこうした動詞句がよく利用される．

10.4. 2項動詞としての助動詞

助動詞は2項の動詞として扱う．

(10)　Henry can play the guitar.
　　　（ヘンリーはギターがひける．）
(11)　You ought to be hungry, since you don't eat lunch.
　　　（君はお昼を食べていないから，おなかがすいているはずだ．）

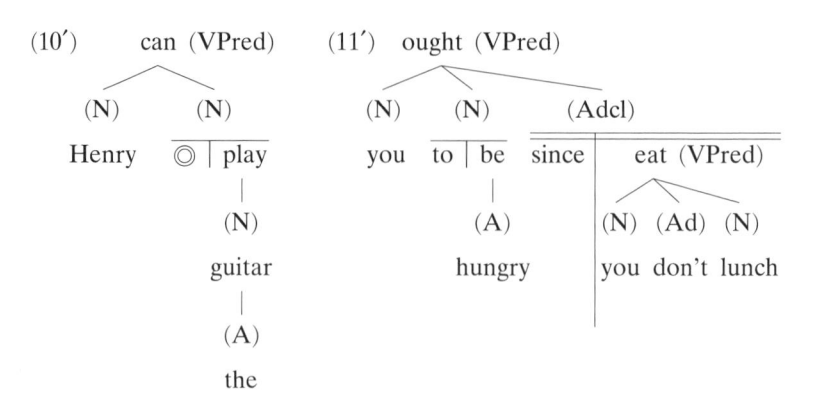

```
(10′)      can (VPred)          (11′)    ought (VPred)
         /       \                      /      |        \
        (N)      (N)                  (N)     (N)      (Adcl)
       Henry   ◎ │ play              you    to │ be    since │ eat (VPred)
                   │                          │              /   |    \
                  (N)                        (A)           (N) (Ad) (N)
                 guitar                     hungry        you don't lunch
                   │
                  (A)
                  the
```

助動詞は主語を表す名詞と助動詞につづく不定詞（名詞）という二つの名詞を支配する．(10) のように不定詞の to がない場合は，ゼロの前置詞 ◎ を設定するが，(11) のように，前置詞 to をもつ場合はそのままでよい．

10.5. 名詞述語

名詞述語の前に立つ be 動詞は主語の名詞を支配し，これを述語化する．

(12)　The elephant is the largest animal.
　　　（象は一番大きな動物である．）

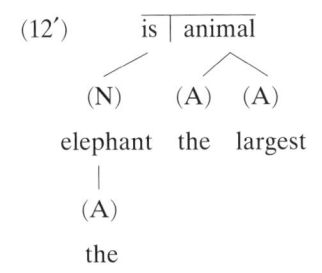

(12′)
```
         is │ animal
         ╱       ╱╲
      (N)    (A)  (A)
   elephant  the  largest
      │
    (A)
    the
```

上記のように，主語の elephant は動詞 is に支配される．なお，名詞が動名詞や不定詞の場合もある．

(13)　My hobby is collecting postage stamps.
　　　（私の趣味は切手の収集です．）

(14)　The concert is to be held this evening.
　　　（コンサートは今晩行われる予定です．）

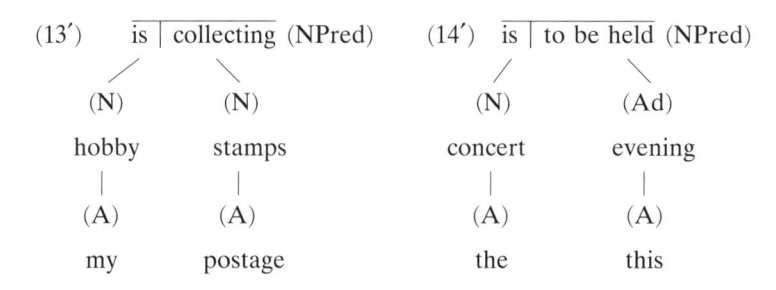

(13′)　　　is｜collecting (NPred)　　(14′)　　is｜to be held (NPred)
　　　／　　　＼　　　　　　　　　　　　／　　　＼
　　(N)　　　　(N)　　　　　　　　　　(N)　　　　(Ad)
　hobby　　stamps　　　　　　　　concert　　evening
　　｜　　　　｜　　　　　　　　　　　｜　　　　　｜
　　(A)　　　(A)　　　　　　　　　　(A)　　　　(A)
　　my　　postage　　　　　　　　　the　　　　this

　(13) の collecting は動名詞，(14) の to be held は受動の不定詞で，ともに名詞であるから，名詞述語と見なされる．

10.6. 形容詞述語

　形容詞が be 動詞の後にくれば，形容詞が述語化され，主語は be 動詞に支配される．

(15)　Nancy is anxious to meet you.
　　　　（ナンシーは君に会いたがっている．）
(16)　Janet is afraid of dogs.
　　　　（ジャネットは犬をこわがっている．）

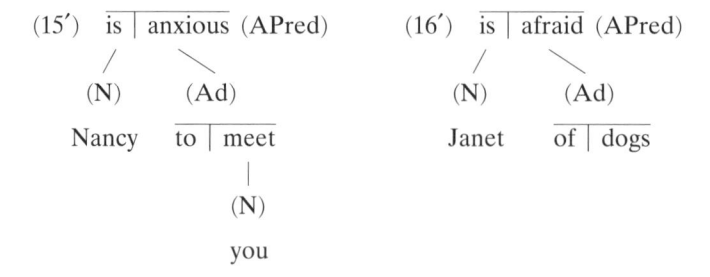

(15′)　　　is｜anxious (APred)　　(16′)　　is｜afraid (APred)
　　　／　　　＼　　　　　　　　　　　　／　　　＼
　　(N)　　　(Ad)　　　　　　　　　　(N)　　　　(Ad)
　Nancy　　to｜meet　　　　　　　Janet　　of｜dogs
　　　　　　　｜
　　　　　　　(N)
　　　　　　　you

　不定詞の to meet は形容詞に依存するので副詞句とした．また，(16) のように，形容詞で前置詞を従える場合は，次の名詞と組んで副詞句を作る．

(17) Robert felt thirsty.
　　　（ロバートはのどがかわいた.）

(17′)　　　felt (VPred)
　　　　　／＼
　　　　(N)　　(A)
　　　Robert　thirsty

(17) の文では，動詞 feel は形容詞を支配することができることを示している．

(18) Jane is fond of ice cream.
　　　（ジェインはアイスクリームが好きだ.）
(19) James is proud of his good birth.
　　　（ジェイムズは家柄を誇りにしている.）

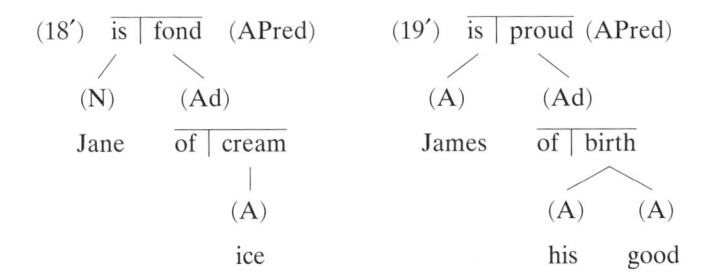

(18′) is | fond (APred)　　(19′) is | proud (APred)
　　　／＼　　　　　　　　　　　　／＼
　　(N)　　(Ad)　　　　　　　　(A)　　(Ad)
　Jane　of | cream　　　　　James　of | birth
　　　　　　|　　　　　　　　　　　　　　／＼
　　　　　(A)　　　　　　　　　　　　(A)　　(A)
　　　　　ice　　　　　　　　　　　　his　　good

上記のように述語形容詞が前置詞をとる場合がある．この形容詞は副詞句を支配する．

10.7. 分詞の機能

分詞は動詞が形容詞化したもので，名詞を修飾する．

(20) The man standing over there is the owner of the store.

（あそこに立っている人は店の主人です.）

(21)　The girl followed by a dog is my sister.

　　　（犬を連れている女の子は私の妹です.）

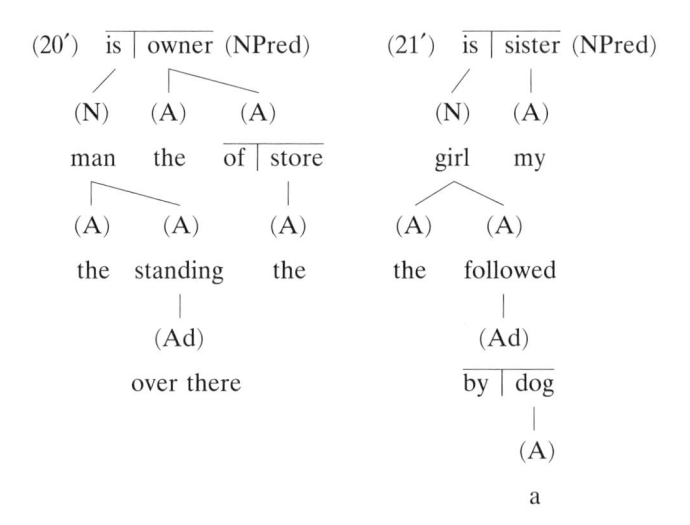

```
(20′)    is │ owner  (NPred)       (21′)    is │ sister  (NPred)
        ╱  ┌────┐                          ╱    │
      (N)  (A)    (A)                    (N)   (A)
      man  the   of │ store              girl   my
          ┌────┐        │                ┌────┐
         (A)   (A)     (A)              (A)   (A)
         the  standing  the             the   followed
                │                              │
              (Ad)                           (Ad)
            over there                      by │ dog
                                                │
                                               (A)
                                                a
```

　(20)の現在分詞 standing「立っている」も (21)の過去分詞 follwed「従えた」も，上位の名詞 man「人」と girl「女の子」に依存している．なお，of store「店の」は「店」の属格形であるから，形容詞と見なされる．また，受動文の行為者 by dog「犬により」は副詞形とした．

(22)　Having lost all his money, Alfred gave up his plan.

　　　（あり金全部失ったので，アルフレッドは計画をあきらめた．）

(22′)　　　　　gave (VPred)
　　　┌──────┬───────┬──────────┐
　　(N)　　(Ad)　　(N)　　　(Ad)
　Alfred　　up　　plan　　having│lost
　　　　　　　　　　│　　　　　│
　　　　　　　　　(A)　　　　(N)
　　　　　　　　　his　　　money
　　　　　　　　　　　　　┌───┬───┐
　　　　　　　　　　　　(A)　　(A)
　　　　　　　　　　　　all　　his

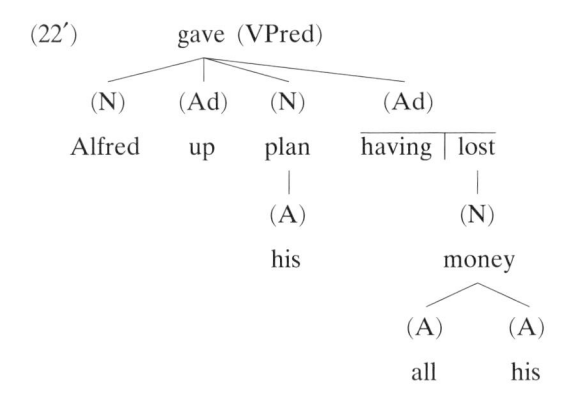

(22) の having lost「なくしたので」は分詞構文と呼ばれているが，副詞化した分詞で上位の動詞 gave up「あきらめた」に依存している．

10.8. 転用体としての従位接続詞

最後に，従位接続詞が転用体として名詞節，形容詞節，副詞節を導く場合を例示しよう．

(23)　名詞節：
　　I believe that Charles is innocent.
　　（私はチャールズが潔白であると信じている．）

(23′)　believe (VPred)
　　┌─────┬─────┐
　(N)　　(Ncl)
　　I　　that│(APred)
　　　　　　　is│innocent
　　　　　　　　│
　　　　　　　(N)
　　　　　　　Charles

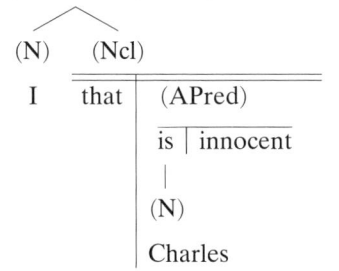

名詞節 (Ncl) を導く接続詞 that とこれが含む形容詞述語 (APred) の領域を二重の横線と縦線で表示している．

(24) 形容詞節：
The Thames is the river which flows through London.
(テムズ川はロンドンを貫流する川である．)

(24′)　　　is │ river　(NPred)
　　　　／　　　　│
　　　(N)　　(A)　　　(Acl)
　　Thames　the　　which │ flows (VPred)
　　　│　　　　　　　　　　　＼
　　　(A)　　　　　　　　　　　(Ad)
　　　the　　　　　　　　through │ London

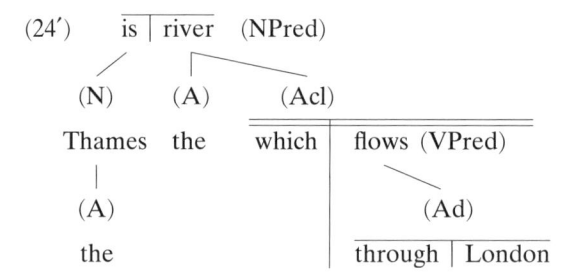

関係代名詞の which が導く形容詞節 (Acl) は，上位の river「川」に依存している．動詞述語 flows「流れる」を含む関係節の領域が二重の横線と縦線で示されている．

(25) 理由の副詞節：
Dick is hated by his friends, because he speaks ill of them.
(ディックは友人の悪口を言うので，みなに嫌われている．)

(25′)　　　is │ hated　(VPred)
　　　　／　　　　／
　　(N)　　(Ad)　　　(Adcl)
　　Dick　by │ friends　because │ speaks (VPred)
　　　　　　　│　　　　　　　　　　／
　　　　　　　(A)　　　　　　(N)　(Ad)　(Ad)
　　　　　　　his　　　　　　he　ill　of │ them

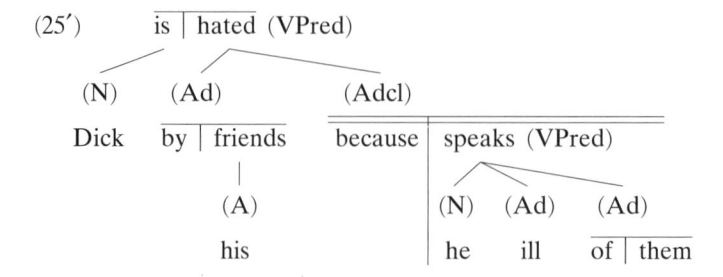

上の文は受動文で，動詞 is が主語の Dick を支配している．理由の接続詞 because に導かれる副詞節の領域は speaks ill of「悪口を言う」という動

詞述語の領域が横の二重線と 1 本の縦線で囲まれている．

(26) 仮定の副詞節：
If Jim had taken his doctor's advice, he might be still alive.
(もしジムが医者の忠告を受け入れていたら，いまも生きているだろうに．)

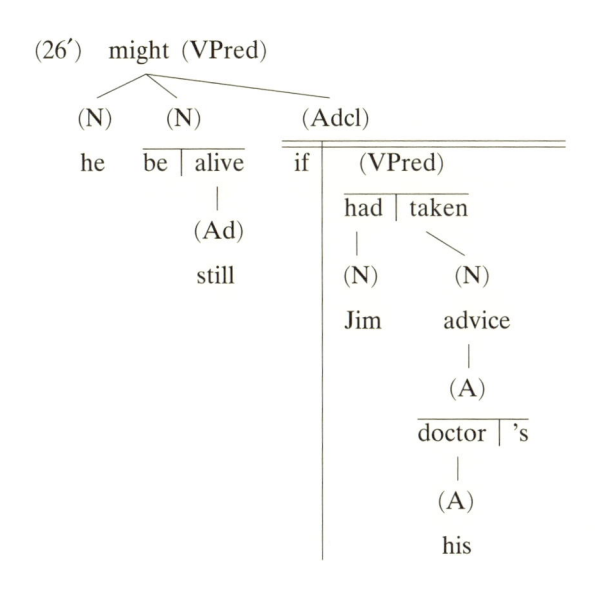

(26′)　might (VPred)
```
   (N)   (N)    (Adcl)
   he   be | alive   if   (VPred)
                  |        ‾‾‾‾‾‾‾‾‾
                 (Ad)      had | taken
                  still      |       \
                           (N)       (N)
                           Jim       advice
                                       |
                                      (A)
                                    doctor | 's
                                       |
                                      (A)
                                      his
```

(26) の仮定法の文であるが，助動詞 might は二つの名詞，主語の he と不定詞の名詞 be alive「生きている」を支配する．条件節 if は過去完了の had taken を含む．完了の had が主語の Jim を支配し，過去完了の taken のほうが advice のほうを支配する．doctor's は doctor の所有格形で，「医者の」と形容詞化しているので，(A) とした．なお，-'s は所有語尾であるが，名詞を形容詞化する転用体として働いている．

　if の導く副詞節 (Adcl) 上位の助動詞 might に依存する．その領域は横の二重線と縦の線で示されている．

第 11 章

図系の分析例

　結合価文法による図系分析はすべての日本語文にも英語文にも適用できる．その分析例をここに提示しておく．

　(A)　川端康成の『雪国』
　　　(1) 国境の長いトンネルを抜けると雪国であった．(2) 夜の底が白くなった．(3) 信号所に汽車が止まった．
　　　(4) 向側の座席から娘が立って来て，島村の前のガラス窓を落した．(5) 雪の冷気が流れこんだ．(6) 娘は窓いっぱいに乗り出して，遠くへ叫ぶやうに，
　　「駅長さあん，駅長さあん．」
　　　(7) 明りをさげてゆっくり雪を踏んで来た男は，襟巻で鼻の上まで包み，耳に帽子の毛皮を垂れてゐた．

第11章　図系の分析例

(1')　(名詞述語)
　　　雪国で｜あった
　　　(動述)(副)
　　　抜ける｜と
　　　　　(名)
　　　トンネル｜を
　　　(形)　(形)
　　　長い　国境｜の

(2')　(動述)
　　　なった
　　(名)　　(副)
　　底｜が　白く
　　(形)
　　夜｜の

(3')　(動述)
　　　止まった
　　(名)　　　(名)
　　汽車｜が　信号所｜に

(4')　(動述)
　　　落した
　　(動述)(副)　　　　(名)
　　立って｜来て　ガラス窓｜を
　　(副)　　(名)　　　(形)
　　座席｜から　娘｜が　前｜の
　　　(形)　(6')　(動述)(副)　(形)
　　向側｜の　　乗り・出して　島村｜の
　　　　　　　(名)　　(副)　　(副)
　　　　　　娘｜は　窓｜から　やう｜に　(目的)
　　　　　　　　　　(副)　　(形)
　　　　　　　　　いっぱいに　叫ぶ
　　　　　　　　　　　　(副)　　　(名)
　　　　　　　　　　　遠く｜へ　駅長さあん｜(と)
　　　　　　　　　　　　　　　　駅長さあん｜(と)

(5')　(動述)
　　　流れ・こんだ
　　(名)
　　冷気｜が
　　(形)
　　雪｜の

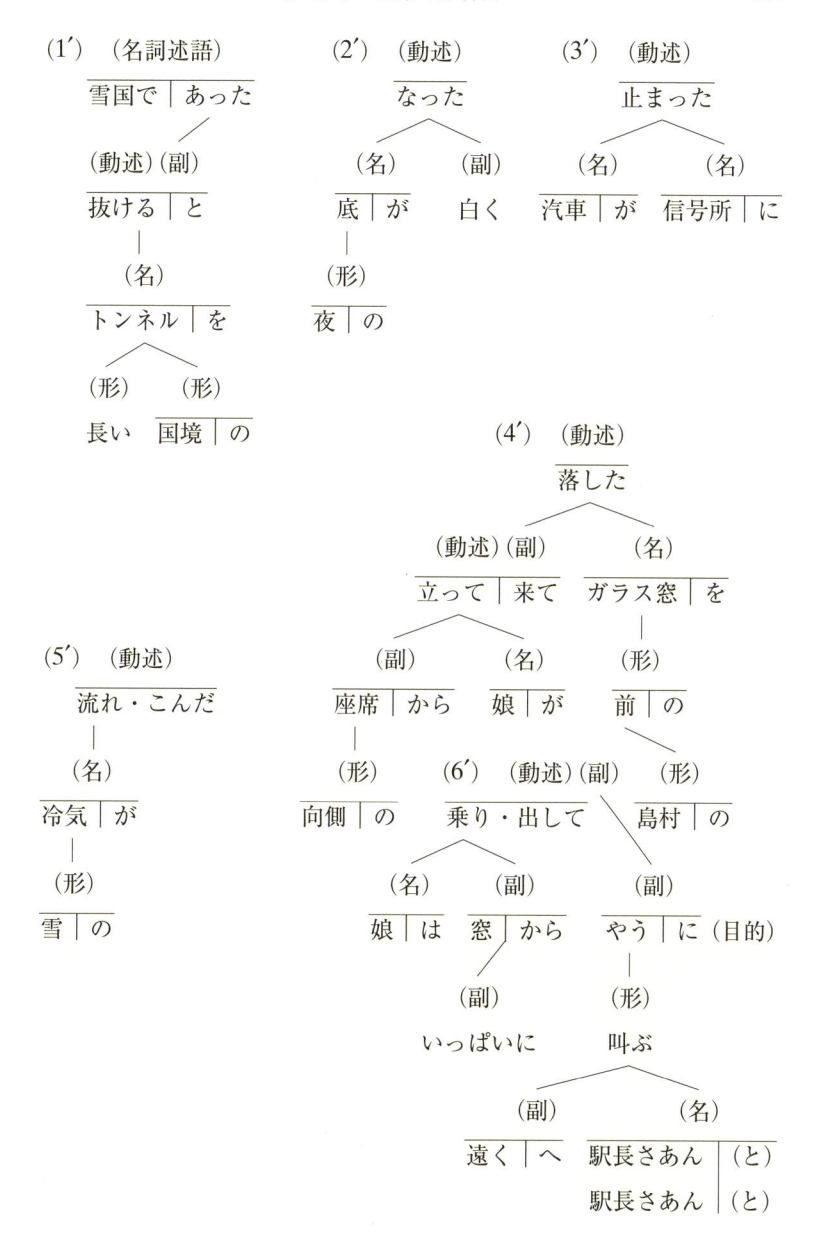

(7′)

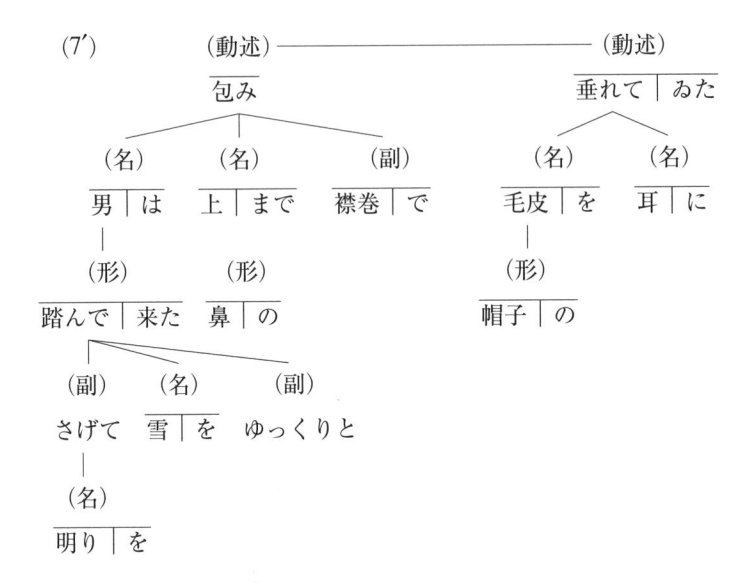

```
        (動述)─────────────────(動述)
         包み                    垂れて│ゐた
   ┌──────┼──────┐          ┌──────┤
  (名)   (名)   (副)         (名)   (名)
  男│は  上│まで 襟巻│で      毛皮│を 耳│に
   │     │                    │
  (形)   (形)                 (形)
  踏んで│来た 鼻│の            帽子│の
   ┌──────┼──────┐
  (副)   (名)   (副)
  さげて 雪│を  ゆっくりと
   │
  (名)
  明り│を
```

(1) 動詞述語の「抜ける」に接続助詞「と」がついて副詞となる．「雪国であった」は名詞述語の「雪国だった」と同じ．(2)「白く」は副詞形だが，動詞「なる」の必要要素だから行為項と見なす．(6) 副詞の「いっぱいに」は副詞句の「窓から」にかかる．「叫ぶやうに」では，「叫ぶ」が形容詞形で形式名詞「やう」を修飾し，「やうに」と目的を表す．「乗り出して」は副詞形で，この (6) の図系には中核となる述語がない．(7) 動詞述語「包み」は中止形であるから，次にくる動詞述語「垂れてゐた」と等位節として成立している．

(B) *The Snow Country* translated by Seidensticker［英語の散文例］
　　（サイデンスティッカー訳『雪国』）

　　(1) The train came out of the long tunnel into the snow country. (2) The earth lay white under the night sky. (3) The train pulled up at a signal stop. (4) A girl who had been sitting on the other side of the car came over and opened the window in front of Shimamura. (5) The snowy cold poured in. (6) Leaning far out the window, the girl called to the sta-

tion master as though he were a great distance away.

(7) The station master walked slowly over the snow, a lantern in his hand. (8) His face was buried to the nose in a muffler, and (9) the flaps of his cap were turned down over his ears.

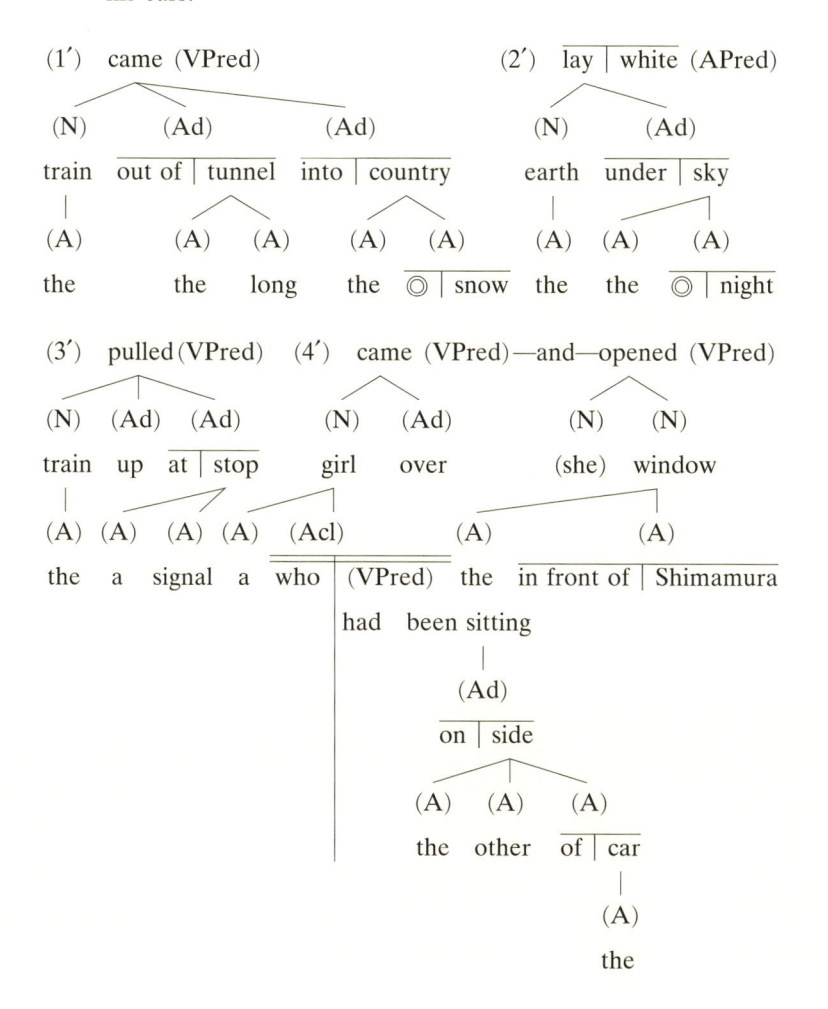

(1′)　came (VPred)　　　　　　　(2′)　lay | white (APred)

(N)　　(Ad)　　　(Ad)　　　　　(N)　　　(Ad)
train　out of | tunnel　into | country　earth　under | sky
 |
(A)　　(A)　　(A)　　(A)　　(A)　　(A)　　(A)　　(A)
the　　the　long　the　◎ | snow　the　the　◎ | night

(3′)　pulled (VPred)　(4′)　came (VPred)—and—opened (VPred)

(N)　(Ad)　(Ad)　　(N)　(Ad)　　　(N)　　　(N)
train　up　at | stop　girl　over　　(she)　　window
 |
(A) (A) (A) (A) (Acl)　　(A)　　　　　(A)
the　a　signal　a　who | (VPred)　the　in front of | Shimamura
　　　　　　　　　　had been sitting
　　　　　　　　　　　　　|
　　　　　　　　　　　　(Ad)
　　　　　　　　　　　on | side
　　　　　　　　　　(A)　(A)　(A)
　　　　　　　　　　the　other　of | car
　　　　　　　　　　　　　　　　|
　　　　　　　　　　　　　　　(A)
　　　　　　　　　　　　　　　the

第 II 部 応用編

(5') poured (VPred)
　(N)　(Ad)　　(6') called (VPred)
　cold　in
　　　　　　(N)　(Ad)　(Ad)　　　(Adcl)
　(A)　　　girl lean-ing to | master though (NPred)
　snowy　　　　　　　　　　　　　　were | distance
　　(A)(Ad)(Ad)　　(A)　(A)　(Ad)
(A)　the far out | window the ◎ | station as (N)(A)(A)(Ad)
the
　　　　　　　　　　　(A)　　　　　　he a great away
　　　　　　　　　　　the

(7') walked (VPred)
　(N)　　(Ad)　　(Ad)　　　(Ad)
　master slowly over | snow　(N) | (Ad)
　　　　　　　　　　　　　　lantern | in hand
　(A)　(A)　　　　(A)
　the station　　　the　(A)　　(A)
　　　　　　　　　　　　a　　　　his

(8') was | buried (VPred)—and— (9') were | turned (VPred)
　(N)　　(Ad)　　(Ad)　　　　　(N)　(Ad)　　(Ad)
　face to | nose in | muffler　　flaps down over | ears
　│　　　│　　　│　　　　　　　　　　│
　(A)　(A)　　(A)　　　　(A)　(A)　　　　(A)
　his　the　　a　　　　　the of | cap　　his
　　　　　　　　　　　　　　　　│
　　　　　　　　　　　　　　　(A)
　　　　　　　　　　　　　　　his

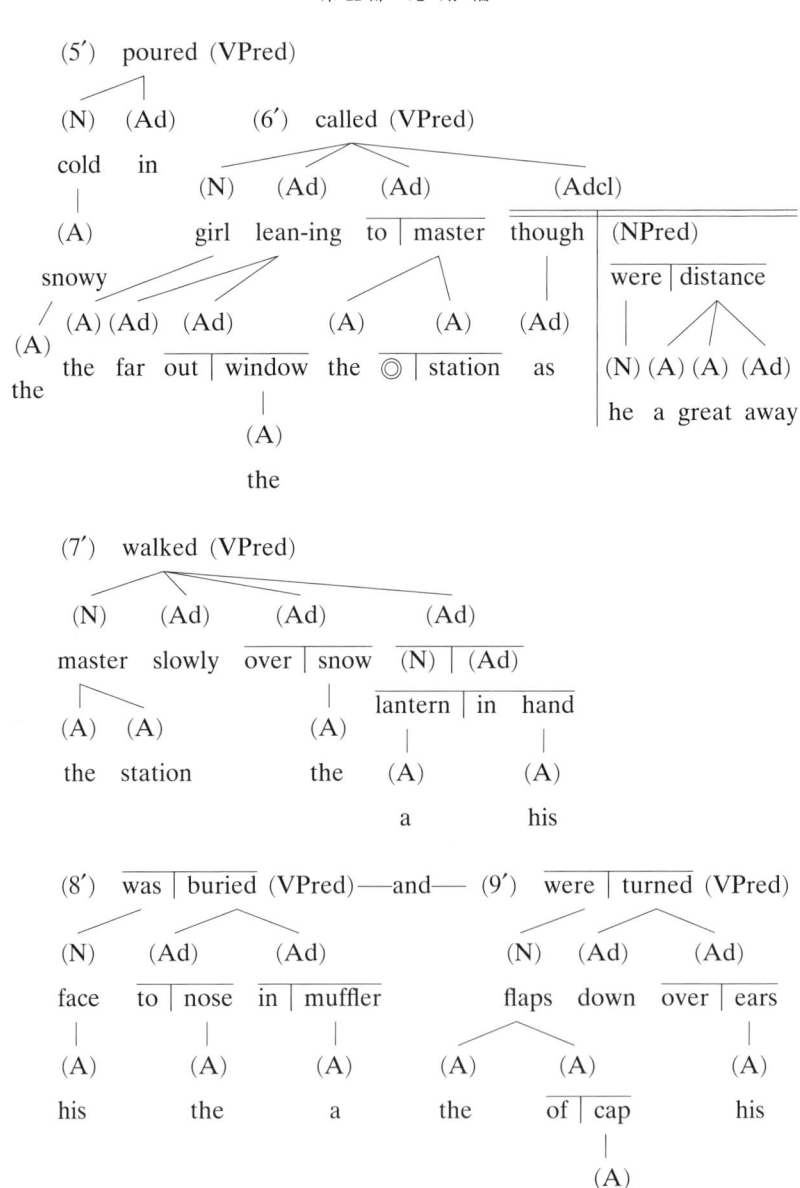

(1) ◎ snow は名詞の「雪」を「雪の」と形容詞化するために形容詞化のゼロ転用体を考えた．(2) lay white「白くなった」では，white を形容詞と見なし，形容詞述語（APred）とした．◎ night も「夜の」と形容詞化したものとした．(3) pulled up は「止まった」．

(4)「向側の座席に座っていた娘が」と関係節が用いられている．(5)「来て開けたは」came — and — opened のように等位接続詞の and は二つのダッシュで結ばれる．(6) leaning の「乗り出して」は副詞形である．「遠くへ」は「あたかも遠い距離があるかのように」と複合接続詞が用いられている．as though では，副詞の as が接続詞の though に依存していると解釈した．

(7) a lantern in his hand「明りを手にして」は付帯的状態を述べているが，名詞の lantern が副詞句の in his hand と組み合わさっていると分析した．of his cap「彼の帽子の」では，属格の前置詞 of「の」が名詞 his cap「彼の帽子」に付加されて形容詞化され形容詞（A）の身分が与えられる．だから of his cap は副詞句ではなく，形容詞句と見なされる．

(C)　(1)　What makes people unhappy?「なぜ人々は不幸になるのか」
　　　［英語の散文例］　(*The Conquest of Happiness* by Bertrand Russell)

　　(2) Animals are happy so long as they have health and enough to eat. (3) Human beings, one feels, ought to be, but in the modern world they are not, at least in a great majority of cases. (4) If you are unhappy yourself, you will probably be prepared to admit that you are not exceptional in this. (5) If you are happy, ask yourself how many of your friends are so. (6) And when you have reviewed your friends, teach yourself the art of reading faces; (7) make yourself receptive to the moods of those whom you meet in the course of an ordinary day.

　　(8) A mark in every face I meet, marks of weakness, marks of

woe, says Blake. (9) Though the kinds are different, you will find that unhappiness meets you everywhere.

(1) What makes people unhappy?

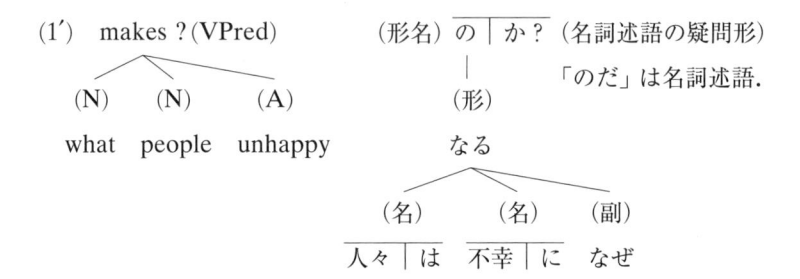

(1′) makes ? (VPred)　　　　　　(形名) の か？ (名詞述語の疑問形)
　　　　　　　　　　　　　　　　　　　　　　「のだ」は名詞述語．
　　(N)　(N)　　(A)　　　　　　　(形)
　　what　people　unhappy　　　　なる
　　　　　　　　　　　　　　　　(名)　(名)　(副)
　　　　　　　　　　　　　　　　人々 は　不幸 に　なぜ

(2) Animals are happy so long as they have health and enough to eat.

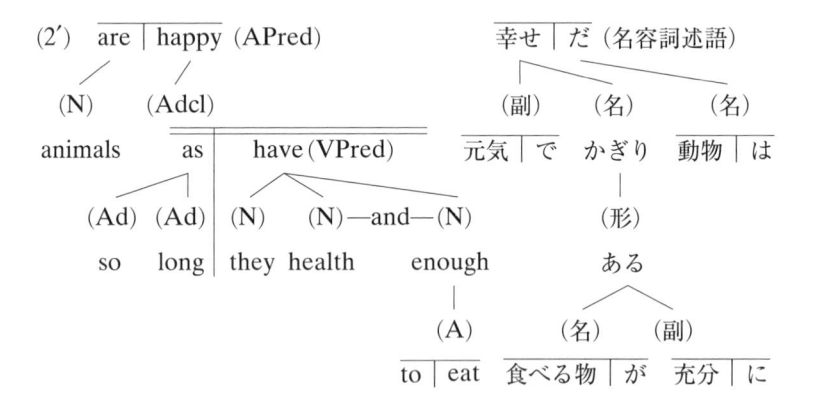

(2′)　are happy (APred)　　　　　　幸せ だ (名容詞述語)
　　　　／　／
　　(N)　　(Adcl)　　　　　　　(副)　(名)　　(名)
　　animals　as　have (VPred)　元気 で　かぎり　動物 は
　　(Ad) (Ad) (N)　(N)—and—(N)　　　　　　(形)
　　so　long　they health　　enough　　　　　ある
　　　　　　　　　(A)　(名)　(副)
　　　　　　　　　to eat　食べ物 が　充分 に

(3) Human beings, one feels, ought to be, but in the modern world they are not at least in a great majority of cases.

第 11 章　図系の分析例

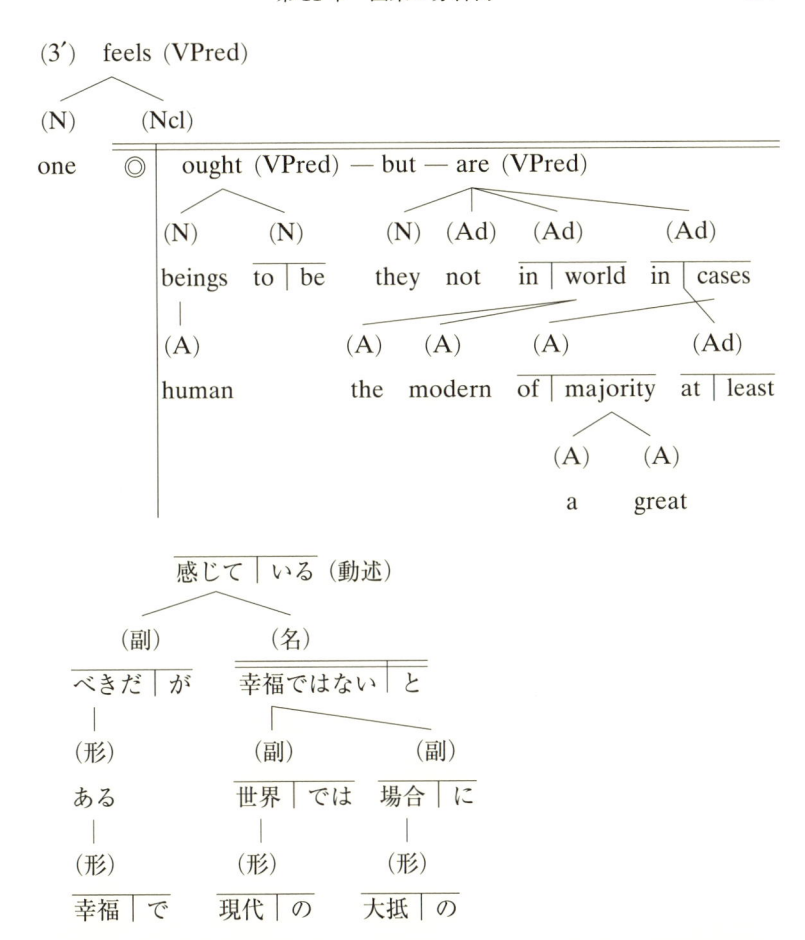

(3′)　　feels (VPred)
　　　　　／＼
　　(N)　　　(Ncl)
　one　　◎　　ought (VPred) — but — are (VPred)
　　　　　　　　／＼　　　　　／　　　＼
　　　　　　(N)　(N)　　(N)　(Ad)　(Ad)　　(Ad)
　　　　　beings to│be　they not in│world in│cases
　　　　　　│
　　　　　(A)　　　　(A)　　(A)　　(A)　　　　(Ad)
　　　　　human　　　the　modern of│majority at│least
　　　　　　　　　　　　　　　　　　／＼
　　　　　　　　　　　　　　　　　(A)　(A)
　　　　　　　　　　　　　　　　　a　　great

　　　　　　　　　　感じて│いる（動述）
　　　　　　　　　　／　　　＼
　　　　　　　　（副）　　　（名）
　　　　べきだ│が　　幸福ではない│と
　　　　　│
　　　　（形）　　　（副）　　（副）
　　　　ある　　世界│では　場合│に
　　　　　│　　　　│　　　　│
　　　　（形）　　（形）　　（形）
　　　　幸福│で　現代│の　大抵│の

　名詞節を導く接続詞 that が省略されているので，その代わりに転用体 ◎ を設定した．副詞の at least「少なくとも」は上位の副詞句 in cases に依存すると考えられる．「幸福」は名容詞である．「幸福だ」は名容詞述語で，その否定形が「幸福ではない」となる．これが格助詞「と」の前では名詞化する．古語の「べし」は「当然」を意味する．「べき」は「べし」の連体形（形容詞形）であるから「べきだ」は形容詞述語と見なした．

　(4)　If you are unhappy yourself, you will probably be prepared to admit that you are not exceptional in this.

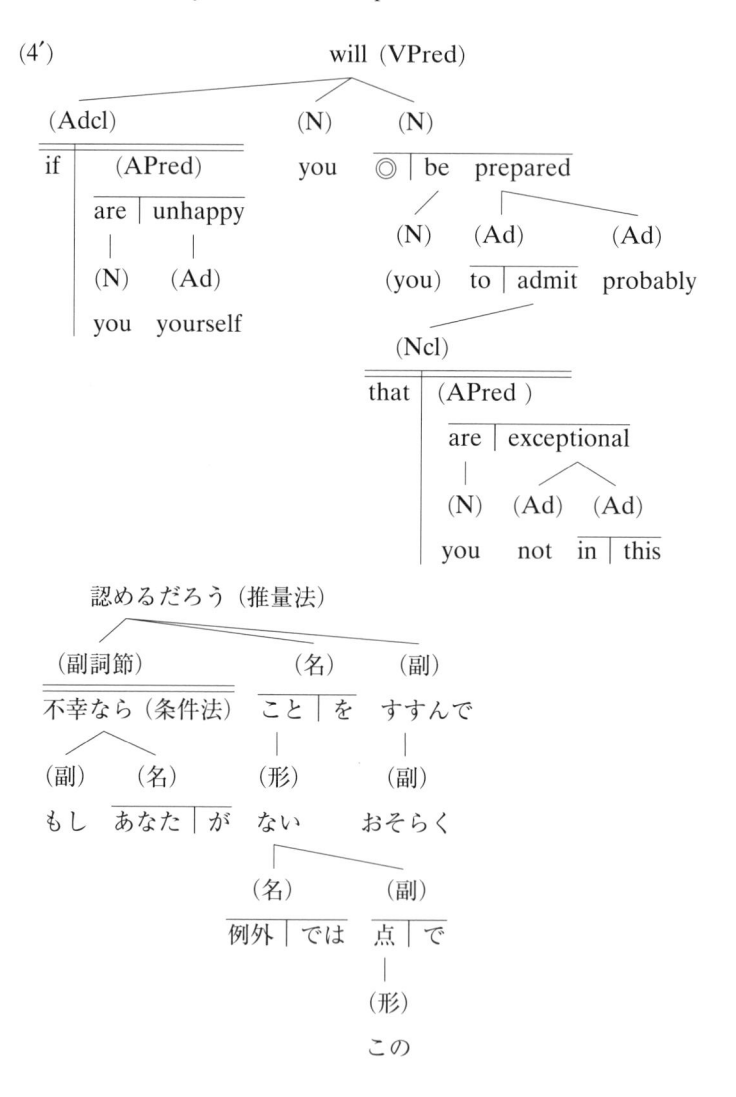

(4′)　　　　　　　　　　　will (VPred)

```
(Adcl)              (N)     (N)
─────                              
if    (APred)       you     ◎ │ be   prepared
      ─────                          ─────
      are │ unhappy           (N)   (Ad)     (Ad)
           │       │          (you)  to │ admit  probably
          (N)    (Ad)              ─────
          you    yourself
                              (Ncl)
                              ─────
                              that   (APred )
                                     ─────
                                     are │ exceptional
                                          │
                                         (N)   (Ad)   (Ad)
                                         you   not   in │ this
```

認めるだろう（推量法）

```
（副詞節）           （名）    （副）
─────              ───
不幸なら（条件法）  こと│を   すすんで
                     │        │
（副） （名）        （形）    （副）
もし  あなた│が     ない      おそらく

                    （名）    （副）
                    ───
                    例外│では  点│で
                              │
                              （形）
                              この
```

(5) If you are happy, ask yourself how many of your friends are so.

第 11 章　図系の分析例　　　　　　　　　　　　　　179

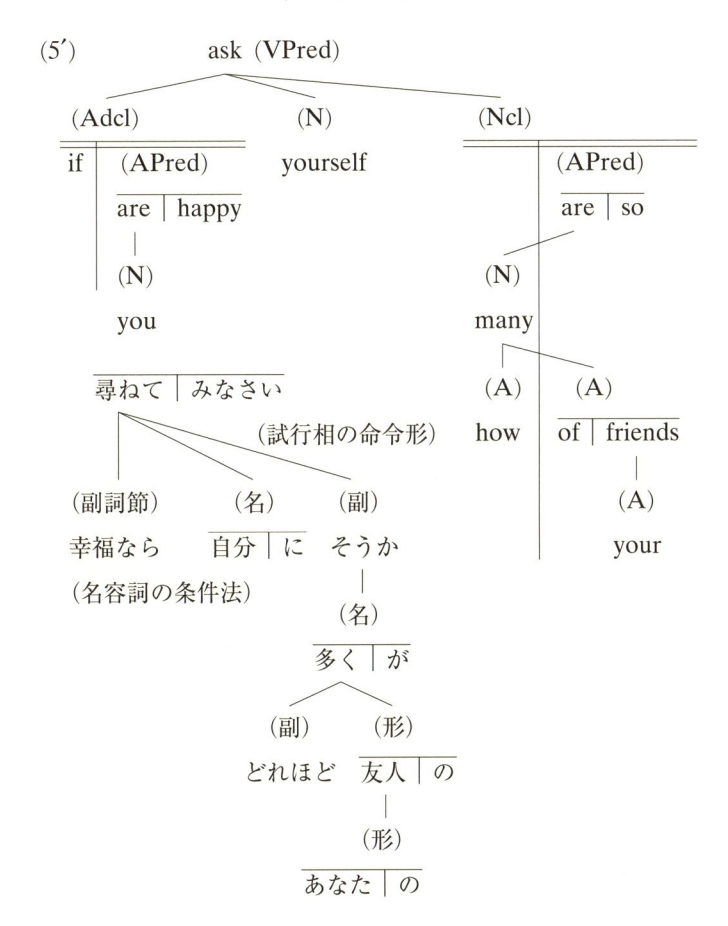

(5′)　　　　　　ask (VPred)
　　　　┌─────────┼─────────┐
　　　(Adcl)　　　　(N)　　　　　(Ncl)
　　if　(APred)　　yourself　　(APred)
　　　are│happy　　　　　　　are│so
　　　　　│　　　　　　　　　　　│
　　　　(N)　　　　　　　　　　(N)
　　　　you　　　　　　　　　　many
　　尋ねて│みなさい　　　　(A)　　(A)
　　　　　　　（試行相の命令形）　how　of│friends
　　　　　　　　　　　　　　　　　　　│
　　(副詞節)　　(名)　　(副)　　　　　(A)
　　幸福なら　自分│に　そうか　　　　your
　　(名容詞の条件法)　　　│
　　　　　　　　　　　　(名)
　　　　　　　　　　　多く│が
　　　　　　　　　　(副)　(形)
　　　　　　　　　どれほど　友人│の
　　　　　　　　　　　　　　　│
　　　　　　　　　　　　　　(形)
　　　　　　　　　　　　あなた│の

　how many「どれほど多くの者が」では，副詞の how が形容詞の many に依存していると見なした．節内の名詞とも結合関係にあるので，縦線を横断することになるが，やはり接続句の中では副詞の how が中核をなしている．

(6)　And when you have reviewed your friends, teach yourself the art of reading faces;

(7)　make yourself receptive to the moods of those whom you meet in the course of an ordinary day.

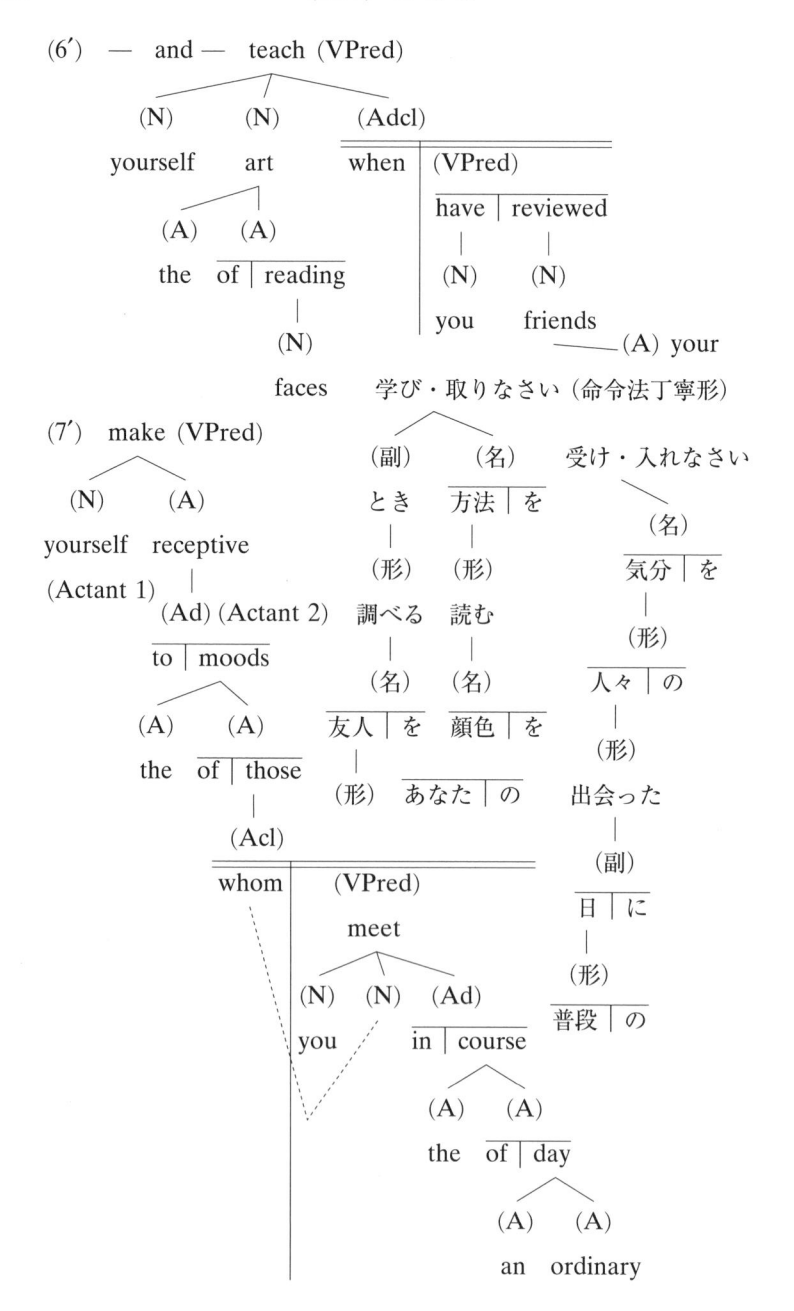

(6′) — and — teach (VPred)
　　　　　(N)　　(N)　　(Adcl)
　　　　yourself　art　　when　(VPred)
　　　　　　　　　　　　　　　have｜reviewed
　　　　　　(A)　(A)
　　　　　　　　　　　　　　　　(N)　　(N)
　　　　　the　of｜reading
　　　　　　　　　　　　　　　　you　friends
　　　　　　　　　　(N)
　　　　　　　　　　　　　　　　　　　　(A) your
　　　　　　　　　　faces　学び・取りなさい（命令法丁寧形）

(7′) make (VPred)　　　　　　（副）　（名）　受け・入れなさい
　　(N)　　(A)
　　　　　　　　　　　　　　とき　方法｜を　　　　　（名）
　yourself　receptive
　(Actant 1)　　　　　　　　　（形）　（形）　　気分｜を
　　　　　(Ad) (Actant 2)　調べる　読む
　　　　　to｜moods　　　　　　　　　　　　　　　（形）
　　　　　　　　　　　　　　　（名）　（名）　　人々｜の
　　　　(A)　　(A)
　　　　　　　　　　　　　　友人｜を　顔色｜を
　　　　the　of｜those　　　　　　　　　　　　　　（形）
　　　　　　　　｜　　　　　（形）あなた｜の　　出会った
　　　　　　　(Acl)
　　　　　whom　(VPred)　　　　　　　　　　　　　（副）
　　　　　　　　　meet　　　　　　　　　　　　　日｜に
　　　　　　(N) (N) (Ad)　　　　　　　　　　　　（形）
　　　　　　you　in｜course　　　　　　　　　　普段｜の
　　　　　　　　　(A)　(A)
　　　　　　　　　the　of｜day
　　　　　　　　　　　(A)　(A)
　　　　　　　　　　　an　ordinary

第11章　図系の分析例　　　　　　　　　　　　　181

(8)　A mark in every face I meet, marks of weakness, marks of woe, says Blake.

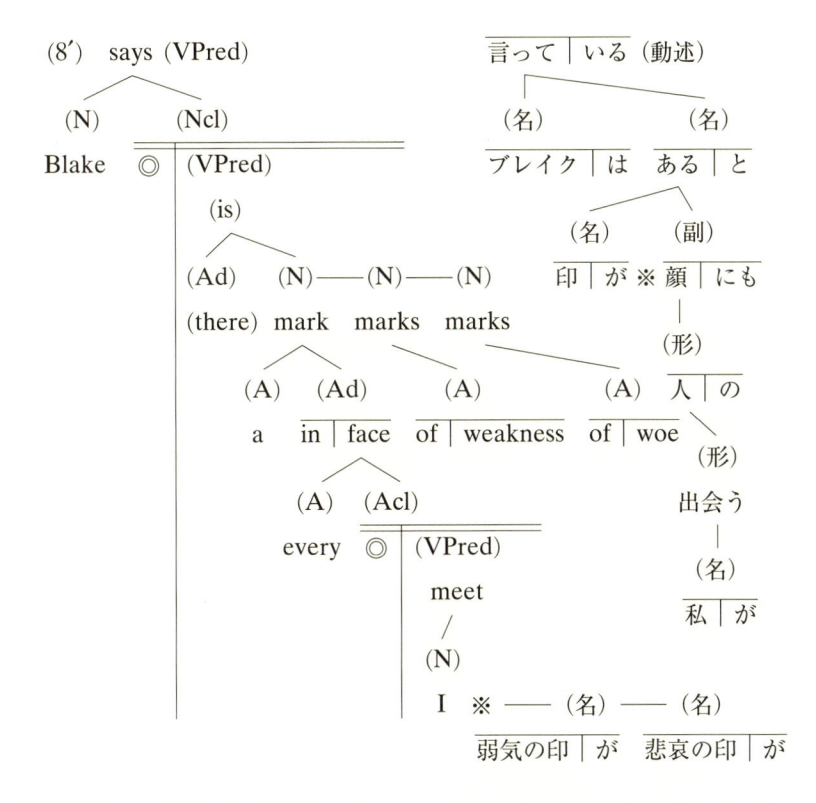

(8′)　図系分析（省略）

Blake says (that there is) a mark ... では，括弧内の語句を補って分析した．なお，接続詞の that は ◎ で表した．また，6行目の

(名)
印｜が

の後に

```
      ― (名)       ― (名)
      ┌──┐        ┌──┐
      │印│が      │印│が
      └──┘        └──┘
       │           │
      (形)        (形)
      ┌──┐        ┌──┐
      │弱気│の    │悲哀│の
      └──┘        └──┘
```

の図系がつづけられるので，※の記号を使って両者を結びつけておく．

(9) Though the kinds are different, you will find that the unhappiness meets you everywhere.

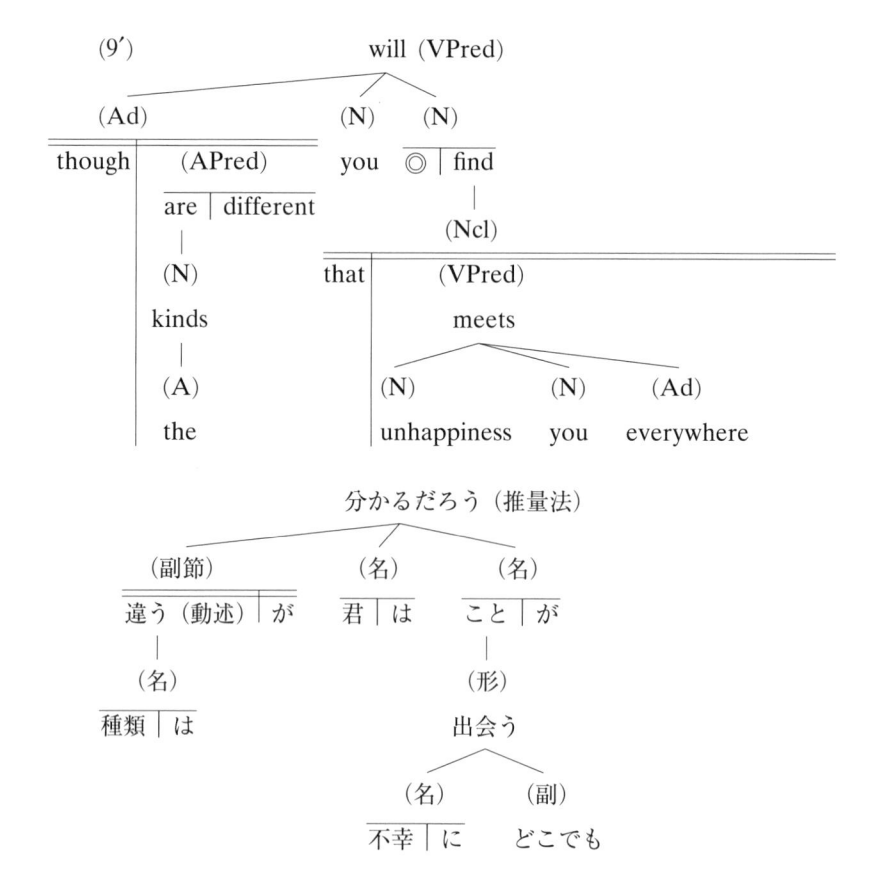

(9′)   will (VPred)
       (Ad)   (N)   (N)
      ┌─────┐   ┌──┐ ◎ ┌────┐
      │though│   │you│   │find│
      └─────┘   └──┘   └────┘
          (APred)   │
        ┌──┬────────┐   (Ncl)
        │are│different│   ┌────┬──────────┐
        └──┴────────┘   │that│ (VPred)   │
          │   └────┤ meets   │
         (N)   │   │
         │kinds│   (N)   (N)   (Ad)
          │   unhappiness you everywhere
         (A)
         │the│

                 分かるだろう（推量法）
         （副節）   （名）   （名）
        ┌───────┐   ┌──┐   ┌──┐
        │違う（動述）│が   │君│は   │こと│が
        └───────┘   └──┘   └──┘
              │   │
            （名）   （形）
            ┌──┐   出会う
            │種類│は   ┌────┬────┐
            └──┘   （名）   （副）
                                    ┌──┐   ┌────┐
                                    │不幸│に │どこでも│
                                    └──┘   └────┘

副詞節の「違う」は動詞述語で，これに反対の意味をもつ語句を導く接続助詞「が」が付加されている．

(D) 英語の韻文例 *The Arrow and the Song* by H. W. Longfellow
  (1) I shot an arrow into the air,
  (2) It fell to earth, I knew not where;
  (3) For, so swiftly it flew, the sight
  (4) Could not follow it in its flight.

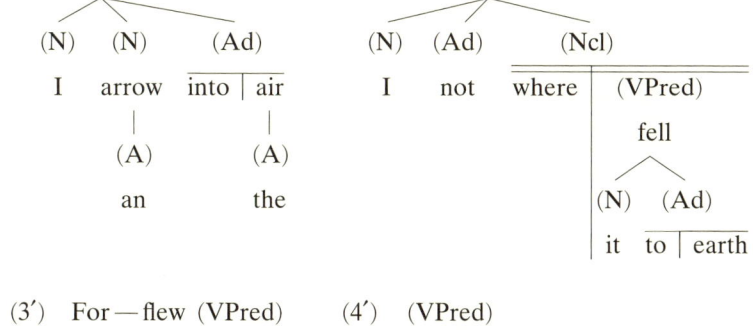

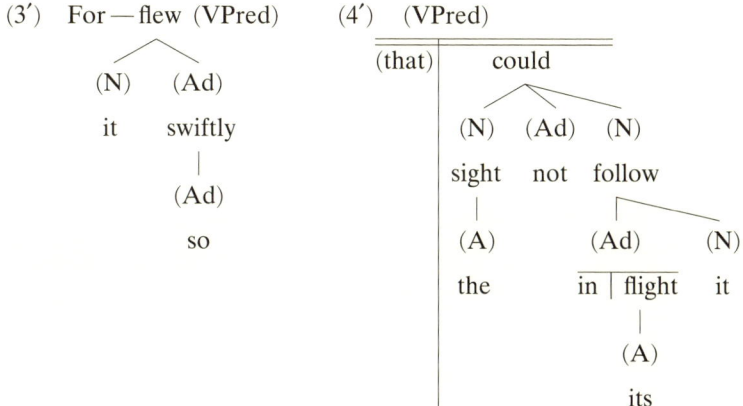

(1′)　shot (VPred)
　　(N)　(N)　　(Ad)
　　I　arrow　into｜air
　　　　　│　　　　│
　　　　 (A)　　　(A)
　　　　 an　　　 the

(2′)　　　knew (VPred)
　　(N)　(Ad)　　(Ncl)
　　I　 not　 where｜(VPred)
　　　　　　　　　　fell
　　　　　　　　　(N)　(Ad)
　　　　　　　　　it　to｜earth

(3′)　For — flew (VPred)
　　　(N)　(Ad)
　　　it　swiftly
　　　　　│
　　　　 (Ad)
　　　　　so

(4′)　　(VPred)
　　(that)｜could
　　(N)　(Ad)　(N)
　　sight　not　follow
　　　│
　　 (A)　　　(Ad)　　(N)
　　 the　　in｜flight　it
　　　　　　　　│
　　　　　　　(A)
　　　　　　　its

(3) so ～, (4) that は結果の副詞節．

(1′) 射った（動述）

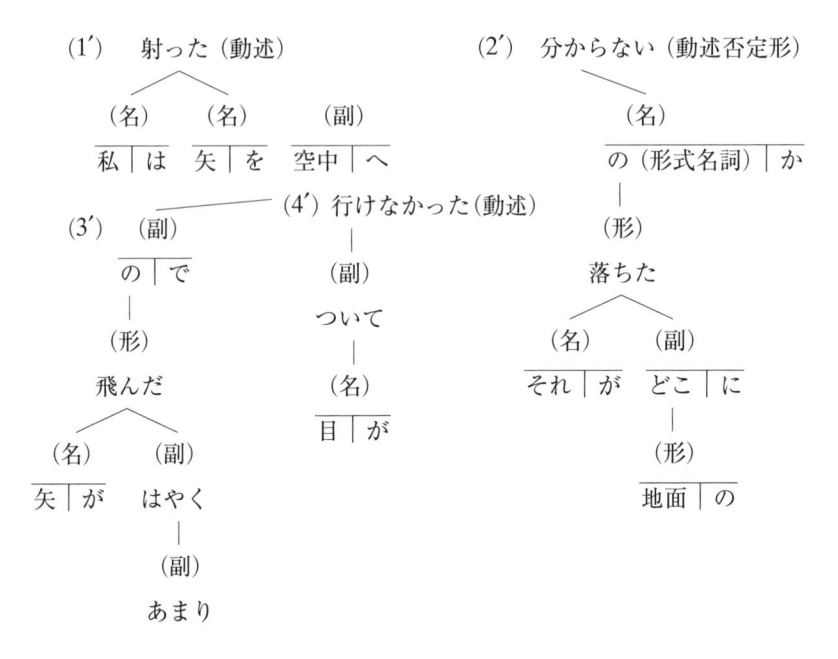

　　（名）　（名）　　（副）
　　私｜は　矢｜を　空中｜へ

(3′)　　（副）　　　(4′) 行けなかった（動述）
　　　の｜で　　　　　　｜
　　　　｜　　　　　　（副）
　　　（形）　　　　　ついて
　　　飛んだ　　　　　　｜
　　（名）　（副）　　　（名）
　　矢｜が　はやく　　　目｜が
　　　　　　　｜
　　　　　　（副）
　　　　　　あまり

(2′) 分からない（動述否定形）

　　　　　（名）
　　　の（形式名詞）｜か
　　　　　　｜
　　　　　（形）
　　　　　落ちた
　　　　（名）　　（副）
　　　　それ｜が　どこ｜に
　　　　　　　　　　　｜
　　　　　　　　　　（形）
　　　　　　　　　　地面｜の

(D)　(5) I breathed a song into the air,

　　(6) It fell to earth, I knew not where;

　　(7) For who has sight so keen and strong,

　　(8) That it can follow the flight of song?

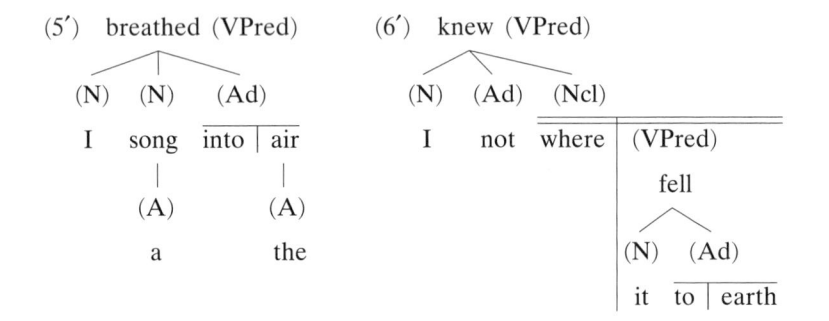

(5′)　breathed (VPred)　　　(6′)　knew (VPred)

(N)　(N)　　(Ad)　　　　(N)　(Ad)　(Ncl)
I　song　into｜air　　　 I　not　where　(VPred)
　　　｜　　　　｜　　　　　　　　　　　　　fell
　　（A）　　（A）　　　　　　　　　　　　(N)　(Ad)
　　　a　　　the　　　　　　　　　　　　　it　to｜earth

第 11 章　図系の分析例

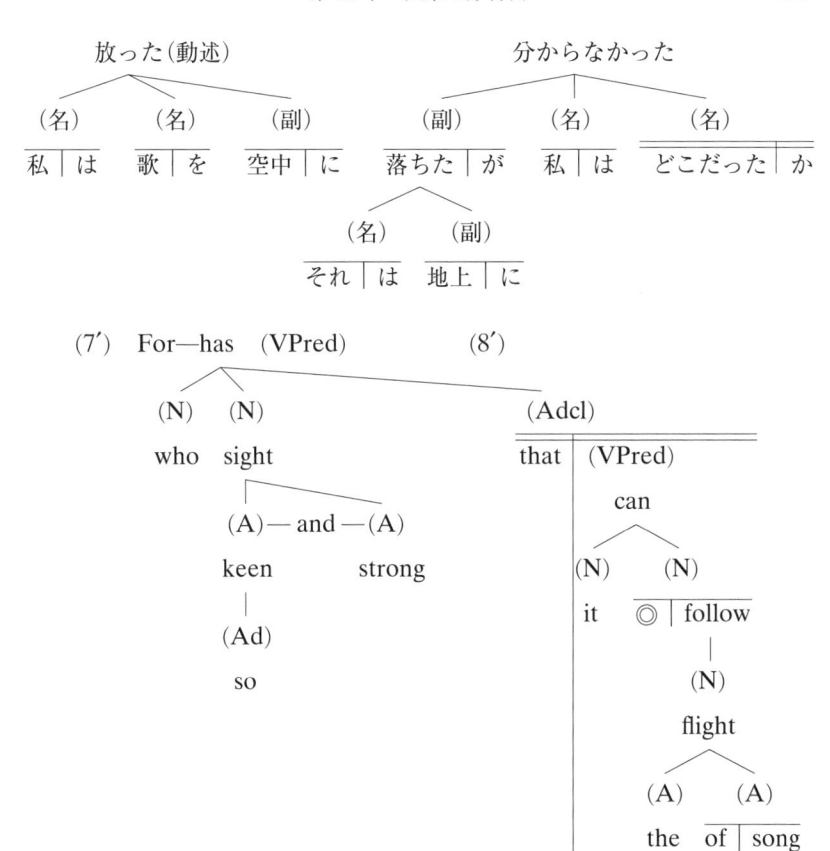

```
      放った（動述）              分からなかった
    ┌─────┼─────┐          ┌────────┼────────┐
   （名）  （名）  （副）    （副）    （名）    （名）
   ─── ─── ───    ───    ───    ─────
   私 │は 歌│を 空中│に   落ちた│が  私│は  どこだった│か
                     ┌────┴────┐
                    （名）    （副）
                    ───    ───
                    それ│は  地上│に
```

(7′)　For—has　(VPred)　　　　　(8′)
　　　┌──┴──┐　　　　　　　　　　　┌──────┴──────┐
　　（N）　（N）　　　　　　　　　　（Adcl）
　　who　sight　　　　　　　　　　that│(VPred)
　　　　　┌──┴──┐　　　　　　　　　　　　can
　　　　（A）—and—（A）　　　　　　　┌──┴──┐
　　　　keen　　strong　　　　　　（N）　（N）
　　　　　│　　　　　　　　　　　　it　◎│follow
　　　　（Ad）　　　　　　　　　　　　　　　│
　　　　so　　　　　　　　　　　　　　　　（N）
　　　　　　　　　　　　　　　　　　　　　flight
　　　　　　　　　　　　　　　　　　　┌──┴──┐
　　　　　　　　　　　　　　　　　（A）　　（A）
　　　　　　　　　　　　　　　　　the　　of│song

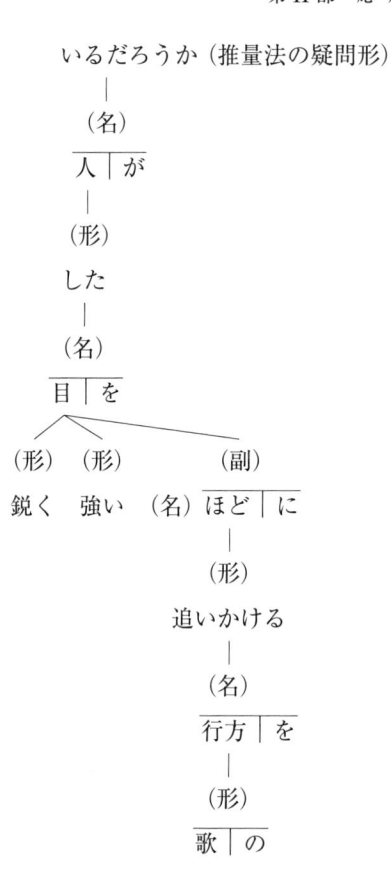

いるだろうか（推量法の疑問形）
　　｜
　　（名）
　　人｜が
　　｜
　　（形）
　　した
　　｜
　　（名）
　　目｜を
　╱￣￣￣￣＼
（形）（形）　　（副）
鋭く　強い　（名）ほど｜に
　　　　　　　｜
　　　　　　（形）
　　　　追いかける
　　　　　｜
　　　　（名）
　　　　行方｜を
　　　　　｜
　　　　（形）
　　　　歌｜の

(D)　(9) Long, long afterward, in an oak

(10) I found the arrow, still unbroke;

(11) And the song, from beginning to end,

(12) I found again in the heart of a friend.

第 11 章　図系の分析例

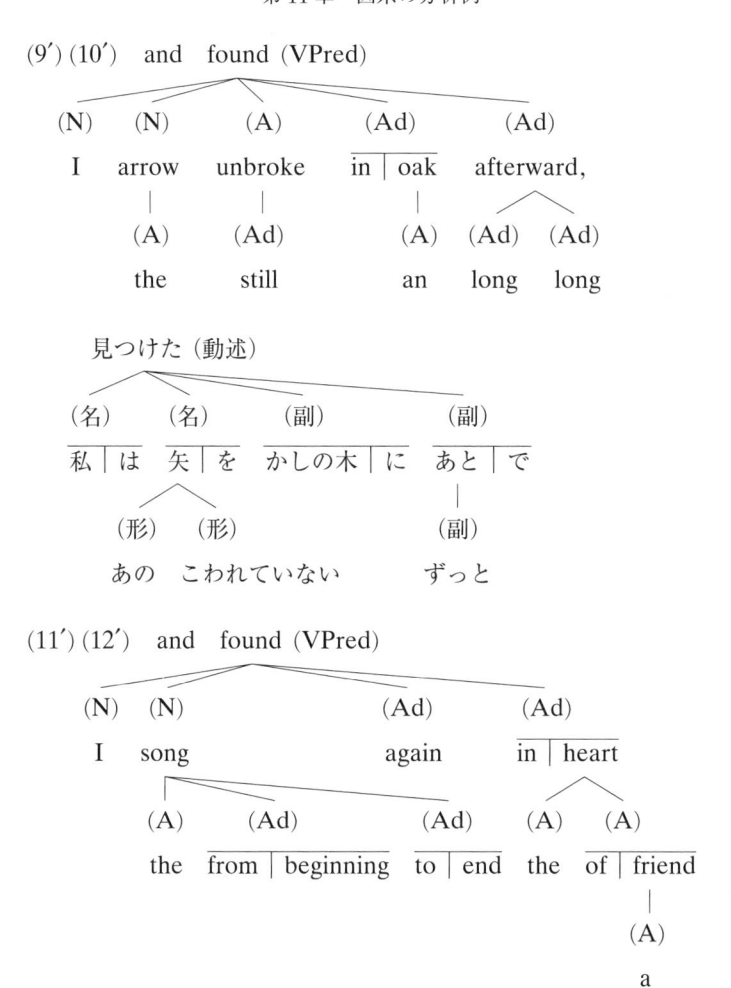

(9′) (10′)　and　found (VPred)

```
     (N)    (N)      (A)      (Ad)       (Ad)
      I    arrow   unbroke   in | oak   afterward,
              |       |         |
            (A)     (Ad)       (A)    (Ad)   (Ad)
            the    still        an   long   long
```

見つけた（動述）

```
   （名）  （名）     （副）              （副）
    私｜は  矢｜を   かしの木｜に     あと｜で
             |                         |
           （形） （形）               （副）
           あの  こわれていない        ずっと
```

(11′) (12′)　and　found (VPred)

```
     (N)   (N)              (Ad)         (Ad)
      I   song              again      in | heart
           |
         (A)    (Ad)       (Ad)     (A)     (A)
         the   from | beginning  to | end  the   of | friend
                                                        |
                                                       (A)
                                                        a
```

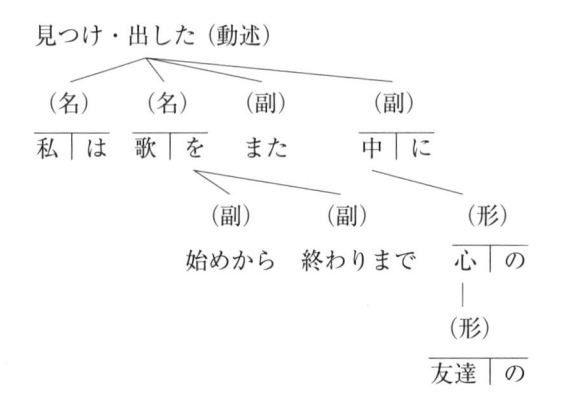

見つけ・出した（動述）
```
    （名）  （名）  （副）     （副）
    私｜は  歌｜を  また      中｜に
                  （副）    （副）    （形）
                  始めから  終わりまで  心｜の
                                    （形）
                                    友達｜の
```

(E)　日本語の韻文例
　　　　島崎藤村の「初恋」
　　(1) まだ上げ初めし前髪の
　　　　林檎のもとに見えしとき
　　　　前にさしたる花櫛の
　　　　花ある君と思ひけり

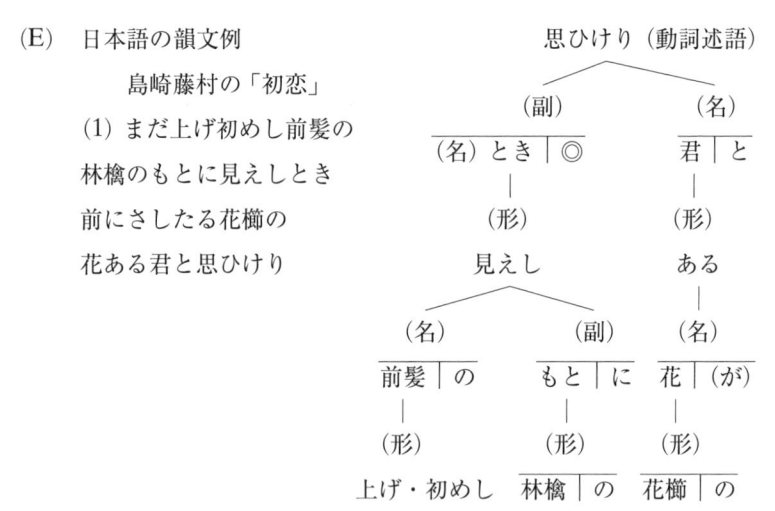

思ひけり（動詞述語）
```
         （副）              （名）
      （名）とき｜◎         君｜と
         （形）              （形）
         見えし             ある
   （名）      （副）       （名）
   前髪｜の   もと｜に      花｜（が）
   （形）     （形）        （形）
   上げ・初めし 林檎｜の    花櫛｜の
```

第 11 章　図系の分析例　　　　　　　　　　　189

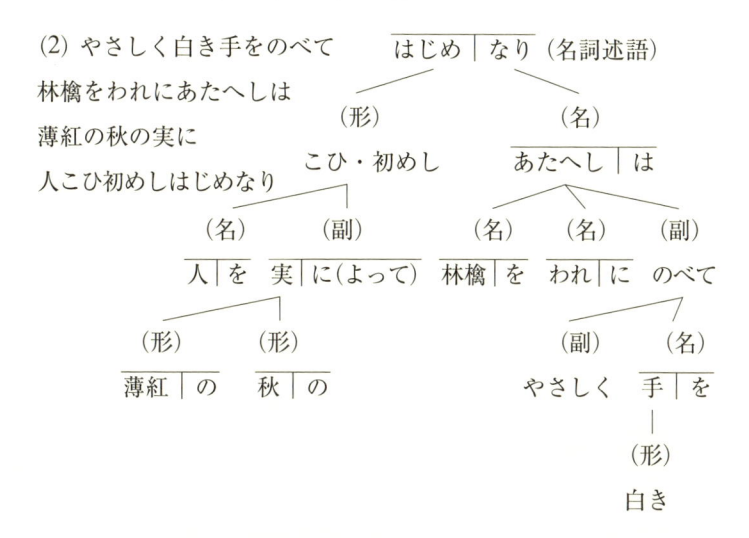

(2) やさしく白き手をのべて
林檎をわれにあたへしは
薄紅の秋の実に
人こひ初めしはじめなり

```
                        はじめ｜なり（名詞述語）
                        （形）         （名）
            こひ・初めし        あたへし｜は
         （名）   （副）    （名） （名）  （副）
          人｜を 実｜に(よって)  林檎｜を われ｜に のべて
         （形）  （形）              （副）  （名）
         薄紅｜の 秋｜の            やさしく 手｜を
                                          （形）
                                          白き
```

　(1)「見えし」は形容詞形で形式名詞の「とき」を修飾し「とき（に）」と副詞になる．そこで，格助詞「に」が省略されているので，この副詞化する転用体を ◎ で表した．(2)「はじめなり」は名詞述語で，「秋の実に」は「秋の実によって」と解釈した．「あたへしは」（＝あたえたのは）は第1行為項で，名詞述語の「なり」に支配される．

あ と が き

　筆者は大学を卒業すると，すぐに高等学校の英語教師として12年間受験英語に携わってきた．その後大学へ移って，英語学や言語学を講じてきた．各種の言語理論に接してみたが，受験英語の参考書としては，古くは江川泰一郎氏の『英文法解説』(1964, 金子書房) から，最近では綿貫陽，宮川幸久，須見猛敏，高松尚弘氏共著の『ロイヤル英文法』(2000, 旺文社) まで，記述分析の根底を Onions, C. T. の *An Advanced English Syntax* (1927) の5文型に置いている．

(1) 　SV（主語・動詞）
(2) 　SVC（主語・動詞・補語）
(3) 　SVO（主語・動詞・目的語）
(4) 　SVOO（主語・動詞・目的語・目的語）
(5) 　SVOC（主語・動詞・目的語・補語）

　このアニアンズの5文型は日本の英文法理論を50年以上にわたって支配してきたし，今でもゆるぎないものがある．この間にチョムスキーの変形理論は，提起され，展開され，衰亡するという過程を踏んできた．これらの差異はアニアンズの5文型とチョムスキーの分析理論の妥当性に基づくものである．任意の英文が与えられれば，それが5文型のいずれに相当するか決定するのは容易である．だが，変形文法は条件ばかりやかましくて，英文の文構造を提示することはほとんどなかった．

　アニアンズの5文型は，やがて，Hornby, A. S. (1954) の手によって，*A Guide to Patterns and Usage in English* (1956) で25の文型に細密化された．さらに，この文型を組み込んだ辞書として，*The Oxford Advanced*

Learner's Dictionary of Current English (1948) が発刊された．また，Hornby, A. S., E. V. Gatenby and A. H. Wakefield による *Idiomatic and Syntactic English Dictionary* (1942, 1973)（『新英英大辞典』: 開拓社）も刊行された．

　これらの辞書を参照すれば，任意に与えられた英文について，25文型のいずれに相当するかを見極めることは可能であるが，その文の構造まで取り出すことはできない．

　だが，テニエールの結合価理論によれば，いかなる英文にしろ，その文構造（図系）を引き出すことができる．この理論では，動詞，名詞，形容詞，副詞の四つの品詞が認められている．これら品詞の間には，相互に支配関係が成立する．動詞は名詞を支配し，名詞は形容詞を支配する．副詞は動詞と形容詞に支配される．そこで，文を構成するこれら四つの品詞の間に成立する支配関係を割り出すことができる．こうして引き出される図系が文構造に相当する．ただし，前置詞や後置詞，それに従位接続詞には転用体として，これらに前後する名詞や節の品詞を変化させる働きがある．

　このように文を形成する語や語群の担う品詞の間に働く支配関係を決定して明示すれば，文の構造が浮かび出てくることがお分かりいただけたと思う．

　本書では，すべての英文の文構造を取り出す方法と手順が詳しく説明してあるので，読者諸氏がこうした図系化のテクニックを会得して英語の理解と英語教育に広く活用してくださることを心から願っている．また，英語の文芸作品から，散文と韻文に分けて図系化した実例を提示しておいたので，参考にされたい．

　例えば，不定詞の用法に限っても，黙読しながら比べるのではなく，日英両者の文構造を対比させて検討すれば，その理解の程度に雲泥の差が生じることは明白である．本書は労をいとわず，重要な文法事項について，それらの図系を提示して解説しているので，読者に日英における本質的相違を十分に把握していただけるものと信じている．

　なお，未然，連用，終止，連体のような文法用語の暗誦を固守する国文法

の枠組みでは日本語の構造を取り出すことはできない．現代の日本文法をテニエールの結合価文法に適合させる必要がある，そのためには，動詞の活用は，非過去と過去の時制の対立と肯定形と否定形という対極性の対立に基づく語形変化に改めなければならない．実は，チャンブレンは『日本口語文典』(1898) の中でこのような語形変化の原則を使用している．こうした文法分析の改良を通して，はじめてすべての日本語の表現から転用分析により構文を取り出すことが可能となる．また，現代言語理論により，国文法の形容動詞とか助動詞という漠然とした内容の部類を整理して，これらに合理的な規定により再分類を施すことが必要とされている．なお，「書く」はもちろん動詞であるが，その否定形の「書かない」は形容詞として機能している．こうした基本的な点での文法的認識も重要である．

とにかく，日本語が英語やフランス語と同じ手順によって構文の分析が行われたとき，日本語の国際化が促進されたことになる．

参 考 文 献

Bach, Emmon and Robert T. Harms, eds. (1968) *Universals in Linguistic Theory*, Holt, Rinehart and Winston, New York.
Blake, Bart H. (1994) *Case*, Cambridge University Press, Cambridge.
Bloomfield, Leonard (1933) *Language*, Holt, Rinehart and Winston, New York.
Chamberlain, Basil Hall (1898) *A Handbook of Colloquial Japanese*, Sampson Low, Marston, London.
Chafe, Wallace L. (1970) *Meaning and the Structure of Language*, University of Chicago Press, Chicago/London.
張　順文（1995）『結合価文法論考』立昌出版社，台北．
Curme, George O. (1935) *Syntax*, D. C. Health and Company, New York.
Comrie, Bernard (1976) *Aspect*, Cambridge University Press, Cambridge.
Chomsky, Noam (1981) *Lectures on Government and Binding*, Foris, Dordrecht.
Fillmore, Charles J. (1968) "The Case for Case,'" in E. Bach and R. T. Harms (eds.) (1968), 1-88.
Gleason, H. A. (1955) *An Introduction to Descriptive Linguistics*, Holt, Rinehart and Winston, New York.
Gruber, Jeffrey S. (1976) *Lexical Structures in Syntax and Semantics*, North Holland, Amsterdam.
橋本進吉（1975）『助詞・助動詞の研究』岩波書店，東京．
Helbig, Gerhard (1992) *Probleme der Valenz und Kasustheorie*, Max Niemeyer, Tübingen.
Hill, A. A. (1957) *An Introduction to Linguistic Structures*, Harcourt, Brace & World, New York.
Hjelmslev, Louis (1935) "La catégproe de cas' Étude de grammaire générale. Premiére Parttie," *Acta Jutlandica* 7:1.i-xii, 1-184. (1937) Deuxième partie. *Acta Jutlandica* 9:2.1-vii, 1-78. Zwei Teile in einem Band. (1972) Wilhelm Fink, München.
Hockett, Ch. F. (1958) *A Course in Modern Linguistics*, Macmillan, New York.
Hornby, Albert S. (1954) *A Guide to Patterns and Usage in English*, Oxford University Press, London/Oxford.

Hudson, Richard A. (1984) *Word Grammar*, Blackwell, Oxford.
Jespersen, Otto (1924) *The Philosophy of Grammar*, George Allen & Unwin, London/New York.
Jackendoff, Ray (1972) *Semantics and Cognition*, MIT Press, Cambridge, MA.
Jackendoff, Ray (1990) *Semantic Struture*, MIT Press, Cambridge, MA.
小泉　保（1990）『言外の言語学――日本語語用論』三省堂，東京．
小泉　保（1993）『日本語教師のための言語学入門』大修館書店，東京．
小泉　保（1995）『言語学とコミュニケーション』大学書林，東京．
小泉　保（2003）『改訂音声学入門』大学書林，東京．
小泉　保（2007）『日本語の格と文型――結合価理論からの新提案』大修館書店，東京．
小泉　保（監訳）（2007）『構造統語論要説』ルシアン・テニエール（著），研究社，東京．
小泉　保（2008）『現代日本語文典』大学書林，東京．
Langacker, Ronald W. (1987) *Foundations of Cognitive Grammar*, Vol. 1: *Theoretical Prerequisites*, Stanford University Press, Stanford.
Langacker, Ronald W. (1995) *Foundations of Cognitive Grammar*, Vol. 2: *Descriptive Application*, Stanford University Press, Stanford.
松下大三郎（1930）『標準日本語口語法』中文館書店，東京．
三尾　砂（1948）『国語法文章論』三省堂，東京．
三上　章（1953）『現代語法序説』刀江書店，東京．
三上　章（1960）『象は鼻が長い』くろしお出版，東京．
南不二男（1974）『現代日本語の構文』大修館書店，東京．
Montague, Richard (1974) *Formal Philosophy*, Selected Papers of Richard Montague ed. and with an introduction by R. Tinason, Yale University Press, New Haven.
Nida, E. A. (1960) *A Synopsis of English Syntax*, Publication of the Summer Institute of Linguistics of the University of Oklahoma, Norman.
Onions, C. T. (1911) *An Advanced English Syntax*, Swan Sonnenshein Company, London.
大槻文彦（1897）『廣日本文典』三木佐助，大阪．
佐久間鼎（1943）『日本語の言語理論的研究』三省堂，東京．
佐久間鼎（1952）『現代日本語法の研究』厚生閣，東京．
佐久間鼎（1966）『日本語の表現と語法』厚生閣，東京．
鈴木重幸（1972）『日本語文法・形態論』麦書房，東京．
鈴木康之（1977）『日本文法の基礎』三省堂，東京．
高橋太郎（1998）「動詞から見た形容詞」『月刊言語』27巻3号，36-41．
寺村秀夫（1982）『日本語のシンタックスと意味I』くろしお出版，東京．
Tesnière, Lucien (1966) *Éléments de syntaxe structurale*, 2nd ed., Klincksieck, Paris.

参 考 文 献

時枝誠記 (1950)『日本語文法 (口語編)』岩波書店, 東京.
田中春美・船城道雄 (訳) (1975)『格文法の原理――意味と構造』C. フィルモア (著), 三省堂, 東京.
山田孝雄 (1922)『日本口語法講義』宝文館, 東京.
吉川武時 (1989)『日本語文法入門』アルク, 東京.
湯沢幸吉郎 (1977)『口語法精説』明治書院, 東京.

索　引

1. あいうえお順で，英語で始まるものは日本語読みで並べてある．
2. 〜は見出語を代用する．
3. 数字はページ数を表す．

[あ行]

アニアンズの 5 文型　191
「ある」　69
「いく」　69
意向形　56
意向法　35, 36, 54
意志の will　75
依存する　6
1 項　160
　〜動詞　5
位置格　24, 26
位置列　26
意図　140
「いる」　69
英語の転用体　26
「おく」　69
恩恵的行為　38, 51
恩恵的助動詞　37, 38, 43, 69

[か行]

格助詞　24
　〜「から」　135
格体系　24
格トリオ　25
過去分詞　166

〜語尾　27
仮定の副詞節　169
仮定法　143
　〜過去形　145
「かも」　71
関係代名詞　22
　〜の省略　124
完了形　70
完了進行形　70
帰結節　143, 145
起点格　24, 26
義務的法　68
　〜表現　72
疑問の助詞「か」　154
共格　24, 25
具格　24
句構造規則　3
「くる」　69
「くれる」　69
形式的格要素　7
形式名詞　16
　〜「こと」　17, 117, 123
　〜「の」　17, 59, 88
形容詞
　〜「高い」の条件法　147
　〜「高い」の推量法　147
　〜に関する慣用的表現　110

199

〜を要求する動詞　103
形容詞化　11, 27, 30
形容詞句　23, 25, 27
形容詞形　iii
形容詞述語　7, 13, 21, 44, 50, 63, 65, 91, 115, 127, 129, 159, 164, 175, 177
形容詞節　21, 118, 151, 168
形容詞的不定詞　46
経路格　26
結果の副詞節　133, 152
結合　6
結合価　5
　〜文法　iii, 4, 5
結合価理論　192
結合線　4, 6, 10, 118, 119
限界点をもつ到着点　25
現在分詞　166
　〜語尾　27
限定詞　2
限定の副助詞　80
行為項　10, 161
　〜1　11
　〜3　11
行為文　4
構造図　6
肯定形　35
国際化　193
悟性　4
「こと」　16

[さ行]

that 節　43, 44
3 項　160
使役動詞　89
時間の副詞節　23, 128, 151
指示線　21, 44, 45, 63, 107
時制　35

支配する　6
「しまう」　69
従位接続詞　32, 33, 151, 167
終止形　iii
主格　24, 25, 26
主語　2, 3
授受の助動詞　29, 51
主題　2
主題格　24, 25, 45
述語　2, 3
　〜の決定　159
述語形　iii
主要対象　4
準動詞　38
　〜(の)「だ」　8, 9, 13, 21
状況項　10, 11
条件　34
　〜の副詞節　93, 130, 151
条件節　143, 145
　if　169
条件法　35, 36, 37, 49
　〜(の)過去形　31, 147
　〜非過去形　149
状態　140
譲歩　34
　〜の「のに」　136
　〜の副詞節　135, 152
助動詞　18, 37, 68, 162
　〜を用いる慣用的語句　77
所有構文　14, 21, 106
所有語尾 -'s　27
所有動詞　21
進行形　70
推量形　145
推量の will　76
推量法　35, 36, 37, 90
　〜(の)過去形　145, 149
図系　iii, iv, 10

索　引　　201

接続詞　21
　　or　154
　　but　154
接続助詞　24
　　〜の「が」　154
接続副詞の「ながら」　103
節点　9
説明　2
ゼロ転用体　18
　　〜◎　41
前置詞　26
　　to　40
　　〜と結びついた形容詞述語　98
　　〜と結びついた動詞述語　101
相的助動詞　37, 69
相の助動詞　70
属格　24, 26
存在動詞　14
存在文　4

[た行]

「だけ」　156
第1条件形　83
第2条件形　83
対格　24, 25, 26
対極性　35, 38
対比の関係　127
縦線　22
知覚動詞　88, 105
着点格　24, 26
中心節点　10
直示的助動詞　37, 38, 69
直説法　35, 36, 37
転用　14, 15
　　〜結果　15
転用体　15, 16, 19, 24, 32, 167
　　〜◎　124

転用対象　15
等位接続詞　151, 152
　　and　153
到格　24, 25
動詞　2
　　〜（V）＞副詞　29
　　〜（V）＞名詞　28
　　〜＋前置詞　161
　　〜＋副詞　161
　　〜＞形容詞　19
　　〜＞副詞化　19
　　〜＞名詞　16
　　〜が形容詞化　165
　　〜の移動方法を示す副詞　158
動詞句　2, 161
動詞語幹末の母音をイ段に変える　16
動詞述語　4, 5, 7, 9, 11, 159, 160
　　〜の語形変化　35
動名詞　28, 29, 55
動名詞化　16
独立分詞構文　95

[な行]

内容的要素　7
二重線　22
2項　160
　　〜動詞　5, 18
25文型　192
日本語
　　〜の語形変化　35
　　〜の条件法　72
　　〜の文構造　iii
認識的法　68
　　〜表現　70
認知　4
認知文法　3, 4
「の」　16

「のだ」 82
「ので」 31

[は行]

場所系列　24, 26
場所の副詞節　128, 151
「はず」　52
反事実的表現　143
比格　24, 25
比較　34
　　～の副詞節　152
比較文　108
非過去形と過去形　35
否定形　iii, 35
比例　34
　　～節　140
　　～の副詞節　152
副詞句　25, 27
副詞形　iii, 20, 61
副詞節　20, 30, 127, 151
　　～を導く関係代名詞　125
副次対象　4
副詞的不定詞　47
　　結果　47
　　原因　48
　　条件　49
複文構造　116
付帯格系列　26
付帯(的)系列　24, 25
付帯的状況　96
不定詞　28, 29, 40, 43
　　～の慣用的用法　49
不定詞化　16
フランス文の構文　iii
分詞　84, 165
分詞構文　19, 29, 30, 31
文体　157

文法(的)系列　24, 25, 26
「べき」　177
「べきだ」　53, 115
変形規則　3
変形文法　2, 3
法の助動詞　69

[ま行]

未然形　iii
「見る」　69
無項述語　8
名詞　2
名詞化の転用体　40
名詞句　2, 17, 25
名詞項の数　160
名詞述語　4, 8, 9, 46, 83, 86, 144, 159, 163, 172
　　～の語形変化　37
名詞節　21, 44, 116, 151, 167
名容詞　8, 37
　　～述語　8, 9, 21, 44, 67, 148, 177
　　～述語文　78
命令法　36
目的　34, 47
　　～の副詞節　152
目的語　2
目的節　139
「ものだ」　52
「もらう」　69

[や，ら行]

「やる」　69
有界的系列　25
「よう」　140
「ようだ」　117, 148
様態　34

～の副詞節　152
「ように」　140
要望形　19
理由　34
　　～の接続助詞　31

　　～の副詞節　131, 152, 168
理由文　134
連接辞　129
連体形　iii
連用形　iii

著者紹介

小泉　保（こいずみ　たもつ）

1926年2月20日生まれ．東京大学文学部言語学科卒．文学博士．大阪外国語大学教授を経て関西外国語大学教授を歴任．日本言語学会顧問，日本音声学会顧問．

主な著書：『音韻論』（英語学体系1）（共著，大修館書店，1971），『日本語の正書法』（大修館書店，1978），『フィンランド語文法読本』（大学書林，1983），『教養のための言語学コース』（大修館書店，1984），『言外の言語学』（三省堂，1990），『日本語教師のための言語学入門』（大修館書店，1993），『ウラル語統語論』（大学書林，1994），『言語学とコミュニケーション』（大学書林，1995），『ジョークとレトリックの語用語』（大修館書店，1997），『改訂　音声学入門』（大学書林，2003），『入門語用論研究』（共著，研究社，2001），『日本語の格と文型』（大修館書店，2007），『現代日本語文典』（大学書林，2008），『カレワラ物語』（岩波書店，2008）など．

主な訳注釈書：シュービゲル『音声学入門』（大修館書店，1978），『フィンランド民族叙事詩　カレワラ』（上・下，岩波書店，1976），カイ・ライティネン『図解フィンランドの文学』（大修館書店，1993），テニエール『構造統語論要説』（監訳，研究社，2007）など．

開拓社叢書 20

日英対照　すべての英文構造が分かる本

© 2009 Tamotsu Koizumi
ISBN978-4-7589-1815-2　C3382

著作者	小泉　保
発行者	長沼　芳子
印刷所	日之出印刷株式会社

2009年11月24日　第1版第1刷発行

発行所　株式会社　開拓社

〒113-0023　東京都文京区向丘 1-5-2
電話　(03) 5842-8900　（代表）
振替　00160-8-39587
http://www.kaitakusha.co.jp

R〈日本複写権センター委託出版物〉
本書(誌)を無断で複写複製（コピー）することは，著作権法上の例外を除き，禁じられています．コピーされる場合は，事前に日本複写権センター（JRRC）の許諾を受けてください．
　　JRRC〈http://www.jrrc.co.jp　eメール: info@jrrc.or.jp　電話: 03-3401-2382〉